Georg Markus

Adressen mit Geschichte

GEORG
MARKUS

Adressen mit Geschichte

WO BERÜHMTE
MENSCHEN LEBTEN

Mit 279 Abbildungen

AMALTHEA

Besuchen Sie uns im Internet unter:
www.amalthea-verlag.de

1. Auflage September 2005
2. Auflage Dezember 2005
3. Auflage Januar 2006
4. Auflage Februar 2006

Umschlaggestaltung: Wolfgang Heinzel, München/Kurt Hamtil, Wien
Umschlagillustration: Michaela Németh
(Wien 7., St. Ulrichsplatz 2/Symbolfoto)
Herstellung und Satz: VerlagsService Dr. Helmut Neuberger
& Karl Schaumann GmbH, Heimstetten
Gesetzt aus der 12/16,6 Punkt Goudy
Druck und Binden: Bercker Graphischer Betrieb, Kevelaer
Printed in Germany
ISBN 3-85002-542-X
ab 1.1.2007: ISBN 978-3-85002-542-3

Meiner Familie
Daniela, Mathias und Moritz
in Liebe gewidmet

Bildnachweis: Karkosch (Seite 23), Michaela Németh (24, 34 unten, 45 u., 49, 51, 70, 74 u., 94, 95 u., 112, 113 u., 120, 122, 154 u., 172, 181, 184, 255, 279, 288, 339 u., 363, 371 u.), Foto Hofer/Bad Ischl (26 u., 345), Bildarchiv der Österreichischen Nationalbibliothek (28, 30, 31, 34, 36 oben, 84, 108 o. und u., 109, 111, 117, 121, 144–146, 151, 170, 211, 245, 294, 326, 334 o., 335, 341, 367, 368), Wien Museum (29, 130, 138, 141–143, 149, 205, 238, 275, 277, 312, 336, 343, 372), Sammlung Adolf Opel (33), Schloss Leopoldskron (39), Felix Felzmann (41), Erna-Film (42), Filmarchiv Austria (43 o., 241), Privatarchiv Barbara Langbein (43 u.), Repro Fuchs-Hajek (45 o.), Wessely-Film (46), Stadtgemeinde Klosterneuburg (57), ORF (58, 71, 187 o., 246, 304, 306 o., 350), Bruno Bernhard (60), Hubert Kluger (62 o.), Ana de Sousa (62 u., 67 o., 68, 73, 148, 165 u., 187 u., 198, 236 u., 248, 253, 305, 306 u., 327, 329, 334 u.), Dietrich (64), Gerhard Bartl (65 o.), Fritz Klinsky (65 u.), Gerhard Sokol (66), Doliwa (67 u.), Deutsches Filmmuseum/Frankfurt am Main (69), Kövesdi (72, 303), Fleischerinnung (77), Gesellschaft der Musikfreunde (78), Privatarchiv Anna Ehrlich (80), Familie Waissnix, Thalhof/Reichenau (82 o. und u.), Archiv Hotel Sacher (85, 86), Archiv Julius Meinl (88), Nikolaus Haenel (90), Kunsthistorisches Museum Wien (93), Heeresbild- und Filmstelle (97, 99 u.), Bundesdenkmalamt (101), Josef Kuss/Mariazell (103), Stadtgemeinde Baden (106), Stadt Salzburg/Helpferer (110, 164), Privatarchiv Ghislaine Windisch-Graetz (114, 115), Wakolbinger (118), Heeresgeschichtliches Museum (123, 244), Archiv Norbert Toplitsch/Payerbach (124), Gertraud Grünner (128, 134 u., 136), Nordico/Museum der Stadt Linz (152 o. und u., 158, 323), Arthur Halmi (154 o.), Votava (155, 254), Schweizer Fernsehen (159), Gerhard Kunze (160), Stadtgemeinde Bad Ischl/Lehárvilla (162), Kriminalmuseum Wien (165 o., 365), Historisches Archiv der Wiener Philharmoniker (167), Lotte Jacobi (168), Robert Stolz Archiv (171), Günther Weiß/Mittersill (175), Brüder Basch (180, 214), Institut der Geschichte der Medizin/Universität Wien (191, 192 o., 195), L. Haslhofer (197), The Greater London Council as Trustees of the Iveagh Bequest (202), Hotel Imperial (208, 209), Foto Adele (210), Stadtmuseum Bad Ischl (212), Maria Sams/Bad Ischl (213), Reinhard Vogel (215), AP (217), Hotel Bristol (219, 220), AKG (224), Hotel Panhans (225 u.), Hipp-Foto (226), Hotel Weißes Rössl (227), Benedikt Loebell (234), APA (240, 274 u.), Archiv Robert Pap/Reichenau (243), Archiv des Erzbischöflichen Palais Wien (247), Familie Figl privat (251), Österreichische Galerie Wien (262), Rudolf von Alt/Albertina (264–266), Archiv Fred Hennings (269), Moriz Nähr (271), Jürg Christandl (272), Bezirksmuseum Hietzing (274 o.), Repro Gerhard Deutsch (276), Finanzministerium (286), Helmut Lackinger (290, 294), Privatarchiv Ronald Leopoldi (299, 344), Jüdisches Museum Wien (301), Hofkammerarchiv (313), Heinz Roffeis/Pernitz (317), Museum Georg Schäfer/Schweinfurt (319), Martin Luther Universität (331), Fotoalbum M. Mahler (339 o.), Salzburger Literaturarchiv (342), Christian Weinheber-Janota (347), Martin Kainz (352), Gemeinde Alland (357, 358), Technisches Museum (360), Alban-Berg-Stiftung (362), Bezirksmuseum Favoriten (371 o.) sowie Amalthea Verlag, Privatarchiv des Autors und »Kurier«-Archiv.

Rechteinhaber von Abbildungen, die nicht geltend gemacht werden konnten, werden gebeten, sich wegen eventueller Ansprüche an den Amalthea Verlag zu wenden.

Inhalt

So wohnt man bei Kaisers

Die Familie Habsburg

Nicht alles ist Walzer!

Von Musikern, Sängern und Musikliebhabern

»Es war eine schöne Leich«
Ärzte und ihre Patienten

»Die Tiroler nehmen kein Trinkgeld!«
Prominente Österreich-Besucher

DER »FÜHRER« IM MÄNNERHEIM
Demokraten, Diktatoren und ein Kardinal

KEIN PLATZ FÜR NYMPHEN
Maler, Bildhauer, Architekten

In Schlössern und Palästen

So wohnten die Fürsten, Grafen und Barone

»In einem Zustand der Angst«

Von Kabarettisten und anderen ernsten Menschen

Gleich bei der Strudlhofstiege

Dichter, Denker und Librettisten

Spione, schöne Frauen, Scharfrichter ...

... und all jene, die in kein anderes Kapitel passen

»Zeige mir, wie du wohnst«

Vorwort

Sie lebten in Villen und auf Zimmer-Küche-Kabinett. In Palästen oder im Armenhaus. Und sie haben Geschichte geschrieben. Während Herbert von Karajan auf einem großen Gutshof logierte, gab sich Heimito von Doderer, selbst als berühmter Dichter noch, mit zwei kleinen Zimmern zufrieden, die in einen Hinterhof blickten. Katharina Schratt benötigte drei Wohnsitze, weil der Kaiser Wert darauf legte, sie stets in seiner Nähe zu haben. Max Reinhardt und Richard Strauss haben in Schlössern residiert.

Gerade bei schöpferischen Menschen ist die Atmosphäre, in der sie leben, von enormer Bedeutung für ihr Werk. So ist es wohl kein Zufall, dass Johann Strauß den *Donauwalzer* in seinem (unweit der Donau gelegenen) Haus in der Praterstraße komponiert hat, dass Franz Lehár nirgendwo sonst so viele Melodien einfielen wie in seiner Villa im Salzkammergut und dass Hofmannsthal im Ausseerland an seinen wichtigsten Stücken schrieb.

Auch für Hitlers Laufbahn sollte eine Adresse prägend sein. Im Männerheim in der Meldemannstraße studierte er die Schriften seiner »alldeutschen« Idole, die zum Nährboden des Rassenwahns einer mörderischen Ideologie wurden. Das Wiener Obdachlosenasyl diente als Probebühne für spätere Hetzreden, die er vor Hunderttausenden Menschen hielt.

Adressen mit Geschichte erzählen Geschichte – und Geschichten. Ernste, heitere, romantische und tragische. So musste Anton Bruckner von seiner Wohnung auf der Ringstraße aus mit ansehen, wie das Ringtheater ein Raub der Flammen wurde. Die Schauspielerin Dorothea Neff hat bei sich zu Hause vier Jahre lang eine jüdische Freundin versteckt und ihr damit das Leben gerettet. Und Bruno Kreisky meldete in seiner eigenen Villa den Maler Oskar Kokoschka an, um ihm so die Erlangung der österreichischen Staatsbürgerschaft zu ermöglichen.

Es gibt natürlich auch Adressen mit Liebesgeschichten. Eine handelt von Willi Forst und Marlene Dietrich, eine andere vom Kaufmann Julius Meinl und der japanischen Sängerin Michiko Tanaka. Von zeitgeschichtlichem Interesse ist wohl die Affäre des auch durch antisemitische Parolen groß gewordenen Wiener Bürgermeisters Karl Lueger mit der jüdischen Schauspielerin Caroline Loewy.

Etlichen Adressen konnte ich mithilfe alter Adress- und Telefonbücher auf die Spur kommen, wobei mir zustatten kam, dass die Prominenz in früheren Zeiten aus ihrem Wohnort nur selten ein Geheimnis machte. Johannes Brahms stand ebenso in *Lehmann's Wohnungsanzeiger* wie Anton Bruckner, Johann Strauß, Gustav Klimt oder Arthur Schnitzler. Und im *Telephonabonnentenverzeichnis 1889* fand ich sogar den alten Kaiser. Natürlich nicht unter »Franz Joseph I., Wien 1., Hofburg, Reichskanzleitrakt«, wo er tatsächlich wohnte – die Eintragung lautete vielmehr »Obersthofmeister-Amt Sr. k. und k. Apostol. Majestät«, und als Nummer war »750« angegeben. Allerdings hob er nie selbst ab, da der Monarch neumodische Erfindungen wie das Telefon ablehnte.

Neben berühmten Adressen wie denen von Mozart, Beethoven, Schubert oder Freud gibt es auch solche, die nicht so leicht zu eruieren waren. Doch glücklicherweise werden in Wien seit 1910 die von Einheimischen wie Besuchern sorgsam ausgefüllten Meldezettel archiviert, in die ich für dieses Buch Einblick nehmen durfte. So fand ich die frühen, zum Teil verschollen geglaubten Wohnadressen von Künstlern wie Fritz Kortner, Lotte Lenya, Frederick Loewe, Billy Wilder oder der

Wienerin Liesl Goldarbeiter, die 1929 zur schönsten Frau der Welt gekürt wurde.

Dieses Buch ist natürlich kein »Adressbuch«, das sich mit einer Auflistung der Wohnorte berühmter Menschen begnügt. Ich hielt vielmehr nach Geschichten Ausschau, die hinter diesen Menschen und ihren Wohnungen stehen. Im Mittelpunkt der Handlung findet sich – der besseren Übersicht wegen – jeweils nur eine Anschrift: Wenn ich etwa über den Zufall berichte, dem Alexander Girardi seine Villa in Bad Ischl verdankte, dann nenne ich deren Adresse (und erwähne die seiner Wiener Wohnung nur am Rande). In anderen Fällen geht es um die für das Werk oder die Person vorrangige Anschrift der beinahe zweihundert in diesem Buch porträtierten Menschen. Wie bei Bertha von Suttner das *Schloss Harmannsdorf*, auf dem sie jenes Werk schrieb, das ihr den Nobelpreis brachte. Bei Beethoven entschied ich mich nicht nur deshalb für das Haus Mölkerbastei 8, weil hier die Oper *Fidelio* entstand, sondern auch einer Episode wegen, die ein wenig Licht auf die eigenwillige Persönlichkeit des Musikgenies wirft.

Im Allgemeinen werden die in unseren Tagen gebräuchlichen Straßennamen und Hausnummern angeführt, damit der Leser besser nachvollziehen kann, wo die betreffende Person gewohnt hat. Ein Beispiel dafür: Dem Kapitel der Maler entnimmt man, dass Ferdinand Georg Waldmüller in der Maysedergasse 4 wohnte, obwohl die Adresse zu seiner Zeit Comödien-Gäßchen Nr. 1040 lautete – doch mit dieser Angabe könnte man heute wenig anfangen.

Die beschriebene Prominenz war in Wien, Salzburg, Linz, im Salzkammergut oder an anderen kleineren Orten zu Hause. Und ein Kapitel erzählt von Österreich-Besuchern wie Napoleon, Lady Hamilton, Mark Twain, Richard Wagner oder Caruso, in deren Unterkünften sich ebenfalls erwähnenswerte Episoden ereignet haben. In nur zwei Fällen konnte ich trotz intensiver Recherchen keine Wohnadresse eruieren:

Bei Karl May, der 1912 – eine Woche vor seinem Tod – nach Wien kam und offenbar den obligaten Meldezettel auszufüllen vergaß. Und bei dem bayerischen Original Karl Valentin, das 1923 in einem Kabarett auf der Mariahilfer Straße gastierte. Beide haben zweifellos in Wien genächtigt – aber ohne Meldezettel geht hierzulande gar nichts.

Es gibt Adressen, die geradezu magisch von historischen Persönlichkeiten angezogen wurden: So lebten im Haus Stallburggasse 2 in der Wiener Innenstadt Maria Jeritza, Hugo von Hofmannsthal, Max Mell, Alfred Polgar und Engelbert Dollfuß. Und für eine Wohnung im *Hochhaus* in der Herrengasse 6 hatten sich Hans Jaray, Curd Jürgens, Robert Lindner, Oskar Werner, Georg Kreisler und Gunther Philipp entschieden.

Auch wenn dieses Buch von berühmten Menschen handelt, sind die darin enthaltenen Geschichten nicht immer nur glamourös. An manchen Adressen haben sich Tragödien ereignet, wie die des umjubelten Opernstars Trajan Grosavescu, der in seiner Wohnung auf der Lerchenfelder Straße von seiner eifersüchtigen Frau ermordet wurde. Freiwillig aus dem Leben schieden Ferdinand Raimund, Franz Jauner, Eduard van der Nüll, Egon Friedell und Stefan Zweig. Und der Komponist Anton von Webern wurde in Mittersill irrtümlich von einem Besatzungssoldaten erschossen.

»Zeige mir, wie du wohnst«, heißt es frei nach Chistian Morgenstern, »und ich sage dir, wer du bist.« Vielleicht gelingt es anhand der Adressen und Geschichten in diesem Buch, ein wenig mehr darüber zu erfahren, wer die betreffenden Personen wirklich gewesen sind.

GEORG MARKUS
Wien, im Juli 2005

Text- und andere Probleme

Schauspieler und ihre Regisseure

Eine Diva tritt ab

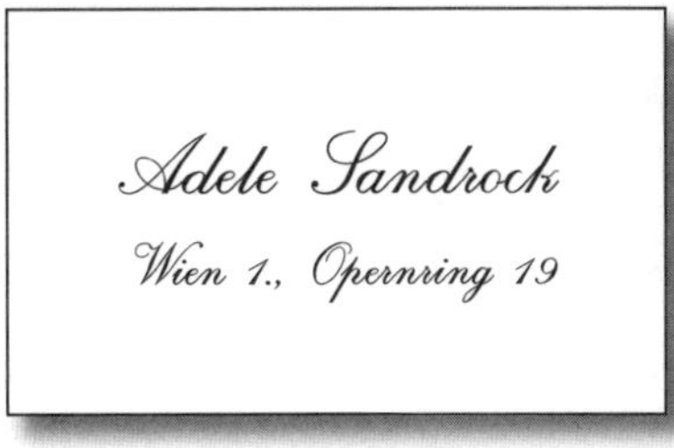

Ein Star kann in seinen Forderungen sehr weit gehen, er kann Höchstgagen und Sonderurlaube verlangen, sich Stücke, Rollen und sogar Mitspieler aussuchen. Er kann aber auch übertreiben. So geschehen bei Adele Sandrock, der großen Heroine des Wiener Burgtheaters, die viele Jahre in einer herrschaftlichen Wohnung des Hauses Opernring 19 – in dem sich heute das *Burgkino* befindet – residierte.

Sie wurde gefeiert wie keine andere Schauspielerin ihrer Zeit, doch man konnte sie nicht zufrieden stellen, die Sandrock fühlte sich ständig zurückgesetzt und warf dem jeweiligen Burgtheaterdirektor vor, er würde ihre Konkurrentinnen bevorzugen, ihnen die besseren Rollen geben.

Adele Sandrock

Direktor Max Burckhard tat alles, um die Sandrock zu beruhigen, er nahm Rücksicht auf ihr reizbares Temperament, ihren Eigensinn in der Rollenwahl, er akzeptierte es sogar, wenn sie plötzlich Migräne bekam und die Vorstellung absagte. Als es einmal um die Verlängerung ihres Engagements ging, schrieb sie an Burckhard: »Meine Mutter erklärt, so nicht weiterleben zu können. Sie erschießt sich vor meinen Augen, wenn ich den Vertrag unter den Bedingungen unterschreibe.«

Die Sandrock wohnte Opernring 19, dritter Stock

Der Direktor (mit dem sie eine Zeit lang liiert war) gab auch da nach und verbesserte etliche Details. Doch bald war der Bogen überspannt. Burckhards Nachfolger Paul Schlenther brachte nicht so viel Geduld auf. Als er es ablehnte, den Schauspielvertrag ihrer – weit weniger talentierten – Schwester Wilhelmine zu verlängern, ließ sich die Sandrock eine Audienz beim Kaiser geben, der ihr aber auch nicht helfen konnte. Die Schwester musste gehen.

Jetzt dauerte es nicht mehr lange, bis auch Adeles letzter Akt am Burgtheater eingeläutet wurde. Als Schlenther der 35-Jährigen in Schnitzlers neuem Stück *Vermächtnis* die Rolle einer Mutter anbot, erklärte die Diva, bebend vor Zorn, ihre sofortige Kündigung.

Schlenther nahm – womit sie nicht gerechnet hatte – die Demission seiner beliebtesten Schauspielerin an.

Schwer geschockt, zog sich die Sandrock zunächst in die *Beletage von Wien* – wie sie ihre elegante Wohnung am Opernring nannte – zurück. Sie und ihre Schwester, die hier in gemeinsamem Haushalt lebten, konnten vom dritten Stock aus in den damals für die Öffentlichkeit noch nicht zugänglichen Burggarten blicken. Umsorgt von einem Zimmermädchen, logierten die beiden Damen inmitten ihrer mit wertvollen Möbeln, Vorhängen und Teppichen überladenen Wohnung, ganz wie es dem Zeitgeist entsprach.

Doch ohne ihre Burgtheatergage war Adele Sandrock nicht mehr in der Lage, diesen Lebensstil aufrecht zu halten. Sie ging jetzt auf Tourneen, trat am Deutschen Volkstheater auf, wurde von Max Reinhardt nach Berlin geholt. Aber die Karriere war ins Stocken geraten, die Schauspielerin konnte an die einstigen Erfolge nicht anschließen. Ihre späteren Versuche ans Burgtheater zurückzukehren, schlugen fehl, die Sandrock geriet in Vergessenheit, lebte zeitweise sogar in Armut. Der einstige Liebling der Wiener musste in eine kleine, in der Ölzeltgasse 1 hinter dem Stadtpark gelegene Wohnung ziehen.

Das Comeback gelang erst ein Vierteljahrhundert nach dem Eklat, jetzt als komische Alte in den Unterhaltungsfilmen der zwanziger und dreißiger Jahre. Doch auch da dachte die Sandrock immer noch voll Sehnsucht an ihre große Zeit zurück, in der sie als Maria Stuart, als Lady Macbeth und als Cleopatra umjubelt worden war.

Dramatisch wie alles in ihrem Leben war auch der Abschied gewesen. Als Medea hatte sie am 18. Oktober 1898 auf der Bühne des Burgtheaters ihre letzten Worte gesprochen: »Ich geh und niemals sieht dein Aug mich wieder!«

Der Vorhang fiel und Adele Sandrock brach weinend zusammen.

Girardi kauft eine Villa

Alexander Girardi
Bad Ischl, Steinfeldstraße 8

Seine Wiener Wohnung lag nahe dem Theater an der Wien, in der Karlsgasse 18. Doch in den Sommermonaten zog es ihn, wie so viele Künstler, nach Bad Ischl, wo der einstige Schlosserbub stolzer Besitzer einer prachtvollen Villa war. Dass er diese Villa fand, war der chronischen Unpünktlichkeit Girardis – der auch bei Theaterproben immer als Letzter eintraf –

Alexander Girardi

zu danken. Der Publikumsliebling wollte am Ende der Theaterferien des Jahres 1893 mit seiner ersten Frau, Helene Odilon, von Ischl nach Wien fahren. »Da Girardi immer zu spät kommt«, schildert die Odilon in ihren Memoiren, »versäumten wir den Frühzug. Wir wollten nicht wieder zurück ins Hotel und machten deshalb einen Spaziergang. Wir kamen an einer Villa vorbei, die zu verkaufen war, traten ein, besichtigten sie. Als ob sie für uns gebaut worden wäre: nicht zu groß, nicht zu klein. Der Park gerade recht. Die Lage reizend und der Preis bescheiden. Ohne viel Überlegung schlossen wir den Kaufvertrag gleich ab; als wir Ischl mit dem nächsten Zug verließen, war die Villa unser.«

Da Girardi krankhaft abergläubisch war, wurde das hoch über dem Traunufer gelegene Haus – ebenso wie seine Wiener Wohnung – mit Hunderten, ihm von seinen Bewunderern verehrten Glücksbringern voll gestopft. Kein Hufeisen, kein Schweinchen, kein Kleeblatt durften je weggeworfen, alles musste im Wohn-, Schlaf- oder Arbeitszimmer aufbewahrt werden, sonst wäre das Glück gewichen, davon war er überzeugt.

Die Girardi-Villa in Bad Ischl

Girardi verbrachte bis zu seinem Tod im Jahr 1918 jeden Sommer in Ischl. In seiner Villa befinden sich heute sechs Mietwohnungen.

Mit dem Fiaker ins Gefängnis

Franz Ritter
von Jauner
Wien 6., Linke Wienzeile 6

Dieser Mann schien das Glück gepachtet zu haben. Franz Jauner war ein beliebter Schauspieler und einer der erfolgreichsten Theaterdirektoren Wiens. Nichts schien den rasanten Aufstieg des Charmeurs, der in der Ringstraßenzeit im Mittelpunkt des gesellschaftlichen Lebens stand, stoppen zu können. Bis zu jenem Tag, an dem das Schicksal eine furchtbare Wendung brachte.

Der elegante, gut aussehende Sohn eines k. k. Hofgraveurs war am Burg- und am Kärntnertortheater aufgetreten und darüber hinaus ein so kluger Kopf, dass man ihm nach und nach die Direktionen des Carltheaters und der Hofoper übertrug. Da er all seine Aufgaben bravourös meisterte, wurde er vom Kaiser in den erblichen Adelsstand gehoben und 1880 zum Direktor des neuen Ringtheaters ernannt. Jauner war am Zenit seiner Laufbahn angelangt.

Doch ein Jahr später kam es hier zur größten Katastrophe der Theatergeschichte. Das Ringtheater geriet während einer Vorstellung in Brand, 384 Menschen verloren ihr Leben.

Franz Ritter von Jauner wurde wegen schwerer organisatorischer Mängel vom Gericht zur Verantwortung gezogen. Seine Mitarbeiter hatten nach Ausbruch des Feuers weder den Eisernen Vorhang heruntergelassen noch den Brandmelder betätigt, durch den die Feuerwehr verständigt worden wäre. So verstrichen wertvolle Minuten, ehe Hilfe kam. Jauner wurde zu einer viermonatigen Arreststrafe und zur

Franz von Jauner

Aberkennung seines Adelstitels verurteilt. Der Kaiser wies die zahlreichen Gesuche mit der Bitte um Gnade für Jauner zurück, weil »die Größe und Schrecklichkeit der Katastrophe wie der Leichtsinn Jauners eine Sühne verlangen, welche die allgemeine Meinung und auch mein Gefühl in einer Geldstrafe nicht finden«.

Jauner, der ein Jahr vor der Katastrophe das Theater an der Wien erworben hatte, wohnte zum Zeitpunkt des Unglücks mit seiner Familie im letzten Stock des Theatergebäudes auf der Linken Wienzeile, von wo aus er sich jetzt im Fiaker ins Landesgericht führen ließ, um seine Strafe anzutreten.

Die Wiener munkelten, dass er dort wie der Herr von Eisenstein im »Häf'n« der *Fledermaus* empfangen worden sei, da ihn das Personal, vom Direktor bis zum Gefängniswärter, anhimmelte. Auch nach Verbüßung der Haft schien Jauner wieder Fuß zu fassen. Zwar war ihm mit seiner Verurteilung die Bühnenkonzession entzogen worden, weshalb er das Theater an der Wien jetzt an Alexandrine von Schönerer verkaufte. Doch hinter den Kulissen blieb er der Operettenbühne erhalten, der er zu einem nie da gewesenen Höhenflug verhalf, als er 1885 den *Zigeunerbaron* in seiner Inszenierung uraufführte. Mit Girardi als Zsupan wurde die Strauß-Operette einer der größten Erfolge, die Wien je erlebt hatte.

1894 verließ er das Theater an der Wien, um – mittlerweile rehabilitiert – zum zweiten Mal in seinem Leben die Direktion des Carltheaters zu übernehmen, in dem er jetzt auch eine Wohnung bezog. Doch seine große Zeit war vorbei. Die Gastspiele der Eleonore Duse und Sarah Bernhardts erregten Aufsehen, konnten aber den wirtschaftlichen Abstieg der Bühne nicht aufhalten. Jauner setzte sein eigenes

Vermögen ein, um das Theater zu retten, schlitterte jedoch in den Konkurs.

Jauner hatte eine Dienstwohnung im Theater an der Wien

Am Vormittag des 23. Februar 1900 machte der Buchhalter dem Direktor die Mitteilung, dass für die Auszahlung der Wochenlöhne kein Geld mehr vorhanden wäre. Als der Mitarbeiter Jauners Büro verließ, griff der 67-jährige Theaterdirektor zu jenem Revolver, mit dem sich 16 Jahre davor sein Bruder Lukas erschossen hatte, und jagte sich eine Kugel in den Kopf. Franz Jauners Frau, die Hofopernsängerin Emilie Krall, folgte ihm vier Monate später, ebenfalls durch Selbstmord.

WO DER KAISER GERADE WAR

Katharina Schratt
Wien 13., Gloriettegasse 9

Die Damen und Herren Hofschauspieler verdienten schon sehr gut, damals. Aber so gut auch wieder nicht, dass sie sich gleich mehrere Villen und ein Palais auf der Ringstraße hätten leisten können. Dieser Luxus blieb der Hofschauspielerin Katharina Schratt vorbehalten, die drei Wohnsitze aufrechterhalten musste, um dem Kaiser stets nahe zu sein. Wenn er während der Wintermonate in der Hofburg residierte, besuchte er die Seelenfreundin am Kärntner Ring. Residierte er in *Schönbrunn*, nahm er das Frühstück bei ihr in der Gloriettegasse ein. Und in den Monaten Juli/August, wenn er in Bad Ischl weilte, musste sie Quartier im Salzkammergut nehmen.

Das prachtvolle Palais am Kärntner Ring 4 war 1862 vom Bankier Jonas Freiherr von Königswarter errichtet worden (von dem der snobistische Satz stammt: »Jeder Prolet, der heutzutag eine Million besitzt, glaubt schon, er ist ein Millionär.«) und ging 1908 in den Besitz der Katharina Schratt über.

Katharina Schratt

Finanziert wurden das *Palais Königswarter*, die Villa in Hietzing und die (gemietete) *Villa Felicitas* in Bad Ischl freilich von Seiner Majestät dem Kaiser. Denn der wollte, dass seine »Seelenfreundin«, wie sie offiziell genannt wurde, immer in seiner Nähe war.

Die Adresse Gloriettegasse 9 liefert den Beweis, dass Katharina Schratt mehr als nur Seelenfreundin war. »Dieses ist mein letzter Brief vor dem ersehnten, endlichen Wiedersehen«, schreibt der Kaiser im Juni 1896. »Da ich am 19. ungefähr um 6 Uhr Früh in *Schönbrunn* eintreffen werde, so werde ich mir erlauben um 8 Uhr oder etwas später, in der Gloriette Gasse zu erscheinen mit der Hoffnung, Sie, den Zeitumständen entsprechend, endlich wieder einmal zu Bett zu finden, was Sie mir auch halb und halb versprochen haben. Früher kann ich nicht kommen, da ich mich nach der Eisenbahnfahrt reinigen und rasiren muss.«

Die Schratt-Villa in der Hietzinger Gloriettegasse

Die in einem großen Park ebenerdig gebaute *Schratt-Villa* in Hietzing war, passend zum benachbarten Schloss, in noblem »Schönbrunnergelb« gehalten. Die Schauspielerin wusste die Sekunde, in der der Monarch – frühmorgens punkt sieben Uhr – einzutreffen pflegte und wartete bereits an der Gartentreppe, um ihn zu begrüßen. Sie geleitete den hohen Besuch dann in das dunkel getäfelte Raucherzimmer, das ausschließlich diesen Begegnungen vorbehalten blieb. Hier nahm Franz Joseph sein zweites Frühstück – Kaffee und Guglhupf – ein und ließ sich von der Schratt den geliebten neuesten Tratsch aus dem Burgtheater erzählen.

Peter Schratt, der seine Großtante als Kind oft besucht hatte, erinnerte sich an »viele große Salons mit kostbaren Möbeln. Im Hintergrund die Stimme eines Papageis. Tante Kathi war eine maßlose

Frau. Wenn sie Tiere hielt, hatte sie gleich sieben Hunde *und* drei Papageien *und* einen großen Affen. Trieb sie Mundhygiene, benützte sie sieben Zahnbürsten, für jeden Tag eine. Sie hatte auch sieben Kirchen, die sie in einem festen Turnus besuchte. Die Bettler kannten den Turnus und erwarteten sie jeden Morgen vor der richtigen Kirche, um dort von ihr gar nicht unbedeutende Beträge, Kuchen und Brot in Empfang zu nehmen«.

Obwohl der Kaiser alles bezahlte, war die Schratt immer in finanziellen Schwierigkeiten, da sie als leidenschaftliche Spielerin am Roulettetisch ein Vermögen verlor. Als sie einmal aus Geldnot die Villa in der Gloriettegasse verkaufen wollte, flehte Franz Joseph in einem Brief inständig, dies nicht zu tun, weil die dortigen Treffen »zu den wenigen Lichtblicken meiner trüben Existenz« zählten.

Sie behielt ihre beiden Wiener Häuser auch dann noch, als der Kaiser nicht mehr am Leben war. Um die feudalen Wohnsitze weiterhin finanzieren zu können, ließ sie Teile ihrer wertvollen Schmucksammlung versteigern, die sie in besseren Tagen ebenfalls von ihrem großen Gönner erhalten hatte.

Nach Katharina Schratts Tod im April 1940 verkaufte deren Sohn Anton Kiss sowohl das *Palais Königswarter* als auch die Villa in der Gloriettegasse. Am Kärntner Ring 4 ist heute das *Karajan Centrum* untergebracht, die im Zweiten Weltkrieg durch Bomben stark beschädigte und wieder aufgebaute Villa in Hietzing befindet sich in Privatbesitz.

Ein tragischer Seitensprung

Lina Loos

Wien 19.,

Sieveringer Straße 107

Es war Liebe auf den ersten Blick. Fünf Minuten nachdem der 32-jährige Architekt Adolf Loos im Jahre 1902 die bildschöne Schauspielerin Lina Obertimpfler im Literatencafé *Löwenbräu* zum ersten Mal gesehen hatte, fragte er sie, ob sie seine Frau werden wollte. Die zwanzigjährige Schauspielerin sagte ja – und eine Tragödie nahm ihren Lauf.

Lina knüpfte bald nach der Hochzeit zarte Bande mit dem Studenten Heinz Lang, worauf ihre Ehe in Brüche ging. Die Wiener Gesellschaft hatte ihren Skandal, zumal sich schnell herumsprach, dass Linas Treffen mit dem Liebhaber ausgerechnet in ihrem von Adolf Loos extravagant gestalteten Schlafzimmer stattfanden.

Lina Loos

Und dann das schreckliche Ende: Als der Student erkennt, dass Lina nicht bereit ist, mit ihm nach England zu gehen – wie er sich das erträumt hat –, nimmt er sich das Leben.

Lina Loos wird nach der Katastrophe in Wien geächtet und geht nach Amerika, um dort ein neues Leben zu beginnen. Sie kehrt noch vor Ausbruch des Ersten Weltkriegs zurück, ist am Raimund- und am Volkstheater engagiert, wird aber nur in kleinen Rollen eingesetzt.

Sie stirbt im Juni 1950 im Alter von 67 Jahren in Wien, ohne je wieder geheiratet zu haben.

Zu Fuss nach Döbling

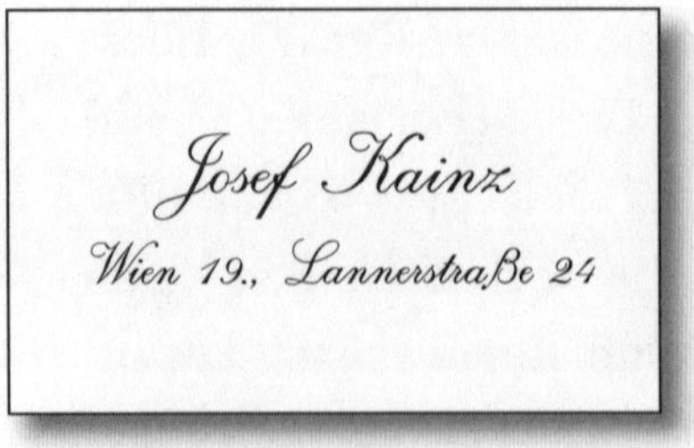

In jungen Jahren hatte Kainz, wenn er zu kleineren Engagements nach Wien kam, eine Wohnung in der Josefstädter Straße gemietet. Später, als berühmtester Charakterdarsteller seiner Zeit, wohnte er in Döbling. Dass er seinen Wohnsitz schließlich ganz nach Wien verlegte, hatte einen dramatischen Grund: Als seine Frau 1893 in Berlin starb, hielt er es dort nicht mehr aus und beschloss, die Stätte seiner Triumphe zu verlassen. Burgtheaterdirektor Max Burckhard holte den Sohn eines ungarischen Bahnbeamten zunächst nur für ein Gastspiel.

Einige Zeit später sollte der Star als festes Ensemblemitglied nach Wien kommen, doch dem stand ein unlösbar scheinendes Problem gegenüber: Der neue Burgtheaterdirektor Paul Schlenther war früher Kritiker der *Vossischen Zeitung* in Berlin gewesen, in der er Kainz fürchterlich verrissen hatte.

Josef Kainz

Jetzt fand man einen – sehr teuren – Weg der Versöhnung. Er bekam die höchste Gage, die man am Burgtheater je bezahlt hatte, doch sie amortisierte sich schnell, denn Wien stand Kopf, sobald er die Bühne betrat. Insgesamt war Kainz hier in 28 Rollen zu sehen, u. a. als Franz Moor, als Cyrano und als Torquato Tasso. Seine Kollegin Hedwig Bleibtreu musste »jedes Mal nach der Vorstellung den weiten Weg nach Döbling zu Fuß gehen. Es war einfach unmöglich, in der Straßenbahn zu sitzen, so aufgeregt hat einen dieser Mann«.

Sein größter Wunsch, Regisseur des Burgtheaters zu werden, blieb unerfüllt. Direktor Schlenther verweigerte den Vertrag, weil er Angst hatte, mit dem Regisseur Kainz den Schauspieler Kainz und damit sein größtes Zugpferd zu verlieren. Als Schlenthers Nachfolger, Alfred Freiherr von Berger, dem schwerkranken Mimen das Ernennungsdekret zum Regisseur überreichte, wusste dieser, dass er nicht mehr lange leben würde.

Kainz konnte tatsächlich keine einzige Regie übernehmen. Er starb, 52 Jahre alt, am 20. September 1910 im Sanatorium Loew in der Mariannengasse.

Mangelhafte Aufklärung

Helene Thimig
Wien 18., Gymnasiumstraße 47

Die Thimigs waren eine weltoffene Künstlerfamilie, aber die Sexualaufklärung ihrer Tochter – die später selbst eine berühmte Schauspielerin werden sollte – dürfte nicht im Vordergrund der Erziehung gestanden sein. Anders wäre die folgende Episode nicht erklärbar: Helene Thimig, gerade zwanzig Jahre alt und wie ihr berühmter Vater Hugo bereits am Theater tätig, lernte im Jahre 1909 den Schauspieler Paul Kalbeck kennen. Beide waren grenzenlos naiv, ja ahnungslos. Trotzdem drückte er ihr bei der ersten sich bietenden Gelegenheit einen langen, noch dazu ein wenig missglückten Kuss auf den Mund. »Es klingt heute wie blödsinnige

Helene Thimig

Koketterie«, schreibt die Thimig in ihren Memoiren, »aber ich habe damals effektiv gedacht: Vielleicht bekomme ich jetzt ein Kind! Wer das nicht glaubt, dem kann es mein Bruder Hermann bezeugen, denn dem habe ich mich am nächsten Tag anvertraut. Es gelang ihm, mich zu beruhigen, indem er mir sein großes Ehrenwort gab und versicherte, seit Adam und Eva habe noch keine Frau ein Kind von einem abgerutschten Busserl bekommen. Da kehrte mein Lebensmut in mich zurück.«

Die Thimig-Villa in Wien-Währing

Der küssende Paul Kalbeck wurde dennoch geheiratet, Helene verließ die große, mit dichtem Efeu bewachsene Backsteinvilla in der Gymnasiumstraße, die ihr Vater im Jahre 1890 (damals noch unter der Adresse Oberdöbling, Feldgasse 1) erworben hatte, und in der sie mit ihren Brüdern Hermann und Hans aufgewachsen war.

Helene Thimigs Ehe hielt freilich nur zwei Jahre. Bis sie Max Reinhardt traf.

Das Scheidungsdrama

Max Reinhardt
Salzburg, Schloss Leopoldskron

Salzburg, Wien, Berlin, Mailand, Florenz, London, New York – das waren die Theaterstationen, die Max Reinhardt durch seine einzigartigen Inszenierungen verzauberte. Einmal führte der bedeutendste Regisseur seiner Zeit aber auch in Lettland Regie. Was veranlasste Max Reinhardt auf dem Höhepunkt seines Ruhms ausgerechnet in Lettland *Die Fledermaus* zu inszenieren?

Um es kurz zu machen: Es war die Liebe. Denn nicht nur Helene Thimig war verheiratet, als sie Max Reinhardt traf. Auch er war es. Seine Frau war die Schauspielerin Else Heims, und die dachte nicht daran, einer Scheidung zuzustimmen. Sie wollte immer nur eines: Frau Reinhardt sein – und bleiben.

Ein Scheidungskampf von selten da gewesener Härte zieht sich mehr als zwei Jahrzehnte lang hin. Max Reinhardt scheut weder Kosten noch Mühen, seine Ehe für null und nichtig erklären zu lassen. Aber Else Heims lässt nicht mit sich reden. Scharen von Anwälten studieren internationale Scheidungsgesetze, um Schlupflöcher zu finden. Reinhardts in Deutschland eingebrachte Klage wird von den Advokaten seiner Frau verschleppt, seine Versuche vor Prager Richtern scheitern.

Deshalb geht er 1931 nach Lettland, denn dort gibt es liberalere Gesetze. Aber man muss dort mehrere Monate gemeldet sein, um die Scheidung einreichen zu können. Natürlich will Max Reinhardt in der lettischen Hauptstadt nicht untätig herumsitzen, und davon profitiert die Nationaloper von Riga, für die er in dieser Zeit *Die Fledermaus* inszeniert.

Max Reinhardt

Der Aufwand scheint sich zu lohnen, denn die Ehe wird 1932 nach lettischem Recht aufgehoben. Und doch ist die Scheidung damit noch nicht vollzogen, denn sie gilt nur in Lettland. Würde Reinhardt Helene Thimig in Wien oder Berlin heiraten, müsste er wegen Bigamie vor Gericht.

Bis 1935 verweigert Else Heims die Scheidung, dann gelingt es ihrem Sohn Gottfried zwischen Vater und Mutter zu vermitteln. Reinhardt geht auf alle Forderungen ein und verpflichtet sich zu hohen Zahlungen an seine Frau.

Die Ehe wird rechtsgültig geschieden, Helene Thimig und Max Reinhardt können heiraten. Nach über zwanzigjährigem Kampf.

Mittlerweile ist Reinhardts Berliner Theaterimperium »arisiert« worden, nur das Wiener Theater in der Josefstadt, die Salzburger Festspiele und *Leopoldskron* sind noch in seiner Hand. Reinhardt hatte das Rokokoschloss nach dem Zusammenbruch der österreichisch-ungarischen Monarchie erworben und – wie manche meinen – die Salzburger Festspiele gegründet, um die Sommermonate auf seinem prunkvollen Anwesen verbringen zu können. Der von Erzbischof Leopold Firmian im 18. Jahrhundert erbaute spätere Alterssitz des bayerischen Königs Ludwig I. wurde von Reinhardt aufwändig revitalisiert und – wie alles in seinem Leben – »inszeniert«. Die Stuckaturen der Decken blickten jetzt wieder auf kostbar möblierte Räume, auf den Saal, die Bibliothek, das venezianische Zimmer. Der noch aus Bischof Firmians Zeiten stammende Sakristeischrank, die barocken Kachelöfen, der Park mit seinen Sandsteinfiguren, der Tiergarten, die Glashäuser, der Herkulesteich – alles war mit neuem Leben erfüllt und diente als Wohnort, aber auch als Schauplatz für spektakuläre Theateraufführungen, Konzerte, Premierenfeiern.

Zeit und Muße für all die Pracht fand Reinhardt wenig, da er ständig beschäftigt war. »Ein Morgenspaziergang durch den Park, zu den Tieren, bis zur barocken Nepomukstatue am äußersten Ende des Besitzes, war die einzige Erholung, die sich Reinhardt während der Festspiele gönnte«, erinnerte sich seine engste Mitarbeiterin Gusti Adler. »Aber nur selten vermochte er mit Helene Thimig diese kurze Stunde ungestört zu genießen: Ferngespräche, Telegramme, dringende Anfragen zwangen ihn allzu oft, halb laufend zum Schloss zurückzukehren. Doch der Garten klang nach, das Haus klang nach.«

Max Reinhardts Rokokoschloss Leopoldskron in Salzburg

Als Reinhardt nach dem »Anschluss« in Amerika hörte, dass ihm nun auch *Leopoldskron*, in das er so viel Geld und Liebe investiert hatte, geraubt worden war, kommentierte er dies mit den Worten: »Ich habe es gehabt!«

Die Moser-Villa

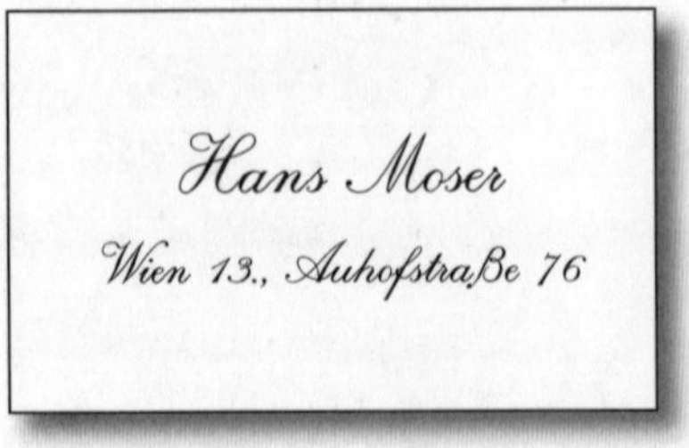

Viele Jahre hat Hans Moser in feuchten Kellern, Kabinetten und Bassenawohnungen gelebt, ehe er es sich 1931 leisten konnte, ein eigenes Haus zu kaufen. Er war 51 Jahre alt, als er die Villa in der noblen Auhofstraße/Ecke Hügelgasse bezog. Dem Kaufvertrag ist zu entnehmen, dass der Volksschauspieler für das aus der Gründerzeit stammende Haus an die bisherigen Eigentümerinnen Ottilie Brunner und Dr. Hedwig Wahle 100 000 Schilling* bezahlte.

Hans Moser

Hans Moser, der Ende der zwanziger Jahre durch seine Tonfilme zum ersten Mal wirklich gut verdient hatte, zog nun mit seiner Frau Blanca und der 18-jährigen Tochter Grete in die feudale Villa in Hietzing ein. Doch er konnte den Luxus nicht genießen. Geprägt durch seine ärmliche Kindheit und die vielen Jahre als Provinz- und Schmierendarsteller, der oft für ein Abendessen und die Übernachtung in einem schmutzigen Wirtshaus aufgetreten war, litt er auch jetzt, als wohlhabender und allseits geachteter Schauspieler, unter Existenzängsten. So bewohnte er den »Herrschaftstrakt« seiner mit Antiquitäten und Marmorbad eingerichteten Villa nur im Sommer, während er in den Wintermonaten in der winzigen

* Entspricht laut *Statistik Austria* im Jahre 2005 einem Betrag von rund 280 000 Euro

Die Moser-Villa in der Auhofstraße

Hausmeisterwohnung im Parterre lebte, um Heizkosten zu sparen.

Nach Mosers Tod im Jahre 1964 stand das Haus lange leer, weil die Rechtslage zwischen Witwe und Tochter nicht geklärt werden konnte. Erst 1985 wurde das 2500 Quadratmeter große Anwesen vom Obersten Gerichtshof der »Hans-und-Blanca-Moser-Stiftung zur Unterstützung alter und kranker Menschen« zugesprochen. Vier Jahre später kaufte es der Chemiker Walter Otto um 18 Millionen Schilling und investierte weitere 25 Millionen, um darin das *Restaurant Villa Moser* zu eröffnen. Doch es wurde nach einigen Jahren wieder geschlossen. Heute ist im ehemaligen Wohnhaus des Volksschauspielers die Botschaft der Republik Aserbaidschan untergebracht.

Zwischen Troppau und Baden

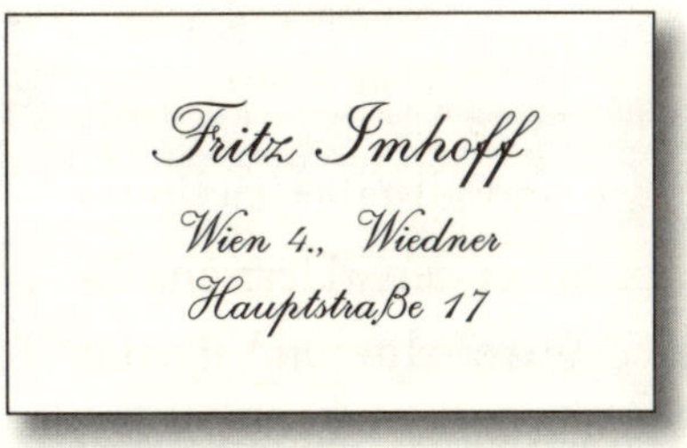

Es gibt mehrere Versionen, wie der Wiener Fritz Jeschke zu seinem Künstlernamen Imhoff gekommen ist. Eine lieferte sein langjähriger Freund Hugo Wiener: Der 20-jährige Fritz sei 1911 unter seinem wirklichen Namen Jeschke am Stadttheater Troppau aufgetreten, wo er wegen Talentlosigkeit entlassen wurde. Zwei Jahre später – er hatte inzwischen seinen

Militärdienst absolviert – verschaffte ihm sein Lehrer ein Engagement in Baden bei Wien. Die Freude darüber währte nur so lange, bis Fritz Jeschke erfuhr, dass der neue Direktor genau derjenige war, der ihn in Troppau gefeuert hatte.

Fritz Imhoff

Deshalb nannte er sich nun Imhoff und trat sein Engagement in Baden mit zittrigen Knien an. Der Direktor sah ihn sehr lange und sehr genau an, wusste aber nicht recht, wo er ihn hintun sollte.

In Baden feierte er seine ersten Erfolge, später spielte er an fast allen Wiener Bühnen. Er wohnte mit seiner Frau Huberta in einer geräumigen Altbauwohnung auf der Wiedner Hauptstraße und wurde, nicht zuletzt durch seine vielen Filme, einer der populärsten Schauspieler des Landes.

»Sie war die Erfüllung«

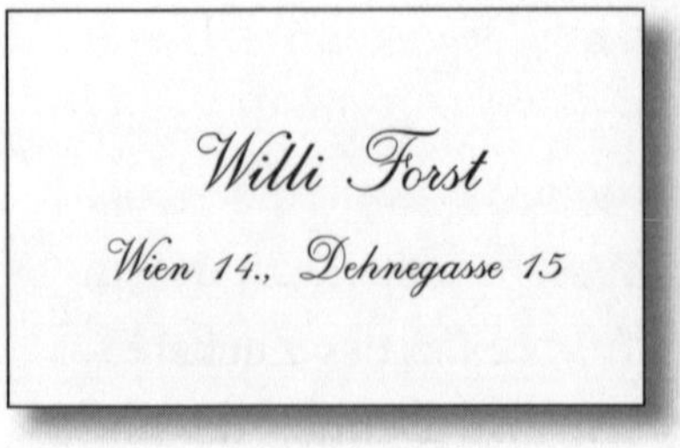

Willi Forst

Wien 14., Dehnegasse 15

So lange er lebte, hat er diese Beziehung für sich behalten. Erst in seinen posthum erschienenen Lebenserinnerungen gab Willi Forst seine Affäre mit Marlene Dietrich preis, die er 1927 bei den Dreharbeiten zu dem Stummfilm *Café Elektric* in Wien kennen gelernt hatte: »Wir flogen vom ersten Augenblick aufeinander. Noch in derselben Nacht lagen wir uns in den Armen. Sie galt als lesbisch, was zum Teil begründet war. In unserer Umarmung war davon nicht das Geringste zu spüren. Sie war die Erfüllung! Ich betete sie an, keine Frau vorher und nachher war imstande, solche Liebe zu geben.«

Einige Zeilen später entschuldigt sich Forst, ohne die Aussage zurückzunehmen, für diesen Satz bei seiner Ehefrau.

Umgekehrt hatte auch die Dietrich allen Grund, Willi Forst dankbar zu sein. Denn er war es, dem zur rechten Zeit aufgefallen war, in welchem Licht man sie in der Großaufnahme zeigen musste, um ihr Gesicht auf der Leinwand günstig erscheinen zu lassen, da »auch die schönsten Beine der Welt nicht alles wettmachen können«, wie er schreibt. Marlene befolgte seine Ratschläge auch in Hollywood noch und bedankte sich später in einem Brief für Forsts Anteil an ihrer Weltkarriere.

Willi Forst

Willi Forst wohnte zum Zeitpunkt seiner Affäre mit der Dietrich in der ehemaligen Wohnung seiner Eltern in der Ramperstorffergasse 47 in Wien-Margareten. Neun Jahre später war er als Schauspieler, Regisseur und Produzent seiner Filme so wohlhabend geworden, dass er den 110 000 Quadratmeter großen, nahe der Baumgartner Höhe gelegenen Dehnepark erwerben konnte. Dieser hatte einst den Fürsten Paar und Liechtenstein als Sommerresidenz gedient und befand sich später im Besitz des Zuckerbäckers August Dehne, der die Hofkonditorei Demel betrieb. Willi Forst bezog in den dreißiger Jahren mit seiner Frau eine im Dehnepark gelegene kleine

Die Willi-Forst-Villa im Dehnepark

Villa, die er selbst als sein »kleines Paradies« bezeichnete. »Dicht bei meinem Hause befindet sich ein Stückl Wienerwald, von dem ich glücklich sagen kann, dass es mir gehört«, sagte er. »Ich liebe meinen kleinen Wald, seine Unberührtheit und Unberührbarkeit. Wenn ich in ihm spazieren gehe, treffe ich keinen Menschen. Der Zaun, der drumherumgezogen ist, schützt den Wald und mich sogar vor den Papierln der Sonntagsausflügler.«

Willi Forst verkaufte das Anwesen 1967 an die Stadt Wien, die das Wohnhaus des beliebten Schauspielers abriss und auf dem Grundstück einen öffentlich zugänglichen Park errichtete.

»Warum gerade ich?«

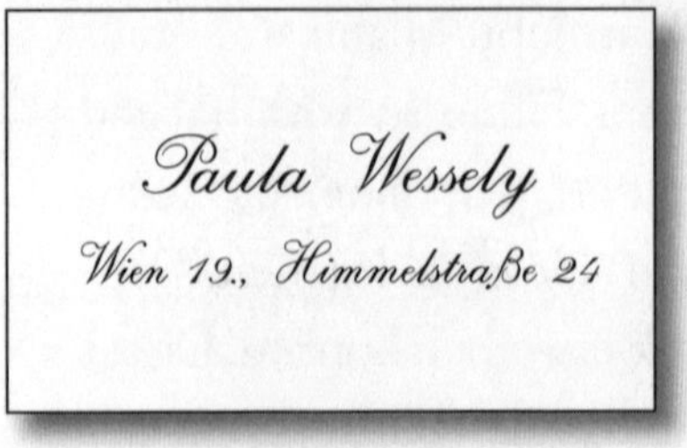

Der Regisseur Willi Forst und sein Autor Walter Reisch standen vor einem Dilemma. Das Drehbuch zu dem Film *Maskerade* war fertig, sie spürten, dass es beim Publikum ankommen würde, aber sie hatten noch keine Hauptdarstellerin für die Rolle der schüchternen Gesellschaftsdame Leopoldine Dur. Gewiss, eine Schauspielerin namens Paula Wessely war die beste von allen, die zur Auswahl standen. Aber sie kam vom Theater und verkörperte keineswegs das Schönheitsideal, das im noch jungen Tonfilm gefragt war. Wie konnte man den Zuschauern im Kino glaubhaft machen, dass sich der blendend aussehende Adolf Wohlbrück – der für die Rolle des Malers Heideneck gewonnen werden konnte – ausgerechnet in diese als »unfotografierbar« geltende junge Frau verliebt?

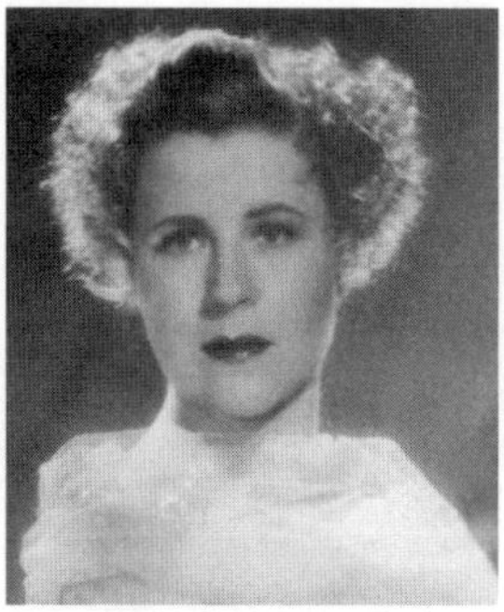
Paula Wessely

Autor und Regisseur saßen am Beginn des Jahres 1934 beisammen und dachten darüber nach, wie der Film zu retten wäre. Plötzlich hatte Walter Reisch die zündende Idee, er riss eine Seite aus dem Drehbuch und fügte eine neue Szene ein. Leopoldine Dur steht darin vor einem Spiegel, sieht in ihr Gesicht und fragt: »Warum gerade ich? Er kann doch ganz andere Frauen haben.« Sie läuft weg, kommt wieder zurück, schaut noch einmal in den Spiegel und sagt: »Warum *nicht* gerade ich!«

Die paar Worte waren ausschlaggebend für den unvergleichlichen Erfolg von *Maskerade* und für den kometenhaften Aufstieg der Paula Wessely. Millionen Frauen identifizierten sich mit ihr, kleideten sich wie sie, trugen das Haar wie sie, wollten »erobern« wie sie. Die 27-jährige Wienerin wurde über Nacht zum Idol.

1935 kaufte die Wessely von ihrer ersten Filmgage ein altes Winzerhaus in der Grinzinger Himmelstraße, das sich einst im Besitz der Industriellenfamilien Schoeller und Krupp befunden hatte. Im selben Jahr noch heiratete sie Attila Hörbiger. Er bewohnte das Erdgeschoss, sie den ersten Stock. Heute betreibt Maresa Hörbiger in dem Biedermeierhaus den *Kultursalon Hörbiger*.

Die Wessely-Hörbiger-Villa in der Himmelstraße

Fast ein Fussballer

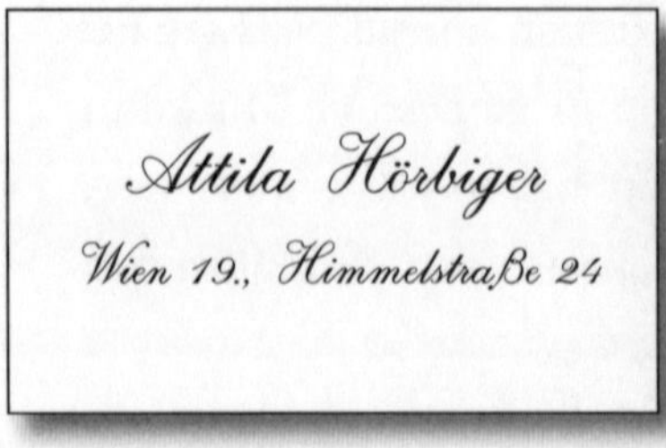

Das wirklich Mühsame am Beruf des Schauspielers ist das Textlernen. Und der Albtraum heißt, auf der Bühne »hängen zu bleiben«. Attila Hörbiger bereitete sich 1958 auf die Rolle des alkoholkranken Majors Cornelius Melody in Eugene O'Neills Schauspiel *Fast ein Poet* vor. Zu Hause in Grinzing warf seine älteste Tochter Elisabeth Orth während der schwierigen Probenzeit am Akademietheater einen Blick in Vaters Textbuch und sah neben den gedruckten Zeilen ein Fußball spielendes Männchen, das der Papa hingekritzelt hatte. Zuerst dachte sie, aha, das war heut eine langweilige Probe, dem Regisseur ist nichts eingefallen, da hat der Papa in seiner Langeweile einen Fußballer in sein Textbuch gezeichnet, Fußball ist schließlich sein Lieblingssport.

Attila Hörbiger

Sie fragte ihn, an welches Match er gedacht hätte, während der faden Probe.

Attila Hörbiger sah seine Tochter – die selbst gerade ihre ersten Auftritte hinter sich gebracht hatte – mit großen Augen an, zog eine Schulter hoch und sagte: »Schau doch nach, neben welchem Wort der Fußballer hingezeichnet ist.«

Sie sah, dass dort das Wort »grausam« stand.

»Na, und weil mir das Wort auf der Probe immer wieder nicht eingefallen ist, hab ich an den Fußballer Grausam* gedacht, und wenn ich beim Textlernen jetzt zu dem Wort komme, denke ich schnell an den Spieler, und mir fällt's ein, das Wort.«

Attila Hörbiger hat das Wort grausam in keiner einzigen Vorstellung vergessen. Und für die Darstellung des Cornelius Melody in *Fast ein Poet* wurde ihm die Kainz-Medaille für die beste schauspielerische Leistung des Jahres verliehen.

Das U-Boot in der Annagasse

Dorothea Neff
Wien 1., Annagasse 8

Dorothea Neff war Schauspielerin am Deutschen Volkstheater in Wien, als sich im September 1940 eine Kostümbildnerin bei ihr meldete, die sie aus einem früheren Engagement in Köln kannte. Die Besucherin hieß Lilli Wolff und wurde als Jüdin von den Nationalsozialisten verfolgt. Sie hatte es aus Angst um ihren kranken Vater verabsäumt, rechtzeitig ins Ausland zu fliehen und war – in der irrigen Ansicht, in der »Ostmark« eher überleben zu können – nach Wien gekommen.

Lilli Wolff hauste in einer Baracke im zweiten Bezirk, bis sie im Winter 1941 die Mitteilung bekam, in ein Arbeitslager nach Polen überstellt zu werden. Sie ging zu Dorothea Neff, um sich zu verabschieden.

* Leopold Grausam (1917–1979), Verteidiger bei »Hellas Kagran«, Vater des späteren Nationalspielers Leopold Grausam jun.

Dorothea Neff

Die Schauspielerin ahnte, was der »Transport« bedeutete und forderte Lilli Wolff deshalb auf, sich auf keinen Fall am angegebenen Treffpunkt einzufinden, sondern zu ihr in die Annagasse 8 zu kommen. Dort, im so genannten *Täublerhof* – einem vermutlich nach Plänen von Johann Lukas von Hildebrandt errichteten Barockbau, in dem einst Wiens Kupferstecherakademie untergebracht war –, lebte die gebürtige Münchnerin Dorothea Neff schon seit einigen Jahren.

Von diesem Tag an teilte sie ihre Wohnung mit Lilli Wolff, die diese nun bis Kriegsende nicht mehr verlassen konnte. Mit einem »U-Boot« zu leben, sei die Hölle, erzählte Dorothea Neff später. Sie ernährten sich von einer Lebensmittelkarte, mit dem Ergebnis, dass Lilli Wolff eine schwere Anämie bekam und Dorothea Neff bei einer Größe von 1,75 Meter nur noch 45 Kilogramm wog.

»Ich konnte in all den Jahren in meiner Wohnung keinen Menschen empfangen«, erinnerte sich die Neff. »Und wenn sich ein Besuch nicht vermeiden ließ, versteckte sich Lilli in der Kohlenkiste. Immer wenn ich von der Probe heimkehrte, drehte ich voller Angst den Schlüssel im Schlüsselloch um und dachte: Was ist in der Zwischenzeit geschehen?«

Im August 1944 wurde die ohnehin dramatische Lage von einer akut lebensbedrohlichen Krise überschattet, als Lilli eine Geschwulst an ihrer Brust entdeckte. Dorothea Neff besorgte einen gefälschten Ausweis, mit dessen Hilfe sie ein Spitalsbett für die Freundin bekam. Lilli Wolff wurde operiert und kehrte dann, ohne dass ihre Identität bekannt wurde, zurück in die Annagasse.

Kurz vor Kriegsende nahm Lillis Anämie so bedrohliche Ausmaße an, dass erneut ärztliche Betreuung notwendig wurde. Dorothea Neffs

Wohnung befand sich im ersten Stock, im vierten wohnte der Medizinstudent Erwin Ringel, zu dem sie so großes Vertrauen hatte, dass sie eines Tages an seine Tür klopfte und ihn geradeheraus fragte: »Ringel, können Sie Injektionen geben?«

Der später als Psychiater berühmt gewordene junge Mann bejahte und führte von nun an Lilli Wolffs Behandlung durch.

Am Ostersonntag des Jahres 1945 konnte Dorothea Neff ihre Freundin zum ersten Mal als freien Menschen auf die Straße führen. Es dauerte noch lange, bis Lilli Wolff sich an das Gefühl gewöhnt hatte, nicht mehr verfolgt und in Gefahr zu sein.

Dorothea Neff erblindete 1967 infolge einer Netzhautablösung, trat aber weiterhin am Volkstheater und in Fernsehrollen auf. 1980 als Lebensretterin vom Staat Israel mit der *Yad Vashem Medaille* ausgezeichnet, verbrachte die Schauspielerin ihren Lebensabend in einer Wohnung in der Taubstummengasse 13 auf der Wieden, in der sie 1986 im Alter von 83 Jahren starb. Lilli Wolff war nach dem Krieg in die USA ausgewandert, sie starb dort 1982 im Alter von 86 Jahren.

Mit »U-Boot« im 1. Stock: Dorothea Neffs Wohnhaus

Auf der Flucht

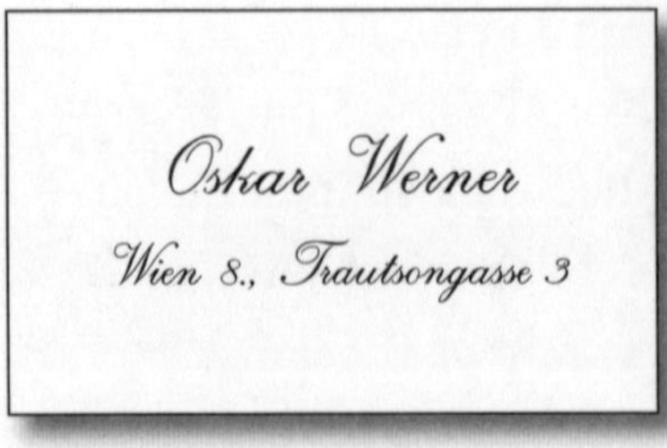
Oskar Werner
Wien 8., Trautsongasse 3

Als Oskar Werner nach einem Vorsprechen im Oktober 1941 ans Burgtheater engagiert wurde, ging ein Traum in Erfüllung. Ein Traum, der wohl auch sein Leben gerettet hat. Denn als Mitglied der renommierten Bühne stellte man ihn während des Krieges »uk«*, wodurch er nicht an die Front musste. Burgtheaterdirektor Lothar Müthel hatte das außergewöhnliche Talent des 19-jährigen Eleven erkannt und ihn regelmäßig – wenn auch nur in kleineren Rollen – beschäftigt. Allerdings durften die Verträge wegen der möglichen Einberufung eines »wehrtauglichen Schützen« immer nur für einen Monat abgeschlossen werden.

Oskar Werner

Gefährlich wurde die Situation im September 1944 mit der Schließung aller Bühnen, womit Oskar Werner, wie viele andere Schauspieler auch, jederzeit an die Front gerufen werden konnte. Als er keinen anderen Ausweg mehr sah, desertierte er, um mit seiner Lebensgefährtin und späteren Frau, der Schauspielerin Elisabeth Kallina, und seiner kleinen Tochter nach Baden in den Untergrund zu gehen. In einem Brief an seine Freundin Anne Marie

* unabkömmlich

Peterlechner schilderte Oskar Josef Bschließmayer, wie er damals noch hieß, seine Flucht in den letzten Kriegstagen: »Als die russische Front näher rückte und die Russen bereits in Baden standen, wurde die Stadt zweimal in rollendem Einsatz bombardiert. Das Haus, in dem wir wohnten, hatte keinen Luftschutzkeller, so haben wir im Souterrain, eng umschlungen, unser Kind in der Mitte, das Ende erwartet. In Baden konnten wir nicht bleiben. So sind wir in der Nacht, in der auch zahllose Bomben fielen, geflohen. Um 2 Uhr früh haben wir unser Kind in einen Wäschekorb gelegt, das Notwendigste an Proviant in einen Rucksack getan und sind zu Fuß losgezogen – und wussten nicht, wohin. Mehr als 1000 Todesmöglichkeiten, doch die schützende Hand Gottes war bei uns.«

Oskar Werners Wohnhaus in der Trautsongasse

Die Familie gelangte auf Irrwegen nach Hadersdorf-Weidlingau, wo sie im Wochenendhaus von Oskar Werners Tante Unterschlupf fand. »Nun verlebten wir die grausamsten Tage unseres Lebens. Denn nun begann ein Artillerieduell, das pausenlos wie ein Maschinengewehrfeuer donnerte und das wir 1 1/2 Tage mitmachten, vollkommen preisgegeben in einem Holzhaus ohne Keller. Die Deutschen schossen nach Purkersdorf und die Russen zurück auf die Flakstelle nach Weidlingau.« Später sollte er erfahren, »dass die Villa in Baden vollkommen niedergebrannt ist und dass das Holzhaus in Weidlingau, nachdem wir weg waren, einen Volltreffer erhielt«.

Am 17. Mai 1945 stand Oskar Werner im Ronacher, dem Ausweichquartier des zerstörten Burgtheaters, wieder auf der Bühne. Er heiratete Elisabeth Kallina, bezog zunächst eine Wohnung im *Hochhaus* in der Herrengasse und durfte mit amtlicher Genehmigung die Änderung seines Familiennamens von Bschließmayer auf Werner vornehmen. Eine unvergleichliche Karriere begann.

Während prominente Künstler meist in repräsentativen Altbauten wohnen, lebte Oskar Werner in den letzten Jahren seines Lebens im ersten Stock eines schlichten Neubaus in der Wiener Josefstadt, von dessen Fenstern er jedoch einen prachtvollen Blick in den Park des benachbarten Palais Auersperg hatte. Neben der Vier-Zimmer-Wohnung in der Trautsongasse besaß er ein Appartement in Paris, ein Haus in Thallern in der Wachau und eines in Triesen im Fürstentum Liechtenstein, das er »Teixlburg« nannte. Als man den ständig von einem Wohnsitz zum anderen Rasenden fragte, ob er nicht irgendwann ganz in Wien bleiben wollte, antwortete er: »Nein, ich spring hier nur gelegentlich mit dem Fallschirm ab.«

»Ich lerne ja nur«

> *Romy Schneider*
> *Wien 1., Philharmonikerstraße 4,*
> *Hotel Sacher*

Romy Schneider wurde im Rudolfinerhaus in Wien geboren, sie hat jedoch kaum je in dieser Stadt gelebt. Wenn sie in späteren Jahren in die Heimat ihres Vaters, Wolf Albach-Retty, kam, dann nur der Arbeit wegen, und sie wohnte dann meist im *Hotel Sacher*. Im März 1955 beschreibt der Teenager, der zu diesem Zeitpunkt bereits mehrere Filme gedreht hatte, einen solchen Aufenthalt in seinem Tagebuch: »Mammi und ich wohnen im *Sacher*. Das ist eines der vornehmsten Hotels, das ich kenne. Und ich kenne inzwischen schon eine ganze Menge. In München, Köln, Rom, Berlin – Syrakus nicht zu vergessen! Jetzt bin ich sechzehn Jahre alt. Und hab schon ein recht beachtliches Stückerl von der Welt gesehen. Tausende kennen mich, ohne dass ich sie kenne. Ich bin oft unglücklich darüber. Ich wünschte, ich könnte einmal mit diesen vielen Unbekannten sprechen und sie fragen: Sagt mal, was haltet ihr eigentlich von dieser Romy Schneider? Meint ihr, das ist eine recht eingebildete Gans oder nicht? Es ist alles so schwer. Vielleicht bin ich wirklich eine aufgeblasene Seifenblase, die dann eines Tages mit lautem Knall platzt? ... Vorläufig lerne ich ja nur. Und nebenbei spiele ich mich selbst. Ob das nun die Königin Victoria* ist, die ich darstellen muss, das bin eben ich! Oder jetzt das Mädel vom Land wie im *Deutschmeister*, das bin eben ich! Immer in anderen Variationen. Immer mit einem anderen Text. Aber ich bin's und ich bleib's.«

Romy Schneider

* in dem 1954 gedrehten Film *Mädchenjahre einer Königin*

Noch ein bisserl dabei

Fritz Kortner
Wien 8., Josefstädter Straße 52

Beim Blättern in alten Meldezetteln findet sich eine ganze Reihe von Wiener Adressen, an denen der junge Fritz Kortner – meist nur für kurze Zeit – als Untermieter gewohnt hat. Die Wohnungen lagen in der Wallensteinstraße, in der Treustraße, in der Gentzgasse und an der Brigittenauer Lände. Am längsten, rund ein Jahr lang, hielt es ihn in der Josefstädter Straße. Die folgende Episode erzählt aber auch von einer ganz anderen Unterkunft …

Es war nach dem Zweiten Weltkrieg, als das Schicksal den mittlerweile als Schauspieler und Regisseur berühmt gewordenen Fritz Kortner wieder nach Wien führte. Er besuchte das *Café Schwarzenberg*, an dessen Eingang er einer älteren Frau begegnete, die ihn stürmisch begrüßte. Kortner kam die Dame irgendwie bekannt vor, er konnte sich jedoch beim besten Willen nicht entsinnen, wo und wann er ihr in ferner Vergangenheit begegnet war. Glücklicherweise lieferte sie gleich die Erklärung: »Fritzl, weißt noch, wie du im *Grünen Kakadu* g'wohnt hast, damals?«

Tatsächlich, aus Kortners Jugenderinnerungen tauchte ein dunkler Punkt auf, hatte er doch als mittelloser Student einige Monate in einem billigen, übel beleumundeten Stundenhotel am Stadtrand gewohnt. »Und dort«, gestand jetzt das ältliche Fräulein, »hab i damals gearbeitet. I bin die Fifi.«

Jetzt erkannte Kortner das einst aufreizende Freudenmädchen, an dem die Jahrzehnte nicht spurlos vorübergegangen sind, wieder. »Ja, die Fifi, natürlich«, sagte er, und weil er auf diese Situation so ganz und gar nicht vorbereitet war, stellte Kortner jetzt die etwas unbeholfene Frage: »Und was, Fifi, was machen Sie heut so? Ich mein beruflich?«

Fritz Kortner

Fifis Antwort kam wie aus der Pistole geschossen. »Ich bin die Klofrau vom *Hotel Imperial.*« Und dann fügte sie noch an: »Da is ma halt immer noch ein bisserl dabei.«

Der schönste Bub von Klosterneuburg

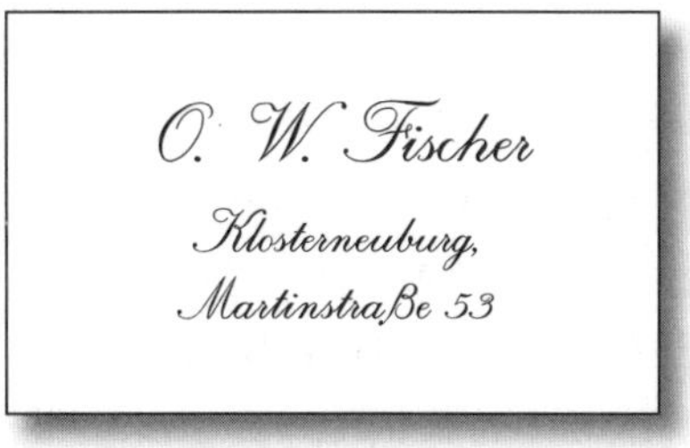

O. W. Fischer
Klosterneuburg,
Martinstraße 53

Wenn man den Filmstar auf seine Wiener Herkunft ansprach, korrigierte er stets: »Ich bin kein Wiener, ich bin Klosterneuburger!« Tatsächlich war Otto Wilhelm Fischer am 1. April 1915 in der Babenbergerstadt zur Welt gekommen und daselbst als »schönster Bub von Klosterneuburg« bezeichnet worden. Sein Vater, der k. u. k. Hofrat Dr. Franz Fischer, besaß ein kleines Haus in der Martinstraße, »in dem ein Zuckerbäcker seinen Laden hatte, bei dem wir Schaumrollen und einen kleinen Mokka nahmen«.

Den Gymnasiasten faszinierte der alte Stadtkern, in dem »die Schlosser und Gerber immer noch wie im Mittelalter in ihren Höhlen hämmerten«. Ottos erster Flirt hieß Betty und hatte, wie er sich später erinnerte, wuscheliges Haar.

Nach der Matura übersiedelte er nach Wien, absolvierte das Reinhardtseminar, hatte seine ersten Auftritte an der Josefstadt und am Burgtheater. Und dann war er nahe dran, eine Karriere zu machen, die ihn weit über den deutschen Sprachraum hinaus geführt hätte. Aber er stand sich selbst im Weg. Ein Hollywoodproduzent hatte den als schwierig geltenden Schauspieler in die amerikanische Filmmetropole geholt, wo es zum Debakel kam.

O. W. Fischer

Der Charmeur reiste im Jänner 1957 mit gigantischem Medienrummel in die USA, um in dem Film *My Man Godfrey* die Titelrolle zu spielen. Sein Vertrag mit *Universal Pictures* sah vor, dass er für diesen und einen weiteren Film die sensationelle Gage von 250 000 Dollar bekommen sollte. Doch Fischer missfiel das Drehbuch, und so verfasste er eine neue Version, die wiederum vom Regisseur Henry Koster abgelehnt wurde.

Weitere Probleme folgten. O. W. Fischer sollte einen aus Wien stammenden Seemann spielen, der in New York als Butler arbeitet. Als er mit Maßanzug und Steirerhut am Set erschien, entgegnete der Regisseur: »Ein Seemann trägt weder Maßanzug noch Trachtenhut.« Doch Fischer bestand auf diese Adjustierung. Koster, ein gebürtiger Berliner, hatte »vom ersten Tag an das Gefühl, dass er einen Film für Österreich machen wollte und nicht für Amerika«. So sagte er stets »Tante Lotterl« statt »Tante Charlott«.

Fischer wurde zum Produktionschef gerufen, der ihm klarmachte, dass er den Anweisungen des Regisseurs zu folgen hätte, doch es half nichts. Wenn Koster »Komm langsam bei der Tür herein« sagte, dann kam Fischer schnell. Einmal ging er auf Zehenspitzen, weil ein Butler seiner Ansicht nach auf Zehenspitzen geht. Koster hatte »seit zwanzig

Jahren einen Butler, aber der ist nie auf Zehenspitzen gegangen, warum auch«.

Es gab tausend Reibereien. Eva Gabor sollte weinen. Da Fischer die Szene anders spielte als vorgesehen, musste sie siebzehn Mal gedreht werden, bis sie nicht mehr weinen konnte und der Drehtag verloren war. »Nachher, in der Garderobe«, erinnerte sich Koster, »weinte sie dann wirklich – aus Verzweiflung.«

Das Wohnhaus in Klosterneuburg

Die Crew wurde immer nervöser. Als sich am sechzehnten Drehtag ein Schauspieler weigerte, mit Fischer weiterzuarbeiten, wurde er von *Universal Pictures* zurück nach Wien geschickt. Die mit Fischer gedrehten Szenen wurden vernichtet, David Niven übernahm die Rolle.

Eine Hollywoodkarriere war beendet, noch ehe sie begonnen hatte. O. W. Fischer drehte wieder in Berlin, München und Wien.

Einmal noch, im Jahre 1960, kehrte er heim nach Klosterneuburg, um sich an die Tage der Kindheit zu erinnern. Die letzten Jahrzehnte verbrachte er zurückgezogen in seinem Landhaus im Tessin.

Der letzte Vorhang

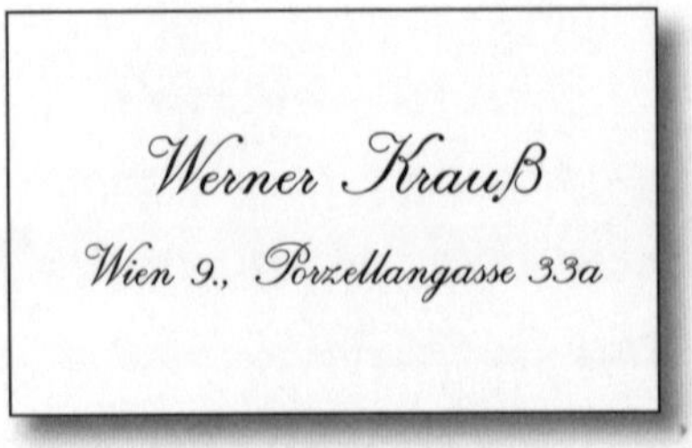

Obwohl er in seinen letzten Lebensjahren schwer zuckerkrank war, trat Werner Krauß regelmäßig am Burgtheater auf, so auch am 23. Oktober 1958 in der Rolle des König Lear. An diesem Abend erlitt er während der Vorstellung einen Gefäßspasmus, der ihm die Sprache raubte. Das Publikum dachte zunächst an einen besonderen Regieeinfall, doch als der Mime immer undeutlicher sprach und bald auch desorientiert über die Bühne wankte, herrschte große Unruhe im Zuschauerraum.

Der Vorhang fiel, der rasch herbeigerufene Theaterarzt leistete Erste Hilfe. Als Krauß sich ein wenig erholt hatte, riet der Mediziner zur Fortsetzung der Aufführung, da ein Abbruch Krauß dermaßen aufgeregt hätte, dass ein neuerlicher Schlaganfall zu befürchten war. So spielte Werner Krauß den Lear zu Ende, machte alle Bewegungen, sprach den Text, aber das Publikum verstand kein Wort und konnte nicht fassen, was da vor sich ging.

Werner Krauß

Es war die letzte Vorstellung und der bewegende Abschied eines großen Schauspielers. Werner Krauß, der in einer ihm vom Burgtheater zur Verfügung gestellten Wohnung in der Porzellangasse lebte, starb ein Jahr später, am 20. Oktober 1959, im Alter von 75 Jahren.

Fassungslos über den Ifflandring

Josef Meinrad und seine Frau Germaine hatten im Jahre 1955 ein Haus in Wien-Mauer gekauft, in dem nach dem Krieg ein russischer General einquartiert war. Vier Jahre nach dem Einzug in die geräumige Villa wurde Meinrad durch die höchste Ehrung überrascht, die einem Schauspieler zuteil werden kann: Der verstorbene Werner Krauß hatte ihm den Ifflandring, den der Überlieferung nach der bedeutendste Schauspieler deutscher Zunge erhalten soll, hinterlassen. Neben Meinrad selbst war auch ein großer Teil der Öffentlichkeit ob dieser Wahl fassungslos, die Krauß in einem Brief mit der »Einfachheit, Schlichtheit und Wahrhaftigkeit« des Burgschauspielers begründet hatte. »Ich habe diesen Brief immer wieder gelesen«, erklärte Meinrad damals, »um zu verstehen, warum Werner Krauß diese Entscheidung getroffen hat. Vielleicht wollte er das Land ehren, das ihm zur zweiten Heimat geworden ist … und ich bin dabei gar nicht so wichtig.«

In der deutschen Presse erschienen böse Kommentare, die hinterfragten, warum die Auszeichnung nicht einem »wirklich großen« Schauspieler wie Gustav Gründgens, Ernst Deutsch oder Ewald Balser übergeben worden war. Auch Meinrad hatte »dem deutschen und dem schweizerischen Theaterpublikum gegenüber eine gewisse Sorge«, wie er später sagte. »Ich hatte bis 1959 nur ganz wenige Theatertourneen durch Deutschland und in einigen Städten der Schweiz absolviert. Die Menschen kannten mich dort nur von einigen Fernsehaufzeichnungen und Filmen her, und die haben sicher nicht dazu beigetragen, auf mich aufmerksam zu machen. Dazu kam, dass die deutsche Presse die Ringverleihung von Werner Krauß an mich mit Verwunderung, ja mit großer Reserviertheit aufnahm. Ich war in diesen Ländern eher ein unbekannter, in manchen Kreisen sogar ein unbedeutender Schauspieler.«

Josef Meinrad

Ein Jahr später konnte Meinrad diesen Eindruck durch eine große Burgtheatertournee abschütteln. Nachdem er mehrere Monate als Theodor in Hofmannsthals *Der Unbestechliche* durch Deutschland, Luxemburg und die Schweiz unterwegs gewesen war, stellten Theaterfreunde in einem offenen Brief an den Künstler fest: »Ehrlich gesagt, als wir hörten, dass Werner Krauß Ihnen den ehrwürdigen Ifflandring zuerkannt hat, haben wir uns etwas gewundert. Seien Sie nicht böse darüber. Wer von uns kannte Sie schließlich näher als aus den dummen und dümmlichen Röllchen, die man Ihnen bisher im Film gab? Jetzt wissen wir es besser. Und wir haben begeistert Szenenapplaus geklatscht; immer wieder, als Sie uns Hofmannsthals *Unbestechlichen* vorspielten, und wir sahen, dass Sie unbestechlich durch Ihren jungen Ruhm, wirklich der liebenswürdigste Mensch und einsatzfreudige, eisern an sich arbeitende Schauspieler sind, als den Sie die Fama gepriesen hat. Sie haben uns begeistert! Wir haben Sie lieb gewonnen! Vielen Dank für Ihr Gastspiel.«

Erst jetzt im Zuge dieser Tournee auch von der deutschen Presse fast einhellig gelobt, hatte Meinrad das Gefühl, sich den Ifflandring wirklich verdient zu haben.

Und doch behielt er seine sprichwörtliche Bescheidenheit. Er arbeitete in der in seinem Keller etablierten Tischlerwerkstatt und in der Holzschnitzerei. Obwohl das Haus in Mauer sehr groß war, begnügte sich Meinrad mit einer winzigen Kammer, in der er völlig abgeschirmt seine Texte lernte. Die übrigen Räume wurden mit den von den Meinrads gesammelten Antiquitäten eingerichtet. Am Sonntagvormittag lud das Ehepaar regelmäßig zum »Jour«, dem Freunde wie Hugo Gottschlich, Inge Konradi, Hans Olden und Gusti Wolf angehörten.

1970 erwarb Meinrad in der Salzburger Gemeinde Großgmain eine ehemalige Scheune, die er zu seinem Zweitwohnsitz umbauen ließ. Als er sich achtzehn Jahre später vom Theater zurückzog (weil er bei einer Aufführung zum ersten Mal in seinem Leben auf den Souffleur angewiesen war) übersiedelte er mit seiner Frau ganz in das Landhaus, in dem er dann seine letzten Lebensjahre verbrachte. Er starb hier am 18. Februar 1996 im Alter von 83 Jahren.

Das Weihnachtswunder

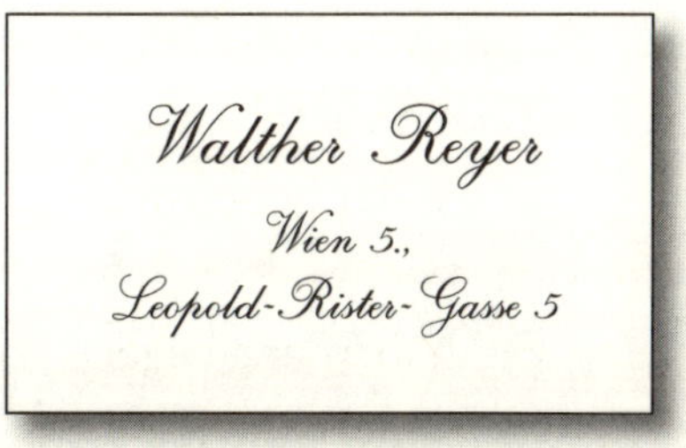
Walther Reyer
Wien 5.,
Leopold-Rister-Gasse 5

Wien, am 24. Dezember 1958. Eine Maschine vom Typ *Super Constellation* der Air France verpasst in dieser stürmischen Regennacht die Landebahn des Flughafens Schwechat und stürzt in einen angrenzenden Acker. Es folgt eine gewaltige Explosion und das Flugzeug brennt vollkommen aus.

An Bord der Maschine befanden sich 34 Passagiere, einer von ihnen war der Burgschauspieler Walther Reyer, der in Berlin an der Synchronisation des Films *Der Tiger von Eschnapur* gearbeitet hatte. »Plötzlich stürzte das Flugzeug in die Tiefe«, beschreibt er den Vorfall in seinen Lebenserinnerungen. »Gleichzeitig begann alles wie irrsinnig zu

Walther Reyer

schwanken. Ein gigantischer Krach, als die Maschine auf dem Boden aufschlug – in der Kabine wurde es stockdunkel. Ein Lichtschein blitzte an mir vorbei, die Tür flog auf. Angstvolles Gekreisch, dann wurde es ganz ruhig. Nur das Knistern der Flammen war zu hören. Ein Gedanke schoss mir durch den Kopf: ›So ist es also, wenn du stirbst. Jetzt kannst du nur noch beten.‹ Alles drängte zur Tür. Wie ich dorthin fand, weiß ich nicht mehr. An den Sprung ins Freie erinnere ich mich gut. Ich musste mitten durch die Flammen, dann rannte ich, instinktiv ahnend, dass die Maschine gleich explodieren würde ... Wenige Minuten nachdem sich der letzte Passagier nach draußen hatte retten können, krachte es dumpf, schossen Stichflammen in die Höhe, explodierte die riesige *Constellation.* Kein Mensch, der noch an Bord gewesen wäre, hätte diese Gluthölle überstanden.«

Walther Reyer wird ab diesem Tag an jedem Heiligen Abend um 22 Uhr nicht nur Weihnachten, sondern auch – zum zweiten Mal im Jahr – seinen Geburtstag feiern. Die Tatsache, dass am 24. Dezember 1958 kein einziger Passagier zu Schaden kam, ging als »Weihnachtswunder« in die Geschichte des Schwechater Flughafens ein.

Matzleinsdorfer Hochhaus, 4. Stock

Dem Schauspieler hat es mehr als vierzig Lebensjahre geschenkt. Er starb im Herbst 1999 im Alter von 77 Jahren.

Zum Zeitpunkt des Unglücks hatte Reyer mit seiner damaligen Frau Gretl Elb im vierten Stock des *Matzleinsdorfer Hochhauses* in der Leopold-Rister-Gasse gewohnt, später ließ er sich in der Hanselmayergasse, in der Nelkengasse und in der Reisnerstraße/Ecke Rennweg nieder, ehe er 1982 seine letzte Wohnung in der Schadekgasse 16 bezog. Wobei er zwischendurch immer wieder in seine Tiroler Heimat zurückkehrte.

»Die Probe ist beendet«

Raoul Aslan
Wien 9., Strudlhofgasse 13

Raoul Aslan war als Kind aus seiner Heimatstadt Saloniki nach Wien übersiedelt, wo er nach seiner Schauspielausbildung ans Burgtheater engagiert wurde und diesem bis zu seinem Tod im Jahre 1958 angehörte. Egal, ob als Nathan, als Torquato Tasso oder als Franz Moor – Aslan faszinierte sein Publikum nicht zuletzt dank seiner außergewöhnlichen Sprechtechnik und seiner eindrucksvollen Persönlichkeit. Was er nicht mochte, waren intensive Proben, in denen jedes Wort, jede Geste zerpflückt und tausendfach analysiert wurden. Besonders lächerlich empfand er es, sich auf eine Lesung vorzubereiten. Als er einmal bei einer karitativen Veranstaltung Gedichte und Balladen deklamieren sollte, stellten die Organisatorinnen des Komitees die Bedingung, dass der Herr Kammerschauspieler am Nachmittag davor eine Probe abhalten müsste. Aslan erschien zur angesetzten Stunde vor dem versammelten Komitee und sagte: »Meine Damen, wir nehmen jetzt die Probe vor. Ich betrete den Saal. Das Publikum begrüßt mich begeistert. Ich nehme am Vortragstisch Platz. Ich beginne zu lesen. Nach der ersten Ballade

Raoul Aslan

erhebt sich stürmischer Beifall. Ich erhebe die Hand und gebiete Schweigen. Ich lese weiter, bis das Programm beendet ist. Das Publikum jubelt. Ich erhebe mich und mache eine Verbeugung. Das Publikum jubelt weiter. Ich gebe eine Zugabe. Das Publikum dankt begeistert. Ich gebe noch eine Zugabe. Das Publikum jubelt verstärkt. Ich verbeuge mich ein letztes Mal und verlasse den Raum. Meine Damen, ich danke Ihnen, die Probe ist beendet.«

Aslan verließ den Vortragssaal und begab sich in seine Wohnung an der Strudlhofstiege, in der er 24 Jahre lang gelebt hat.

Paul Hörbiger im Gasthaus Hans Moser

Paul Hörbiger
Wieselburg, Mühling 77,
Paul-Hörbiger-Gasse

Geboren wurde er in Budapest, Karriere machte er in Reichenberg, Prag und Berlin, gelebt hat er die letzten zwanzig Jahre seines Lebens im Städtchen Wieselburg. Und doch war und blieb Paul Hörbiger zeitlebens die Inkarnation des Wieners.

Wieso aber hat es ihn überhaupt in die niederösterreichische Brauerei-Gemeinde Wieselburg verschlagen, von wo der Schauspieler fast täglich den mühsamen Weg ins Wiener Burgtheater auf sich nehmen musste?

Nun, Paul Hörbiger hatte ein Haus gesucht, in dessen Umgebung er

Paul Hörbiger

seiner großen Leidenschaft, dem Fischen, nachgehen konnte. Als er bei Dreharbeiten den Verwalter eines herrschaftlichen Anwesens in der Nähe von Wieselburg kennen lernte, sprach dieser die Einladung aus, dass der Star jederzeit im Schlossteich angeln könnte. Das war ein Grund, sich hier anzusiedeln. Hörbiger kaufte einen Grund im Wieselburger Ortsteil Mühling, baute darauf ein unscheinbares Haus in einer noch zu seinen Lebzeiten nach ihm benannten Gasse und fuhr zwei-, dreimal zum Schlossteich. Er fing dort ein paar Forellen, doch dann kam es zu einem unliebsamen Zwischenfall. Ein junger Mann randalierte in der Diskothek seines Sohnes Thommy in der Wiener Innenstadt. Thomas Hörbiger verwies ihn des Lokals – doch der Randalierer war ausgerechnet der Sohn des Schlossverwalters. Paul Hörbiger durfte nie wieder dort fischen und blieb dennoch bis ans Ende seines Lebens in Wieselburg.

Der Zufall wollte es, dass Paul Hörbiger viele Jahre lang sein Mittagessen in einem Gasthaus in der Nähe seines Wohnhauses einnahm, dessen Wirt genauso hieß wie sein kongenialer Filmpartner: Hans Moser. Das Wirtshaus Moser gibt es heute nicht mehr.

Paul Hörbigers schlichtes Siedlungshaus in Wieselburg

SCHAUSPIEL-PROMINENZ

Gerade in Herford angelangt, dem Ausgangspunkt einer Deutschlandtournee, wollte der Schauspieler seiner Frau und seinen Kindern mitteilen, dass er gut angekommen sei. Hans Thimig begab sich vom Hotel zum Bahnhof, kaufte eine Ansichtskarte und schrieb ein paar Worte nach Hause, an die Adresse Friedrich-Schmidt-Platz 4. Nur mit der Briefmarke gab's Probleme. Der Markenautomat schluckte zwar sein Geld, warf jedoch das verlangte Postwertzeichen in der Höhe von 20 Pfennig nicht aus.

Hans Thimig

In diesem Moment der Verzweiflung kam ein Bahnbeamter des Weges, dem Thimig die Karte zeigte und mit seinem Problem vertraut machte. Der Mann nickte freundlich, ging in das Bahnhofsgebäude und kehrte mit einer 20-Pfennig-Marke zurück: »Hier, Herr Thimig«, sagte er, »es ist mir eine Ehre.«

Gerührt erzählte Thimig von diesem Ereignis: »Ich gab ihm die 20 Pfennig und war einigermaßen geschmeichelt, dass mich so ein einfacher Bahnbeamter aus Herford, einer kleinen Stadt in Nordrhein-Westfalen, in der ich noch nie zuvor gewesen war, erkannt hat.«

Tja, Film, Funk, Fernsehen, überlegte Hans Thimig weiter – es ist wirklich erstaunlich, wie weit heutzutage die Popularität reicht!

Der Schauspieler dankte dem freundlichen Mann herzlich und konnte die Frage nicht unterdrücken: »Sagen Sie mir, lieber Freund, wieso haben Sie mich eigentlich erkannt?«

»Das ist doch nicht so schwer«, erwiderte der Beamte, »die Karte, die Sie in der Hand halten, ist doch an Frau Thimig adressiert.«

Das Wohnhaus am Friedrich-Schmidt-Platz

Sekundentod beim Boxkampf

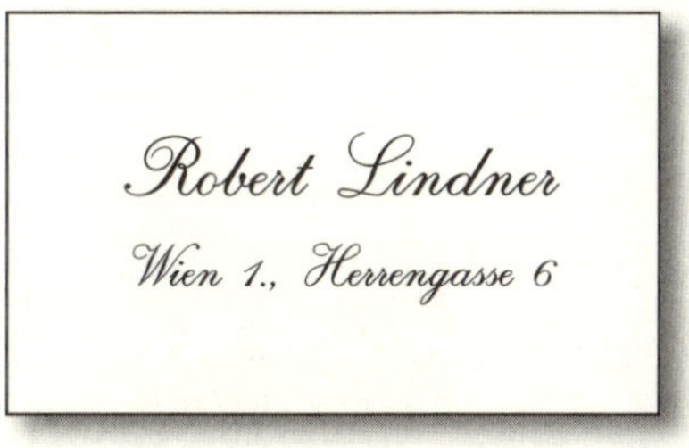
Robert Lindner
Wien 1., Herrengasse 6

Am 6. Juni 1967 wurde der 19-jährige Wiener Hans Orsolics durch einen knappen Punktesieg über den Deutschen Conny Rudhof zum ersten Mal Europameister im Superleichtgewicht. Unter den Zuschauern des Boxkampfes in der Wiener Stadthalle befand sich der als großer Boxfan bekannte Schauspieler Robert Lindner. Plötzlich, in der fünften Runde, rutschte das prominente Mitglied des Burgtheaters, wahrscheinlich vor Aufregung, vom Sitz. Der sofort herbeigerufene Rettungsarzt konnte nicht mehr helfen, er stellte einen »Sekundentod« fest. Lindner hatte sich fünf Tage davor einer gründ-

Robert Lindner

lichen Durchuntersuchung unterzogen und war von den Ärzten für vollkommen gesund erklärt worden.

Kammerschauspieler Robert Lindner, der – wie auch Hans Jaray, Curd Jürgens, Oskar Werner, Georg Kreisler, Gunther Philipp und viele andere Künstler – im *Hochhaus* in der Herrengasse wohnte, galt als einer der letzten großen Herren des Burgtheaters, sein Anatol und sein Schwieriger blieben allen, die ihn gesehen hatten, unvergessen. Er wurde nur 56 Jahre alt.

Das »Hochhaus« in der Herrengasse

Die Wiener Wohnsitze des Weltstars

Er war Weltstar und Weltbürger. Und doch hatte er in keiner anderen Stadt so viele Wohnsitze wie in Wien. Im März 1938 ist er erstmals hierher gezogen. Kaum jemand nahm Notiz davon, denn der 22-jährige Schauspieler war noch vollkommen unbekannt. Ein paar Tage nach ihm marschierte Adolf Hitler in Wien ein.

Curd Jürgens übernahm am Deutschen Volkstheater kleinere Liebhaberrollen. Und bezog seine erste Wohnung gleich an bester Adresse. »Zwei reizende Zimmer am Ring über dem *Café Landtmann*«, schreibt er in seinen Memoiren. Er stand vor dem *Hotel Imperial* und sah »zum ersten Mal Hitler, im Wagen stehend, mal schlaff, mit angewinkeltem Ellbogen, mal steif mit ausgestrecktem Arm den ›deutschen Gruß‹ vollführend«.

Lulu Basler, seine erste Ehefrau, übersiedelte nach Wien, weshalb eine größere Wohnung gesucht und gefunden wurde. Sie lag im neu gebauten *Hochhaus* in der Herrengasse 6. »Ich hatte vom zehnten Stock einen wunderschönen Blick über Wien«, erinnerte er sich später. Die Freude ließ nach, als ihm bei der Einweihungsfeier ein Kollege zuflüsterte, dass in eben dieser Wohnung bis vor kurzem der Schauspieler Hans Jaray gewohnt hatte, der – von den Nazis vertrieben – nach Amerika geflohen war.

Curd Jürgens, Untermieter in der Pressgasse

Als er 1941 ans Burgtheater ging, erhielt Curd Jürgens im *Palais Anday* in der Josefstädter Krotenthallergasse 8 ein Dienstquartier. Nach dem Scheitern der Ehe mit Lulu Basler wurde Judith Holzmeister 1944 zur zweiten Frau Jürgens.

Das junge Glück erhielt von der Gemeinde Wien einen auf 99 Jahre befristeten Pachtgrund in der Grinzinger Straße 6. Praktischerweise war der Vater seiner Frau ein weltberühmter Architekt. »Der alte Holzmeister zeichnet die Pläne für ein Häuschen in Grinzing. Ein scheußliches Haus«, beklagte sich Curd Jürgens, »Holzmeister kann Kirchen bauen, aber kein Wohnhaus für lufthungrige junge Menschen.

Das Jürgens-Haus am Franziskanerplatz

Seine Tiroler Heimat schlägt durch: Statt Fenster Schießscharten, statt eines großzügigen Wohnraums verschachtelte Kämmerchen wie auf einer Skihütte in Kitzbühel. Das weit vorgezogene Schleppdach soll wohl vor Lawinen schützen, aber es sieht aus wie die Mütze eines besoffenen Grinzinger Heurigenbesuchers.«

Die Ehe hielt keine 99 Jahre, weshalb Curd Jürgens nicht nur Judith Holzmeister, sondern auch das Haus in Grinzing lange vor Auslaufen des Pachtvertrags verließ. Er wohnte vorübergehend als Untermieter in der Pressgasse, ehe er aus Wien wegging, um Weltkarriere zu machen. Jürgens zog nach Frankreich und heiratete 1958 – nach einjährigem Zwischenspiel mit Eva Bartok – zum vierten Mal: Simone Bicheron.

Ab 1965 wieder am Burgtheater, gab es ein neues Wiener Domizil, und es war wieder ganz nobel. Curd Jürgens erwarb ein Haus am Franziskaner Platz, dessen obersten Stock mit Blick auf die Franziskanerkirche er ausbauen ließ.

Hier blieb er länger als in irgendeiner anderen Wiener Wohnung, aber er baute nie für die Ewigkeit. »Er musste immer wieder ein neues Projekt in Angriff nehmen«, erinnerte sich Margie, die Ehefrau Nummer fünf. Das Haus am Franziskanerplatz wurde verkauft und später vom Malerpaar Helmut Leherb-Lotte Profohs bezogen.

Mit Margie bewohnte er jetzt Nobelherbergen in Saint Paul de Vence an der Côte d'Azur, im Schweizerischen Gstaad, auf den Bahamas und im ehemaligen Schlosspark der Rothschilds in Enzesfeld bei Wien.

Und auch die beiden letzten Adressen waren in Wien. Im Frühjahr 1982 musste er ins Krankenhaus Rudolfstiftung, in dem er am 18. Juni des selben Jahres starb. Seine Ruhe fand er auf dem Zentralfriedhof, Ehrengrab 32C, Nr. 54.

Sacher-Portier in Handschellen

Es war im Jahre 1972, als in der italienischen Stadt Padua ein Flugblatt in Umlauf kam, das einen rundlichen älteren Herrn in Handschellen zeigte. Daneben die Warnung: »Nicht zu den Extremisten! Sonst wirst du auch so enden wie dieser!« Als Herr in Handschellen war unzweifelhaft der in Österreich und Deutschland beliebte Schauspieler, Autor und Regisseur Fritz Eckhardt zu erkennen.

Was hatte sich ereignet, führte der *Sacher*-Portier ein Doppelleben, war er in seiner Freizeit als Terrorist tätig und deswegen in Italien festgenommen worden? Immerhin stammte das Flugblatt mit dem warnenden Hinweis nicht von irgendeinem Juxverein, sondern von der in Padua ansässigen Partei *Mondo libero*.

Fritz Eckhardt

Eine Nachbarin aus Klosterneuburg, wo Eckhardt ein Einfamilienhaus bewohnte, hatte dem Publikumsliebling das Flugblatt von einer Italienreise mitgebracht. Eckhardt war schockiert. Er hatte sich im Jahr davor auf Wunsch eines Fotografen für eine österreichische Zeitung in Handschellen ablichten lassen. Unter dem Bild stand damals: »Es ist unmöglich, von Inspektor Marek nicht gefesselt zu werden!«

Der Artikel war samt Foto als Ankündigung einer *Tatort*-Folge erschienen. Wie sich nun herausstellte, hatten die Herren von der Partei *Mondo libero* die Zeitung zufällig in die Hände bekommen, das Bild gesehen, ausgeschnitten und – ohne zu wissen, wer Fritz Eckhardt ist – für ihre Wahlwerbung missbraucht.

Der Schauspieler bereitete eine Klage vor, ließ sie aber wieder fallen, als eine Entschuldigung der verantwortlichen Herren der *Mondo libero* einlangte.

Der Tod des Theaterdirektors

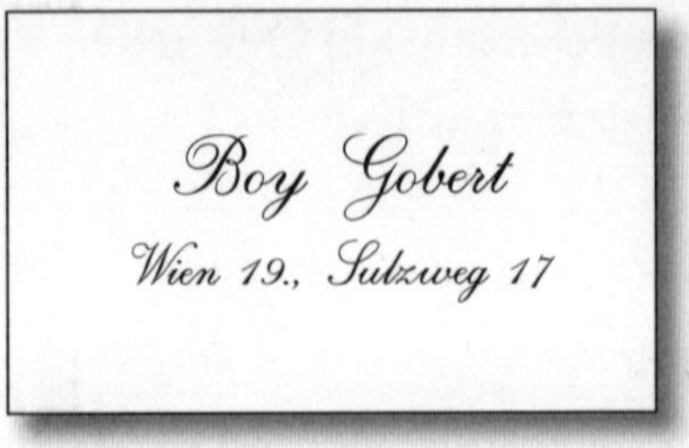
Boy Gobert
Wien 19., Sulzweg 17

Am 1. September 1986 sollte der Schauspieler Boy Gobert seinen Posten als Direktor des Theaters in der Josefstadt antreten. Schon im Frühjahr beschäftigte er sich mit den Vorbereitungen für die große Aufgabe. So auch wieder am 30. Mai, an dem Besprechungen mit Schauspielern und Regisseuren sowie eine Probe in der Josefstadt geplant waren. Um elf sollte er ins Theater kommen, um sich auf seine erste Rolle im Herbst, den George in Edward Albees *Wer hat Angst vor Virginia Woolf?*, vorzubereiten.

Boy Gobert

Es ist 9.30 Uhr, als der designierte Direktor gut gelaunt in seiner Döblinger Villa beim Frühstück sitzt, das er gemeinsam mit seinem aus Deutschland zu Besuch weilenden Neffen Hauke Klingenbiel einnimmt. Als Boy Gobert fertig ist, erhebt er sich vom Frühstückstisch und geht in das Dachgeschoss des Hauses. Eine Stunde später ist er noch immer nicht zurückgekehrt. Da begibt sich sein Neffe in den oberen Stock. Und muss dort Goberts leblosen Körper entdecken. Der sofort gerufene Rettungsarzt stellt den Tod des 60-jährigen Schauspielers durch Herzversagen fest.

Boy Gobert hatte die Wiener schon in den sechziger Jahren erobert, als Ernst Haeusserman den gebürtigen Hamburger ans Burgtheater holte. Jetzt hätte er Nachfolger des verstorbenen Josefstadtdirektors Haeusserman werden sollen. Nach Boy Goberts unerwartetem Tod übernimmt Heinrich Kraus interimistisch die Leitung des Theaters, später wird Otto Schenk Direktor.

Boy Goberts Haus am Sulzweg

Eine Gedenktafel für den Regisseur

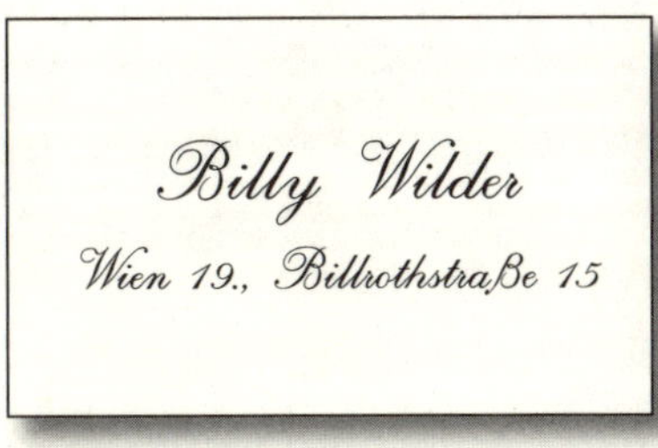

Der in einem Dorf bei Krakau geborene Billy Wilder übersiedelte, als er acht Jahre alt war, mit seinen Eltern nach Wien, wo die Familie zunächst am Fleischmarkt 7 wohnte. Nach der Matura war Billy Untermieter auf der Billrothstraße, ehe er nach Berlin übersiedelte, von wo er nach Hitlers Machtergreifung über Paris nach Amerika auswanderte.

Billy Wilder

Als der mittlerweile weltberühmte Regisseur 1994 noch einmal nach Österreich kam, begleitete ihn sein Wiener Freund Wolfgang Glück mit dem Auto in die Wachau, um dem leidenschaftlichen Kunstsammler Billy Wilder auch das Geburtshaus Egon Schieles zu zeigen. Dieses ist – da Schieles Vater Stationsvorstand der k. k. Staatsbahnen war – ein altes Bahnhofsgebäude der Stadt Tulln.

Billy Wilder, seine Frau Audrey und Wolfgang Glück stiegen aus dem Wagen und besichtigten den aufgelassenen Bahnhof, an dessen Fassade eine Tafel mit der Aufschrift prangt: »In diesem Haus wurde am 12. Juni 1890 Egon Schiele geboren.«

Als Mr. Wilder die Inschrift gelesen hatte, erkundigte er sich, wo man hier ein stilles Örtchen aufsuchen könnte. Nach längerem Suchen wurde jemand aufgetrieben, der die seit Jahren nicht mehr benutzte, ehemalige Bahnhofstoilette mittels eines Schlüssels öffnete. Wilder trat ein und ward dann lange nicht mehr gesehen.

Endlich zurückgekehrt, sagte er, auf Schieles Gedenktafel verweisend, zu seinem Freund Wolfgang Glück: »Demnächst kommt eine Tafel dazu, auf der stehen wird: ›Hier schiss Billy Wilder am 14. Mai 1994!‹«

Billy Wilders Wohnhaus auf der Billrothstraße

Der echte »Herr Karl«

Von Greisslern, Kaufleuten und Hoteliers

Wie die Wiener zu Frankfurtern wurden

Ohne diese Romanze aus Wien hätte es die weltweit beliebte Fleischspeise vielleicht nie gegeben. Ja, und so entstanden sie, die Frankfurter Würstel: Der Bauernsohn Johann Georg Lahner hatte am 13. August 1772 in dem oberfränkischen Ort Gasseldorf in der Nähe von Bamberg das Licht der Welt erblickt und in Frankfurt seine Metzgerlehre absolviert. Er ging als Handwerksbursche, wie damals üblich, auf Wanderschaft und gelangte im Alter von 26 Jahren nach Wien. Hier entspann sich eine ebenso ungewöhnliche wie schicksalhafte Liebesbeziehung. Eine etwas ältere Baronin – deren Name nicht überliefert ist – verliebte sich in den stämmigen Selcher und ermöglichte ihm mit einem Darlehen von 300 Gulden* die finanzielle Basis zur Gründung einer Fleischerei, die er im Jahre 1804 im Haus Schottenfeld 274 (in der heutigen Neustiftgasse 111) eröffnete.

Johann Georg Lahner

Nur ein Jahr später, am 15. Mai 1805, geht Herr Lahner in die Geschichte ein, als er nämlich zum ersten Mal jene Würstel herstellt und in die Auslage seines Geschäfts hängt, die den Gaumen von Generationen erfreuen werden. »Frankfurter« nennt er sie der Stadt am Main zu Ehren, in der er seine glücklichen Lehrjahre verbracht hat.

---

* Entspricht im Jahre 2005 einem Betrag von rund 6000 Euro

Lahners Fleischhauerei in Wien-Neubau

Die raffinierte Mischung aus Rind- und Schweinefleisch schlug sofort ein und wurde – je nach Geschmack mit Senf oder Kren serviert – zum Gabelfrühstück der Wiener: Kaiser Franz II. erklärte die Frankfurter ebenso zu seiner Leibspeise wie Schubert, Grillparzer, Nestroy und Johann Strauß. Bald kursierte in der walzerseligen Stadt das geflügelte Wort: »Was der Lanner fürs Herz, ist der Lahner fürn Magen.« Dass Herrn Lahners Würstel ebenso »flaumig« wie leicht verdaulich sind, kam später dann auch Kaiser Franz Joseph zu Ohren, der sich seine Frankfurter täglich vom *Michaeler Bierhaus* in die Hofburg liefern ließ.

Die auf Etikette bedachte feine Wiener Gesellschaft fragte sich freilich von Anfang an, wie die Würstel stilecht zu genießen seien: Mit Messer und Gabel oder »einfach so«? Das Problem musste von der als oberste Instanz des guten Geschmacks geltenden Fürstin Pauline Metternich gelöst werden. Als man ihr ein Paar Frankfurter auftischte, legte sie das Besteck beiseite, steckte ein Würstel zwischen die Finger – und biss herzhaft hinein.

Womit die Sache ein für allemal erledigt war.

Es sollte nicht lange dauern, bis die Delikatesse aus Wien internationale Anerkennung fand. Die Frankfurter wurden in Paris, London und New York serviert, doch weigerte man sich dort, das Fleischgericht nach der Stadt zu benennen, in der Herr Lahner sein Handwerk gelernt hatte. Der Name des tatsächlichen Ursprungsorts schien attraktiver, und so heißen die Würstel nur in Wien Frankfurter, während sie überall sonst als Wiener bestellt werden – vielfach sogar in Österreichs westlichen Bundesländern.

Die Schmach der Umbenennung blieb Herrn Lahner erspart. Auch hat man von seiner großherzigen Baronin nie wieder gehört, er heiratete vielmehr die Retzerin Anna Maria Resler, mit der er vier Söhne hatte, die allesamt Fleischhauer wurden und sein Geschäft weiterführten. Der »Erfinder der Frankfurter Würstel« starb am 23. April 1845 als berühmter Mann und »Bürger von Wien«. Erst 1967, als sein Urenkel Kommerzialrat Leopold Lahner und dessen Frau verstorben waren, schlossen sich die Rollbalken der von ihm gegründeten Fleischhauerei für immer.

Nur die Fassade war bieder

Der am Wiener Alsergrund gelegene *Kleider-Salon Riehl* erfreute sich gegen Ende des 19. Jahrhunderts regen Zuspruchs. Elegante Herren gaben sich die Türschnalle in die Hand – ohne freilich auch nur ein einziges Kleidungsstück zu kaufen. Denn hinter der biederen Fassade des Salons versteckte sich ein Geheimbordell, dessen Mitarbeiterinnen von der »Puffmutter« Regine Riehl wie Gefangene gehalten, misshandelt und zur Prostitution gezwungen wurden. Versuchte ein Mädchen auszubrechen, wurde es in die Korrektionsanstalt eingeliefert, da die Madame gute Beziehungen zu einem hohen Polizeifunktionär hatte, der seine schützende Hand über den Salon hielt und jede Anzeige zu unterdrücken wusste. Das ging so lange gut, bis die Zustände Emil Bader, einem Redakteur des *Wiener Extrablatts*, zu Ohren kamen. Dieser begann in mühevoller Kleinarbeit Beweise gegen Madame Riehl zu sammeln und erstattete dann beim Polizeipräsidenten Anzeige. Der ließ daraufhin den Salon schließen und die Chefin verhaften.

Als Kleider-Salon getarntes Geheimbordell

Auf dem Klavierwagen zum Zentralfriedhof

Ludwig Bösendorfer
Wien 1., Herrengasse 6–8

Vielleicht wäre Ignaz Bösendorfer nur ein Klaviermacher von vielen gewesen, wie sie zu seiner Zeit in Wien tätig waren. Doch da der Virtuose Franz Liszt jedes der ihm zur Verfügung gestellten Instrumente zertrümmerte, wurde Bösendorfer *der* Klaviermacher der Stadt. Denn nur seine Flügel hielten der Wucht des Spiels von Franz Liszt stand.

Freunde hatten Liszt, der pro Konzert zwei bis drei Klaviere »verbrauchte«, zu einem *Bösendorfer-Flügel* geraten, und siehe da, der »überlebte« das temperamentvolle Spiel des Meisters als erstes und einziges Instrument. So wurden Ignaz Bösendorfer und seine Klaviere über Nacht berühmt.

Ludwig Bösendorfer

1859, nach dem Tod des »K. u. k. Hof- und Kammerklavierverfertigers«, übernahm sein Sohn Ludwig die Firma, zu deren Kunden bald Richard Wagner und Johann Strauß zählten. Eines Tages fand Bösendorfer durch Zufall heraus, dass die Stallungen des Fürsten Liechtenstein in der Herrengasse – in denen er als Pferdenarr häufig zu Gast war – eine hervorragende Akustik hatten, worauf er den Fürsten überreden konnte, die Reitschule in einen Konzertsaal umbauen zu lassen. Der *Bösendorfer-Saal* war dann mehr als vierzig Jahre Wiens beliebtester Konzertsaal. An 4500 Abenden traten hier Liszt, Mahler, Brahms, Richard Strauss und viele andere auf.

Als das Haus – in dem Ludwig Bösendorfer auch seine Privatwohnung hatte – 1913 an eine Baufirma verkauft und abgerissen wurde, sah der Klavierfabrikant sein Lebenswerk zerstört. Er starb kurz darauf vergrämt im Alter von 84 Jahren. Sein Leichnam wurde, seinem letzten Wunsch entsprechend, auf einem Klavierwagen zum Zentralfriedhof geführt.

Das Areal in der Herrengasse aber blieb zwei Jahrzehnte lang unverbaut, ehe man darauf 1933 das *Hochhaus* errichtete.

Schnitzlers grosses Abenteuer

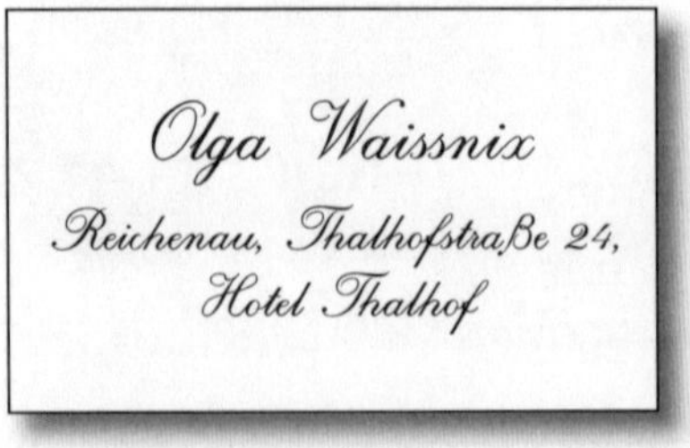

Carl Waissnix, Besitzer des *Hotels Thalhof* in Reichenau an der Rax, hatte eine sechzehnjährige Wienerin geheiratet, die mit 22 bereits dreifache Mutter war. Doch Olga fand in der Ehe keine Erfüllung. Ihr Mann wurde von derartiger Eifersucht geplagt, dass er den Hotelgast Peter Altenberg mit Hausverbot belegte und zu erschießen drohte, nur weil dieser seiner Frau die Hand geküsst und ihr dabei etwas zu tief in die Augen geschaut hatte. Tatsächliche Gefahr drohte freilich von anderer Seite. Olga verliebte sich in Arthur Schnitzler, einen weiteren prominenten Sommergast.

Olga Waissnix

Zweihundert Briefe der schönen Hoteliersfrau zeugen von einer Liebelei, die sich in wilden Küssen, Spaziergängen und Liebesbeteuerungen (»Sagen Sie mir noch einmal, dass Sie mich lieben, ich kann es tausendmal hören, wenn Sie wüssten, wie ich Sie anbete«) erschöpfte. Jedenfalls folgte der Affäre – die aus Treue zu ihrem Mann angeblich keine war – ein Selbstmordversuch von Olga. Schnitzler schreibt, dass sie für ihn »das Abenteuer meines Lebens« war.

Der Thalhof der Familie Waissnix in Reichenau

Des Kaisers Lebensretter

Josef Ritter
von Ettenreich
Wien 4., Margaretenstraße 9

Der Wiener Fleischhauermeister Josef Ettenreich wollte am 18. Februar 1853 nur seinen gewohnten Vormittagsspaziergang unternehmen. Doch plötzlich kam es zu einem Vorfall, der sein Leben verändern sollte. »Ich kam gerade zur Bastei beim Kärntnertor«, wird er später zu Protokoll geben, »da springt ein Mann auf einen Ulanenoffizier zu und sticht ihm mit einem Messer in den Hinterkopf.« Der 53-jährige Ettenreich läuft zum Tatort und bemerkt jetzt erst, dass es sich »bei dem Offizier um unseren Kaiser Franz Joseph handelt«.

Der tapfere Privatier – er hatte sich drei Jahre zuvor aus seiner Fleischhauerei am Tiefen Graben zurückgezogen und wohnte jetzt in seinem eigenen Haus auf der Margaretenstraße – packt den Attentäter, den ungarischen Schneidergesellen János Libenyi, an den Haaren und stößt seinen Kopf – noch ehe dieser ein weiteres Mal zustechen kann – zu Boden. »Ich musste alle Kraft aufbieten, um den verzweifelt um sich Schlagenden festzuhalten.«

Während Ettenreich den 21-jährigen Attentäter außer Gefecht setzt, führt Franz Josephs Adjutant Graf O'Donell den verletzten Kaiser ins nahe Albrechtspalais, wo dieser verarztet wird. Als die Polizei eintrifft, wird Ettenreich vorerst für den Attentäter gehalten und festgenommen. Ein Irrtum, der jedoch schnell aufgeklärt werden kann.

Nun aber brechen große Zeiten für Herrn Ettenreich an. Kaiser Franz Joseph ließ ihn zwei Tage nach der Tat an sein Krankenbett kommen

Josef von Ettenreich

und erhob ihn in den erblichen Adelsstand. Der Fleischhauer war bald einer der populärsten Männer der Monarchie, wurde Ehrenbürger unzähliger Städte, Patronatskommissär der Karlskirche und durfte einmal im Jahr an der kaiserlichen Hoftafel Platz nehmen. Heute noch erinnert die Ettenreichgasse in Favoriten an den Mann, der des Kaisers Leben rettete.

Als Josef Ritter von Ettenreich 22 Jahre nach der Tat starb, nahm Kronprinz Rudolf an seiner Einsegnung in der Karlskirche teil. Auf Ettenreichs Wohnhaus Ecke Margaretenstraße/Schleifmühlgasse befindet sich heute eine Gedenktafel, die auf sein heldenhaftes Verhalten hinweist.

Den Attentäter Libenyi hatte man bei der Spinnerin am Kreuz gehängt, obwohl ihn der Kaiser begnadigen wollte, was aber die Regierung nicht zuließ.

Franz Joseph litt noch ein Jahr unter Schmerzen, da die Wunde stark eiterte. Der bis dahin wenig populäre, erst 23-jährige Franz Joseph gewann durch das überstandene Attentat die Sympathie vieler Menschen. Wie unbeliebt er damals war, erkennt man an einem bösen Spottvers, der unmittelbar nach dem Mordanschlag kursierte: »Auf der Simmeringer Had hat's an Schneider verwaht/Es g'schieht eahm scho recht/Warum sticht er so schlecht!«

Nach 1918 tauchte das Gerücht auf, Libenyi habe nicht aus politischen Gründen, sondern aus Rache gehandelt: Der Kaiser hätte mit dessen Schwester, einer Ballerina am Kärntnertortheater, ein Verhältnis gehabt und sie sitzen lassen, worauf Libenyi zum Messer gegriffen hätte. Als Indiz für diese Version wurde angegeben, dass Kaiser Franz Joseph der Mutter des Attentäters eine lebenslange Pension aussetzte.

»Der Herr im Haus bin ich«

Anna Sacher
Wien 1., Philharmonikerstraße 4,
Hotel Sacher

Als sie zwanzig war, lernte die Fleischhauertochter Anna Fuchs den um sechzehn Jahre älteren Eduard Sacher kennen, in dessen Restaurant sie kurze Zeit gearbeitet hatte. Der Name Sacher war damals schon berühmt, zumal Eduards Vater die gleichnamige Torte kreiert hatte. Gleich nach der Hochzeit im Jahre 1880 übernahm Anna das Regiment. Eduard war der Eigentümer, doch tatsächlich hörte alles auf ihr Kommando – auch wenn sie die Post bescheiden mit »Frau Eduard Sacher« unterzeichnete. Als ihr Mann nach zwölfjähriger Ehe starb, wurde die Witwe zur Alleinherrscherin.

Anna Sacher

Zur Alleinherrscherin in einem Reich, dessen Ruf ob der rosa tapezierten *Sacher*-Separees nicht ganz makellos war. Gleichzeitig galt das Hotel aber als Treffpunkt der großen Welt: Politiker, Künstler, Finanzmagnaten und Diplomaten gingen bei der Frau Sacher ein und aus und begrüßten die Prinzipalin, als wäre sie eine regierende Fürstin. Als ein Gast einmal nach dem »Herrn Direktor« fragte, herrschte sie ihn an: »Der Herr im Haus bin ich!«

Dass man ihren Namen heute noch kennt, beruht wohl auf ihrer Schrulligkeit, zu der auch ihre maßlose Tierliebe gehörte. Die Frau Sacher lebte viele Jahre in Baden, an der Seite von bis zu hundert Bullis, die angeblich mit Kaviar gefüttert wurden. Einige der Hunde nahm

In ihren letzten Jahren wohnte die Frau Sacher im Sacher

sie mit ins *Sacher*, in das sie täglich im Fiaker vorfuhr.

Doch mit dem Ende der Monarchie, als statt der Esterházys und Kinskys nur noch zwielichtige Spekulanten ins Haus kamen, änderte sich die Frau Sacher schlagartig. Sie konnte die neue Zeit nicht mehr verstehen, verließ das Hotel – in dem sie jetzt auch wohnte – kaum noch und verlor die Übersicht über die Buchhaltung.

1929 legte sie die Geschäftsführung zurück, bald darauf wurde sie entmündigt. Am 25. Februar 1930 starb sie, 71 Jahre alt, im *Sacher*.

Keines ihrer Kinder bekam das Hotel. Anna Sacher hatte ihren Sohn und die beiden Töchter nach jahrelangen Streitereien enterbt, was insofern keine Rolle mehr spielte, als der Betrieb ohnehin Konkurs anmeldete und 1934 vom Wiener Rechtsanwalt Hans Gürtler übernommen wurde. In dessen Familienbesitz das Hotel sich heute noch befindet.

»Ich möchte um die Hand Ihrer Frau anhalten«

Julius Meinl
Wien 17., Pointengasse 6

Sein Vater hatte einen kleinen Greißlerladen mit angeschlossener Kaffeerösterei gegründet. Julius Meinl II. baute diese Firma zum größten Lebensmittelkonzern Mitteleuropas aus. Elegant wie er war, stand der wohlhabende Geschäftsmann im Mittelpunkt des gesellschaftlichen Lebens. In die Schlagzeilen geriet der sechzigjährige, verwitwete Grandseigneur, als er sich Ende der zwanziger Jahre bei einer Festveranstaltung des *Österreichischen Klubs* in die fast vierzig Jahre jüngere japanische Gesangsstudentin Michiko Tanaka verliebte. »Kaffeekönig heiratet Teeblüte«, kommentierten die Zeitungen die 1931 erfolgte Hochzeit.

Michiko zog nun zu ihrem Mann in die Dornbacher *Meinl-Villa*, war aber viel unterwegs, da sie nach Abschluss ihres Studiums als Sängerin und Schauspielerin Karriere machen wollte. Immerhin feierte sie als *Madame Butterfly* an der Grazer Oper einen großen Erfolg, und in den Rosenhügelstudios drehte sie den Film *Letzte Liebe*.

Die Ehe hielt nur ein paar Jahre und wurde unter außergewöhnlichen Umständen geschieden. Im Jahre 1938, kurz nach dem »Anschluss«, drehte der Schauspieler Viktor de Kowa in Wien den Film *Der Optimist*. »Als ich auf der Kärntner Straße in einer Foto-Ausstellung das Porträt einer jungen fernöstlichen Dame sah«, schreibt de Kowa in seinen Memoiren, »sagte ich zu meiner Begleitung: ›Dieses Himmelsgeschöpf werde ich einmal heiraten.‹«

Michiko und Julius Meinl

Die Freunde lachten ihn aus und klärten den Schauspieler auf, dass das die Frau eines der reichsten Männer von Wien sei und er da wohl kaum reüssieren würde. Doch Viktor de Kowa ließ sich nicht beirren und bat, als er das nächste Mal in Wien war, um einen Termin beim »Herrn Generalkonsul Präsident Julius Meinl«. Und er sagte zu ihm wörtlich: »Gestatten Sie, Herr Präsident, darf ich Sie um die Hand Ihrer Gattin Michiko bitten?«

Das Unglaubliche geschah: Meinl gab seine Frau frei. Damit nicht genug, berichtet de Kowa: »Er wurde in Berlin 1940 unser Trauzeuge und wir waren dann sehr befreundet miteinander.«

Michiko und Viktor de Kowa waren bis zum Tod des Schauspielers im Jahre 1973 glücklich verheiratet.

Die *Meinl-Villa* in der Pointengasse wurde mittlerweile abgetragen und durch eine moderne Wohnhausanlage ersetzt.

»Herrn Karls« Vorbild

Delikatessen Top

Wien 1., Führichgasse 6

Das Lebensmittelgeschäft Ecke Führichgasse/Tegetthoffstraße gibt es längst nicht mehr, und es würde sich auch kaum jemand daran erinnern – wäre hier nicht eine literarische Figur geschaffen worden: *Der Herr Karl.*

Helmut Qualtinger verdankte die Information über die wahre Existenz des *Herrn Karl* dem Wiener Schauspieler Nikolaus Haenel, der mit ihm 1960 im Kabarett *Dachl überm Kopf* im Theater am Kärntnertor engagiert war. »Als das Programm abgespielt war«, erzählt Haenel, »hatte ich eine Zeit lang kein Engagement. Um diese Zeit zu überbrücken, arbeitete ich als Geschäftsdiener im Delikatessengeschäft *Top – Spezialitäten aus aller Welt* in der Führichgasse.« Ehe Haenel nach drei Monaten sein nächstes Engagement antrat, wurde in dem Kellerlokal ein Nachfolger aufgenommen, den er einschulen sollte.

Er war *Der Herr Karl.*

»Sein wirklicher Name war Max«, verrät Nikolaus Haenel. »Er war viel schlanker als Qualtinger, ihm vom Typ her aber doch irgendwie ähnlich. Herr Max war etwa fünfzig Jahre alt, Brillenträger, 1,70 Meter groß, er hatte schütteres, leicht angegrautes Haar und einen Schnurrbart.« Max war an der Arbeit in dem Geschäft, zu der Boden aufwischen und das Nachfüllen der Regale gehörte, nicht sonderlich interessiert. Stattdessen erzählte er Haenel aus seinem Leben.

Haenel wusste, dass Qualtinger auf der Suche nach einer Bühnenfigur mit Nazivergangenheit war. »Da Max Parteigenosse war und seine

Herr Max*

Geschichte in einer sehr anschaulichen und theatralischen Weise wiedergab, verständigte ich Qualtinger. Wir trafen uns im *Restaurant Halali* am Neuen Markt, wo ich ihm an drei oder vier aufeinander folgenden Tagen Wort für Wort vorspielte, was Herr Max mir erzählt hatte.«

Helmut Qualtinger verarbeitete den Text zu einem in seiner Art einzigartigen Monolog, den er sich dann – gemeinsam mit Carl Merz – auf den eigenen Leib schrieb.

Haenel hat den Familiennamen des Herrn Max vergessen, kann sich aber noch sehr gut an sein Aussehen erinnern.

In einigen Punkten unterschied sich Max' Leben von dem der legendären Bühnenfigur, »da uns« – wie Qualtinger sagte – »den echten *Herrn Karl* kein Mensch geglaubt hätte«. So erzählte Max, dass er seine Frau einmal beinahe umgebracht hätte, weil diese »die Angewohnheit hatte, sich ständig mit meiner Rasiersaaf die Händ zu waschen«.

Aus dem späteren Leben des Herrn Max weiß man nur, dass er bald aus dem Feinkostgeschäft *Top* entlassen wurde, weil sich in seinem kleinen Koffer einige Flaschen Wermut fanden, die er mit nach Hause nehmen wollte.

Auch Haenel hat die Figur des *Herrn Karl* – in Deutschland, der Schweiz und in Luxemburg – mehrere Hundert Mal gespielt.

* Gezeichnet aus dem Gedächtnis von Nikolaus Haenel, Juli 2005

So wohnt man bei Kaisers

Die Familie Habsburg

Ein tragischer Jagdunfall

Kaiser Karl VI.

Wien 4., Favoritenstraße 15,

Schloss Favorita

Die warme Jahreszeit verbrachte Kaiser Karl VI. üblicherweise an seinem Sommersitz *Favorita* – dem heutigen *Theresianum* –, doch an jenem 10. Juni 1732 hatte der Hof zur Jagd nach Brandys nad Labem im Elbtal gebeten. Und dort widerfuhr dem Kaiser an diesem Tag ein tragisches Missgeschick. Die Teilnehmer hatten sich in dem nur wenige Kilometer von Prag entfernten Revier versammelt und warteten auf die erstbeste Gelegenheit zu schießen. Karl VI. und sein Stallmeister, Adam Franz Schwarzenberg, standen achtzig Schritt voneinander entfernt, als sich ihnen ein von den Treibern aufgescheuchter Hirsch näherte. Der Kaiser gab einen Schuss ab, traf aber nicht den Hirschen, sondern den Fürsten Schwarzenberg. Das Geschoß durchbohrte mehrere innere Organe des Stallmeisters, der nun auf schnellstem Wege auf einem Bauernwagen ins nahe Schloss gebracht wurde. Man gab ihm die Sterbesakramente und teilte dem Schwerverletzten mit, dass

Kaiser Karl VI.

ihn der Kaiser zu besuchen wünschte. Doch der Fürst lehnte ab und ließ seinem Herrn durch den anwesenden Arzt ausrichten: »Sagen Sie Seiner Majestät, dass ich vor ihm auf die Knie falle und ihn bitte, dass er sich meiner Frau, meines Kindes, meiner Leute und Untertanen annimmt und dass er sie nicht verlässt. Es ist die Entscheidung des Himmels, dass ich von Seiner Hoheit erschossen wurde. Nach meiner Ankunft im Himmel werde ich Gott bitten, dass er ihm einen Nachfolger und eine lange Regierung gönnt.«

Ein »Nachfolger« – und zwar ein männlicher, den ihm der Fürst Schwarzenberg am Totenbett gewünscht hatte – war dem Kaiser nicht vergönnt. Seine Tochter Maria Theresia folgte Karl VI. im Jahre 1740 auf den Thron.

Des Kaisers Sommerresidenz Favorita

Zwanzig linke Handschuh

Kaiserin Maria Theresia
Wien 13., Schloss Schönbrunn

Während Kaiser Karl VI. *Schönbrunn* kaum je besucht hatte, wollte Maria Theresia dessen *Schloss Favorita* nicht mehr betreten, da ihr Vater dort verstorben war. Und so begann mit ihrer Thronbesteigung die große Epoche für den von Fischer von Erlach geplanten, bis dahin kaum bewohnten *Schönbrunner Palast*, der nun durch den Hofarchitekten Nicolaus Pacassi umgestaltet und ausgebaut wurde.

Es war in den Tagen des Siebenjährigen Krieges, als die Kaiserin hier den Feldmarschallleutnant Andreas Graf Hadik in Audienz empfing,

Kaiserin Maria Theresia

der mit seinen Truppen soeben Berlin erobert hatte. Die Stadt an der Spree war somit einen Tag lang in österreichischer Hand.

Hadik hatte Berlin am 16. Oktober 1757 mit vier Geschützen eingenommen, um eine finanzielle Entschädigung als Folge des preußisch-österreichischen Krieges einzufordern. Als die Schuld beglichen war, zog er mit seinem 3500 Mann starken Heer wieder ab. Kein Tropfen Blut war während der 24-stündigen Belagerung vergossen worden.

An diesem einen Tag, da Berlin Österreich gehörte, wollte sich der Graf als vollendeter Kavalier zeigen und kaufte seiner Kaiserin zwanzig Paar feinster Rehlederhandschuhe. Um beweisen zu können, dass diese tatsächlich aus dem eroberten Berlin stammten, stürmte Hadik in voller Montur in das Schöneberger Rathaus und ließ sich dort die Originalherkunft der Handschuhe amtlich bestätigen.

Als die Monarchin nun in ihren Gemächern im *Schönbrunner Schloss* die feinen Rehledernen auspackte, gab's allerdings ein böses Erwachen. Musste sie doch feststellen, dass man dem Husarenoffizier ausschließlich linke Handschuhe angedreht hatte.

Maria Theresias Lieblingsschloss: Schönbrunn

Berlins Rache für die Besetzung.

Die Pocken im Kaiserhaus

Kaiser Josef II.
Wien 1., Hofburg,
Leopoldinischer Trakt

Die schwere Pockenepidemie des Jahres 1767 hat auch vor den Toren der Wiener Hofburg nicht Halt gemacht. Der Hofstaat war am Morgen des 22. Mai mit seiner Übersiedelung nach *Schönbrunn* beschäftigt, wo die »Sommersaison« eröffnet werden sollte, als sich bei Maria Josepha – der zweiten Frau Kaiser Josefs – Anzeichen der gefährlichen Infektionskrankheit zeigten. Für einige der elf damals noch lebenden Kinder Maria Theresias wurde die Abreise nach *Schönbrunn* zur Flucht vor der Ansteckung, andere blieben im *Leopoldinischen Trakt* der Hofburg.

Kaiser Josef II.

In den nächsten Tagen erlebten die in der Stadt verbliebenen Familienmitglieder eine dramatische Ausbreitung der Krankheit: Am 24. Mai wurde Kaiserin Maria Theresia von Kopfschmerzen und Übelkeit befallen, die als böse Vorzeichen der Pocken galten. Bald erkrankte auch Josefs 25-jährige Schwester Erzherzogin Maria Christine. Damit befanden sich nun schon drei Damen aus dem Kaiserhaus in akuter Lebensgefahr. Während Josef II. – er trug seit dem Tod seines Vaters den Titel Kaiser – nicht vom Krankenbett seiner Mutter wich, hat er seine ungeliebte Frau Maria Josepha, auch in ihren letzten Stunden, nicht besucht.

Sie starb am 28. Mai, noch keine 28 Jahre alt, an den Schwarzen

Pocken, der bösartigsten Form der Krankheit. Kaiser Josef nahm auch an der Beerdigung seiner Frau nicht teil.

Kaiser Josef bewohnte den Leopoldinischen Trakt der Hofburg

Vier Tage nach dem Tod ihrer Schwiegertochter fühlte sich Maria Theresia dermaßen geschwächt, dass sie nach den Sterbesakramenten verlangte. In der Hofburgkapelle beteten alle Würdenträger und Angestellten des Kaiserhauses, und der Platz vor der Burg war voll mit Menschen, die zu den Fenstern ihrer Landesherrin starrten. Immerhin gelang es den Leibärzten, sowohl Maria Theresia als auch deren Tochter Maria Christine vor dem Schlimmsten zu bewahren.

Im Herbst glaubte man, die Epidemie überwunden zu haben, als nun auch Maria Theresias Tochter Erzherzogin Josepha von den Blattern befallen wurde. Sie war gerade dabei, ihre Hochzeit mit dem König von Neapel vorzubereiten, als die Symptome auftraten.

Josepha weilte zu diesem Zeitpunkt in *Schönbrunn*. Ihre Mutter Maria Theresia, ihre ältere Schwester (die inzwischen wieder genesene) Maria Christine und deren Mann Albert von Sachsen-Teschen blieben bei ihr, die anderen Geschwister und Familienmitglieder kehrten eilends in die Hofburg zurück, um nicht angesteckt zu werden. Maria Josepha starb am Abend des 15. Oktober 1767, ein hübsches Mädchen von munterem Wesen, das gerade erst 16 Jahre alt geworden war. Mit ihren letzten Worten versuchte sie ihrer Mutter Trost zu spenden: »Ich hätte ohnehin Abschied nehmen müssen, jetzt gehe ich statt nach Neapel in den Himmel. Dort werde ich besser aufgehoben sein.« An den Trauerfeierlichkeiten für Josepha nahm auch Erzherzogin Marie Elisabeth teil, obwohl sie sich nicht wohl fühlte. Am darauf folgenden Tag zeigte sich, dass auch sie von der entsetzlichen Krankheit befallen war. Sie galt mit ihren 24 Jahren als die schönste und begehrteste Tochter Maria Theresias. Zwar sollte sie die Epidemie überleben, doch sie zog sich, da ihr bezauberndes Gesicht danach von Pockennarben entstellt war, in ein Kloster zurück, in dem sie schließlich Äbtissin wurde.

Josef II. hatte drei Jahre vor dieser Epidemie auch seine erste Frau Isabella – die er über alles liebte – durch die Pocken verloren und 1761 seinen 16-jährigen Bruder Karl Josef. Insgesamt waren der Krankheit demnach vier Menschen aus seiner engsten Umgebung zum Opfer gefallen.

Der Kaiser und die Tänzerin

Kaiser Leopold II.
Wien 1., Hofburg,
Leopoldinischer Trakt

Josefs jüngerer Bruder und Nachfolger, Leopold II., gilt als der lebenslustigste aller Habsburger, werden doch keinem anderen Kaiser so viele Affären nachgesagt wie ihm. Namentlich bekannt sind seine Geliebten Lady Anne Cowper, Comtesse Josepha von Erdödy und die schöne Tänzerin Livia Raimondi, die er noch als Großherzog der Toskana kennen und lieben lernte: Studenten hatten sie während eines Ballettabends in Pisa ausgepfiffen, worüber sich die Künstlerin bei Leopold beschwerte. Nach der Audienz

Kaiser Leopold II.

wurden zarte Bande geknüpft, denen ein Sohn namens Luigi entsprang. Im Jahr, in dem dieser zur Welt kam, gebar ihm auch seine Gemahlin Maria Luise ein Kind – das sechzehnte!

Als Leopold 1790 Kaiser wurde und – wie schon seine Mutter Maria Theresia und sein Bruder Josef – den (im 17. Jahrhundert errichteten und nach Kaiser Leopold I. benannten) *Leopoldinischen Trakt* der Hofburg bezog, ließ er Livia samt Sohn nach Wien nachkommen. Er richtete ihr am Kohlmarkt eine Wohnung ein und besuchte sie dort eine Zeit lang regelmäßig. Doch bald fand Leopold in der Gräfin Wolkenstein eine neue Geliebte, was die Kaiserin zum Anlass nahm, die verlassene Mätresse ihres Mannes zu bedauern.

Der Spiegelsaal des Leopoldinischen Trakts

Für Leopolds illegitimen Sohn Luigi wurde auch nach dem frühen Tod des Kaisers gesorgt. Leopolds Nachfolger Franz II. nahm sich seines Halbbruders Luigi – der sich nun Ludwig von Grünn nannte – an und ermöglichte ihm eine mittlere Beamtenkarriere. Der Sohn des Kaisers brachte es bis zum Titular-Hofkonzipisten.

Der *Leopoldinische Trakt* der Hofburg ist seit 1946 Sitz des österreichischen Bundespräsidenten.

WECHSELNDE WOHNVERHÄLTNISSE

> *Kaiser Franz II.*
> *Wien 1., Hofburg,*
> *Schweizertrakt*

Während die Wohn- und Amtsräume seiner Vorgänger eine Einheit bildeten, schuf Kaiser Franz II. eine für das Haus Habsburg völlig neue Lebenssituation: Er trennte den privaten vom zeremoniellen Bereich, wohl in der Hoffnung, »nach Dienstschluss« seine Ruh zu haben. Der Kaiser behielt die *Ceremonialappartements* seiner Großmutter Maria Theresia, seines Onkels Josef II. und seines Vaters Leopold II., die im ersten Stock des *Leopoldinischen Trakts* der Hofburg lagen, richtete seine Wohnräumlichkeiten aber im benachbarten *Schweizerhof*, dem aus dem 13. Jahrhundert stammenden ältesten Teil der Hofburg, ein.

Dass er der strikten Trennung von Beruf und Privat nicht ganz treu bleiben konnte, liegt vor allem daran, dass Kaiser Franz in den insgesamt 43 Jahren seiner Regentschaft viermal verheiratet war und seine Frauen meist in anderen Gemächern als ihre jeweils verstorbenen Vorgängerinnen logieren wollten.

Begnügten sich seine erste Frau Elisabeth und seine zweite Frau Maria Theresia noch mit den eher bescheidenen Appartements im zweiten Stock des *Schweizertrakts*, so bestand seine dritte Frau Maria Ludovica auf eine größere Wohnung, die einen Zubau und damit eine Verbindung des *Schweizerhofs* mit dem *Leopoldinischen Trakt* erforderlich machte. So entstanden Bibliothek, Schreibkabinett, Musiksaal, Theater und andere repräsentative Räume, die nach den Vorstellungen der Kaiserin eingerichtet wurden.

Kaiser Franz in seinem Arbeitszimmer im Schweizertrakt

Nach Maria Ludovicas Tod musste das Appartement erneut in den *Schweizertrakt* zurückverlegt werden, zumal des Kaisers vierte Frau Caroline Augusta außergewöhnlich bescheiden war und die schier endlose Zimmerflucht ihrer Vorgängerin nicht beziehen wollte, sondern das wesentlich kleinere, alte *Schweizerhofappartement*. Die jeweils frei werdenden Räumlichkeiten wurden den Söhnen des »guten Kaisers« Franz zugewiesen.

Ein Bauer wie jeder andere

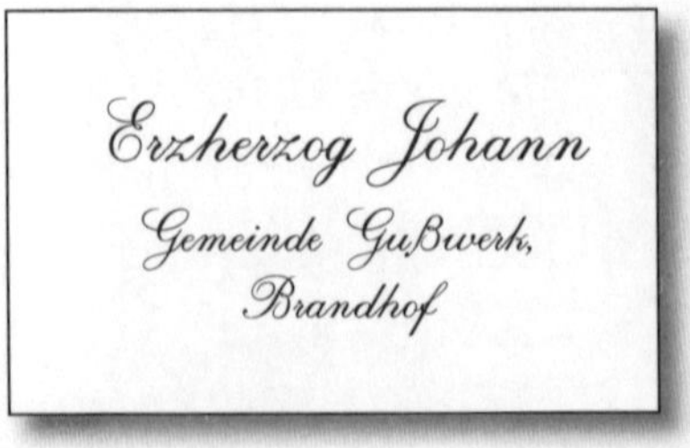

Der *Brandhof* ist ein mehr als sechshundert Jahre altes Bauerngut im Mariazeller Land, benannt nach seinem ersten Besitzer Hermann Prantner. Am 17. Juli 1818 wird das große Gehöft von einem gewissen Johann Hippmann ersteigert, der nach Abschluss des Kaufs zu Protokoll gibt, als »Bevollmächtigter Seiner Kaiserlichen Hoheit Erzherzog Johann« gehandelt zu haben. Der Bruder des Kaisers von Österreich war somit schon im Besitz jenes Anwesens, das er »wie jeder andere Bauer« führen wollte, als er – einen Sommer später – die Frau fürs Leben traf.

Dies geschah am 22. August 1819. Der 37-jährige Erzherzog spaziert an diesem Tag um den Toplitzsee, als er der 15-jährigen Tochter des Postmeisters von Bad Aussee begegnet. Er findet Gefallen an dem Mädchen und sieht es einige Tage später am Schwarzensee wieder. Da fragt er die schöne Ausseerin bereits ohne Umschweife, »ob ihr Herz schon vergeben sey«. Als sie verneint, erklärt der Erzherzog ganz schön forsch: »Wenn da niemand Unrecht geschieht, dann seyen Sie mir guth.«

Erzherzog Johann mit seiner Anna

Bis hierher wär's eine Liebesgeschichte wie viele andere, war es doch in jenen Tagen durchaus üblich,

Erzherzog Johanns Brandhof in der Steiermark

dass hohe Herren sich an Kammerzofen und Dienstmädchen heranmachten. Hier aber nahm der Fall einen ganz anderen Verlauf. Denn des Kaisers Bruder hält drei Jahre nach dem Kennenlernen um die Hand der jungen Frau aus dem Volke an.

Johann hat sein Gut im Mariazellerland mittlerweile zu einem Musterhof ausbauen lassen, in dem Landwirtschaft nach modernsten Richtlinien betrieben wird. »Ich kenne die Welt und habe sie satt«, notierte er, »mein *Brandhof* ist für mich weit über der großen Stadt.«

Wen wundert's: In der großen Stadt ist, als er diese Zeilen schreibt, der Teufel los. Staatskanzler Metternich hat seine besten Spitzel ausgeschickt, um dem unwürdigen Treiben des Erzherzogs Einhalt zu gebieten. »Seine Majestät wünschen eine schleunige, jedoch mit aller Umsicht zu erhebende Auskunft über den Postmeister von Aussee Plochl und seine Familie«, weist Fürst Metternich seine Kundschafter an, da bereits bekannt ist, dass Erzherzog Johann »mit der Tochter des Postmeisters sich in ein so enges Liebesverhältnis eingelassen hat, dass Höchstderoselber mit dem Vorhaben sie zu ehelichen, sich beschäftigen«.

»Höchstderoselber« denkt auch nicht daran, von seiner geliebten »Nani« zu lassen. Doch muss er noch mehrere Jahre warten, bis sein Bruder, Kaiser Franz, die Heirat genehmigt. Sie findet in der Nacht zum

19. Februar 1829 heimlich in der Kapelle des *Brandhofs* statt, auf dem »der Brandhofer und seine Hausfrau«, wie sich das Paar jetzt nennt, noch dreißig gemeinsame Jahre verbringen werden.

Die zur Gräfin von Meran erhobene Postmeisterstochter brachte einen Sohn zur Welt, die Ehe galt als mustergültig und endete mit dem Tod des Erzherzogs im Jahre 1859. Seine Witwe überlebte ihn um 26 Jahre. Der *Brandhof* ist heute noch im Besitz der Familie Meran.

Mordanschlag auf den Kronprinzen

Kaiser Ferdinand I.
Baden, Hauptplatz 17

Baden bei Wien war in jenen Tagen Treffpunkt der eleganten Welt. Das lag vor allem daran, dass Kaiser Franz samt Familie und Hofstaat seit vielen Jahren die Sommermonate in der alten Thermenstadt verbrachte. Für die Wiener war es schick, nach Baden zu kommen, auch wenn die Anreise mit der Pferdekutsche damals noch mehrere Stunden in Anspruch nahm. Ein Aufsehen erregendes Ereignis zerstörte den aufstrebenden Tourismus des Kurortes jedoch für viele Jahre.

Gemeinsam mit seinen Eltern war auch der spätere Kaiser Ferdinand während des Sommers in Baden. Am Morgen des 9. August 1832 verließ der 39-jährige Kronprinz – der bereits den Titel König von Ungarn trug – das kaiserliche Wohnhaus am Hauptplatz, um danach wie jeden Tag die Heilige Messe zu besuchen und in Begleitung seines Dienstkämmerers einen kleinen Spaziergang in Richtung Helenental zu unternehmen. Unbemerkt folgte ihnen ein schwarz gekleideter Mann,

Ferdinand »der Gütige«

der am Ende der Bergstraße, vor dem Haus des bekannten Wundarztes Arthur Rollett, einen Revolver zog und auf den Thronfolger schoss.

Ferdinand wurde an der linken Schulter getroffen und verletzt, wobei keine Lebensgefahr bestand. Während der Adjutant des Erzherzogs – übereinstimmenden Zeugenaussagen zufolge – »zitternd im Straßengraben stand«, waren mehrere Bedienstete der umliegenden Villen schnell zur Stelle, die sich des Kronprinzen annahmen, den flüchtenden Attentäter überwältigten und diesen bis zum Eintreffen der Polizei festhielten.

Schon bei den ersten Verhören stellte sich heraus, dass der Mordanschlag kein politisches Attentat, sondern ein persönlicher Racheakt war: Der k. k. Hauptmann Franz Reindl hatte viele Jahre in der Armee gedient und sich in mehreren Feldzügen als tapferer Offizier bewährt. Wegen seiner Trunksucht im Alter von vierzig Jahren in Frühpension geschickt, starb kurz danach seine Frau, worauf sein Leben vollends aus den Fugen geriet und er sich, da sein Alkoholkonsum weiter zunahm, immer mehr in Schulden stürzte. In dieser Situation bat er Erzherzog Ferdinand um Hilfe, der ihm tatsächlich mehrmals Geldbeträge zukommen ließ. Bei seinem letzten Ansuchen wies er ihm aber nicht die erbetenen neunhundert, sondern nur hundert Gulden* an.

Da schwor Reindl Rache. Er fuhr nach Baden, verfolgte den König auf seinem Spaziergang und schoss.

Der geistig und körperlich ein wenig zurückgebliebene Kronprinz sollte sich von seiner Verletzung bald erholen und wurde seinem

* Entspricht laut *Statistik Austria* im Jahre 2005 einem Betrag von rund 1700 Euro

späteren Ruf als Ferdinand »der Gütige« gerecht, als er die Kosten der Erziehung von Reindls Sohn übernahm. Der Attentäter wurde zu einer lebenslänglichen Freiheitsstrafe verurteilt und starb nach fünfzehnjähriger Festungshaft.

Das »Kaiserhaus« am Hauptplatz in Baden

Arthur Rollett, vor dessen Villa das Attentat geschah, war stolz darauf, dass sein Gärtner zu den Lebensrettern des Thronfolgers zählte und suchte zu einem späteren Zeitpunkt bei Ferdinand an, sein Haus *Zur Königsrettung* nennen zu dürfen. Dieser, inzwischen Kaiser geworden, gab jedoch keine Antwort.

So glimpflich der Mordanschlag ausgegangen war, so bitter erwiesen sich die Folgen für Baden. Ferdinand kam nie wieder in die Kurstadt, was dazu führte, dass auch Wiens Aristokratie und andere prominente Gäste ausblieben. Zwar sollte sich Baden ab 1848 von den Folgen des Attentats erholen, aber gleichzeitig war man enttäuscht, dass der neue Kaiser Franz Joseph die Sommerresidenz nach Bad Ischl verlegte. »Kaiserstadt« wurde Baden erst wieder – wenn auch nur für kurze Zeit – unter Karl I.

Nach dem Untergang der Monarchie ging das 1792 erbaute *Kaiserhaus* von Baden in den Besitz der Republik Österreich über. Heute befinden sich darin Geschäftslokale und Privatwohnungen.

Audienz beim Kaiser

Kaiser Franz Joseph
Wien 1., Hofburg,
Reichskanzleitrakt

Die gewaltigen Ausmaße des *Reichskanzleitrakts* unter der Michaelerkuppel hatten ihre Tücken: Franz Joseph bekam fast nie eine warme Mahlzeit, da die Küche von den kaiserlichen Appartements so weit entfernt war, dass das Essen auf dem Weg durch Hunderte Meter lange Gänge auskühlte, ehe es serviert werden konnte.

Der Tagesablauf des Kaisers hatte durch Jahrzehnte seine festen, unverrückbaren Gesetze, die uns sein Leibkammerdiener Ketterl hinterließ:

Punkt ½ 4 Uhr: Wecken durch Ketterl mit den Worten: »Ich leg mich zu Füßen Eurer Majestät, guten Morgen.«

4–4.30 Uhr: »Der Badewaschel seift den Kaiser in seiner Gummibadewanne ein. Er ist nicht selten betrunken, weil er die Nacht nicht anders durchwachen kann, klammert sich manchmal sogar an Franz Joseph an, der ihm zunächst grollt, aber ihn danach doch nicht entlässt.«

4.30–5 Uhr: Anziehen mit Ketterls Hilfe, Morgenandacht; Erscheinen des Leibarztes, Hofrat Kerzl.

5 Uhr: Frühstück: Butter, Gebäck, Schinken, Kaffee.

5.30–12.30 Uhr: Arbeit und Berichte. »Auf dem Schreibtisch des Kaisers musste hinter dem großen Stehkalender das kleine Bürstchen und der Abstaubwedel liegen, mit welchem er selbst während des Tages seinen Schreibtisch von Streusand und Asche reinigte.«

12.30 Uhr: Einfaches Mittagessen (im Normalfall auf dem Schreibtisch): Suppe, Rindfleisch oder Naturschnitzel, kleine Nachspeise, Zigarre.

Kaiser Franz Joseph

13–17 Uhr: Arbeit. Die unerledigten Akten befinden sich auf der linken Seite des Schreibtischs, die erledigten auf der rechten.

17 Uhr: Leichte Jause, danach keinerlei Nahrungsaufnahme mehr.

20 Uhr: Der Kaiser begibt sich zu Bett.

Zur direkten Verfügung des Kaisers standen zwei Leibkammerdiener, zwei Türhüter, vier Büchsenspanner, zwei Hausdiener und drei Kammerfrauen. Doch insgesamt waren es mehr als tausend Diener, Köche, Pagen, Stallburschen und Höflinge, die die reibungslose Abwicklung des Hoflebens gewährleisteten.

Die Montag- und Donnerstagvormittage waren für Audienzen reserviert. Im Prinzip hatte jeder Staatsbürger mit gutem Leumund die Möglichkeit, seinen Kaiser persönlich zu sprechen. Entsprechend dicht war das Programm an den Besuchstagen: »Gestern hatte ich 127, heute werde ich 108 Audienzen geben«, schreibt Franz Joseph in einem Brief an Katharina Schratt. Insgesamt empfing Kaiser Franz Joseph in den fast sieben Jahrzehnten seiner Regentschaft an die 250 000 Personen in Audienz. Während der bis zu zehn Minuten dauernden Begegnungen

Franz Josephs Schreibtisch in der Hofburg

blieben sowohl der Kaiser wie seine Besucher stehen. Seine Hand reichte Franz Joseph nur Ministern, Geheimen Räten und Aristokraten, Bürgerlichen nie. Herren erschienen im Frack, Militärs in Uniform, Damen im hochgeschlossenen Kleid mit Hut. Für Arme und Mittellose gab es keine Toilettenvorschriften.

Im *Reichskanzleitrakt* begann und endete jede Ausfahrt des Kaisers, hier empfing er Staatsgäste und Militärs. Und hier verließ er zum letzten Mal die Hofburg. Am 30. November 1916 in einer schwarzen Trauerkarosse Richtung Kapuzinergruft. Die Monarchie hat ihn um nur zwei Jahre überlebt.

Des Kaisers kleiner Bruder

Erzherzog
Ludwig Viktor
Salzburg-Siezenheim,
Schloss Kleßheim

Es war in der Monarchie ein offenes Geheimnis, dass des Kaisers jüngster Bruder Ludwig Viktor seine homosexuellen Neigungen auslebte. Um größeres Aufsehen bei Hof zu vermeiden, schickte Franz Joseph den Erzherzog nach *Schloss Kleßheim* ins Salzburger Exil. Dieser hatte den Spleen, das Schloss in eine weiß-blaue Farbensymphonie zu tauchen, alle Wände, Türen, Fensterrahmen, ja sogar Möbel und Accessoires wurden weiß-blau gestrichen, und seine Gäste speisten von weiß-blauem Service.

Erzherzog Ludwig Viktor

Dabei hätte er gar keine Gäste empfangen sollen, drangen doch immer wieder alarmierende Nach-

Das Salzburger Schloss Kleßheim war Ludwig Viktors »Exil«

richten über den spöttisch »Lutziwutzi« genannten Habsburger nach Wien. »Es war auch in Bädern zu unangenehmen Zwischenfällen gekommen«, schreibt General Edmund Glaise-Horstenau in seinen Memoiren über seine Zeit als junger Soldat in Salzburg. »Im *Schloss Kleßheim* herrschte seit eh und je, wenn der Erzherzog Residenz hielt, reges gesellschaftliches Leben, an dem auch die Offiziere meines Regiments Anteil hatten. Die erste Offiziersversammlung, die ich mitmachte, bot eine seltsame Überraschung. Der Oberst verkündete, Einladungen nach *Kleßheim* seien in Hinkunft unter dem Vorwand einer Übung oder dergleichen abzulehnen.«

Dennoch gab es später »wieder Einladungen beim Erzherzog. Ich war sehr bald unter den Ausgezeichneten ... Aber ich möchte nicht behaupten, dass die Situation für zwei junge Offiziere, wenn sie zufällig allein beim Erzherzog geladen waren, angenehm gewesen ist. Man dachte nach, wie man sich gegen des Kaisers Bruder verhalten sollte, wenn ...«

Vom Thronfolger Franz Ferdinand wurden Offiziere, die in *Kleßheim* verkehrten, streng gerügt. »In Hinkunft«, hieß es, »würde die Annahme einer solchen Einladung unbedingt eine ehrenrätliche Untersuchung nach sich ziehen.«

Franz Joseph reagierte auf seine Weise. Als immer neue Nachrichten über die Affären seines Bruders an des Kaisers Ohr drangen, soll er gesagt haben: »Man müsste ihm als Adjutanten eine Ballerina geben, dann könnt nix passieren.«

»Sisi« ohne Schlafzimmer

Kaiserin Elisabeth
Wien 1., Hofburg,
Amalientrakt

Kaiserin Elisabeth bewohnte den im rechten Winkel zum Reichskanzleitrakt stehenden *Amalientrakt* der Hofburg. Vorerst waren die beiden Appartements durch ein gemeinsames Schlafzimmer miteinander verbunden, doch als dieses in ihren späteren Ehejahren nicht mehr verwendet wurde, ließ Elisabeth es zu einem Turnzimmer umbauen, an dessen Geräten sie an ihrer Figur und ihrer Leistungsfähigkeit arbeitete. Sie hatte nun kein Schlafzimmer mehr – ihr Bett wurde jeden Abend in ihrem geräumigen Wohnzimmer aufgestellt und nach dem Aufstehen wieder weggeräumt. Wenn »Sisi« in Wien weilte, nahm sie das Frühstück gemeinsam mit ihrem Mann im *Großen Salon* ein. Das Besondere an ihrem Appartement war, dass es über ein eigenes Badezimmer verfügte, was im 19. Jahrhundert selbst in regierenden Häusern als höchst ungewöhnlich galt.

Kaiserin Elisabeth

Im *Kleinen Vorzimmer* der *Amalienburg* stand bei Tag und Nacht ein zum persönlichen Schutz der Kaiserin abgestellter Gardesoldat

Die Kaiserin bewohnte den Amalientrakt der Hofburg

parat. Unterhalb ihrer Wohnräume im ersten Stock befanden sich Elisabeths *Separatküche* und die *Hofmenageküche*, die das Personal verköstigte.

Das Appartement der Kaiserin – in dem während des *Wiener Kongresses* der russische Zar Alexander I. gewohnt hatte – stand meist leer, da sie den größten Teil des Jahres auf Reisen war.

»Er sieht nur blass aus«

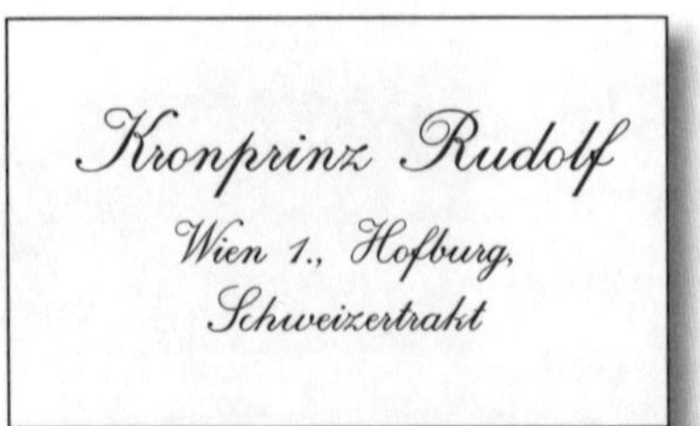

Die Katastrophe zeichnete sich schon Tage vor Mayerling ab – aber niemand wollte das zur Kenntnis nehmen, am allerwenigsten der Kaiser. Nur Stephanie, die Frau des Kronprinzen, die in den Jännertagen des Jahres 1889 von einer Mittelmeerkreuzfahrt nach Wien zurückgekehrt war, erschrak über Rudolfs Veränderung dermaßen, dass sie den Entschluss fasste, bei ihrem Schwiegervater vorzusprechen, um ihm rückhaltlos die Augen über den Zustand seines Sohnes zu öffnen. »Obwohl es nicht gestattet war, unangemeldet beim Kaiser zu erscheinen«, schreibt sie in ihren Memoiren,

»nahm ich all meinen Mut zusammen und ließ mich gleich durch den Kammerdiener ansagen. Der Kaiser empfing mich gütig. Ich begann damit, dass ich sagte, Rudolf sei sehr krank und sein Aussehen und sein Benehmen bereite mir ernste Sorgen; ich bat ihn inständig, er möge seinen Sohn doch bald durch eine längere Weltreise seinem aufreibenden jetzigen Leben entziehen. Da fiel mir der Kaiser ins Wort: ›Das ist eine Einbildung von dir. Rudolf fehlt nichts. Er sieht nur blass aus, ist zu viel unterwegs, er mutet sich zu viel zu. Er soll mehr bei dir bleiben, sei nicht ängstlich!‹«

Kronprinz Rudolf

Mit diesen Worten gab Franz Joseph seiner Schwiegertochter deutlich zu verstehen, dass das Thema für ihn erledigt sei. »Der Kaiser umarmte mich, ich küsste ihm die Hand«, schreibt sie weiter. »Ich war entlassen, und alles, was ich dem Kaiser mitteilen wollte, war noch unausgesprochen. Wankend trat ich ins Vorzimmer, ich musste an einem Sessel Halt suchen. War das alles, was mir von der letzten Hoffnung blieb? Das Schicksal des Kronprinzen schien mir besiegelt. Ich fürchtete das Ärgste. Ein Dahinsiechen, schauerlicher als der Tod.«

Kronprinz Rudolfs Schweizertrakt in der Hofburg

Wenige Tage danach ließ sich Kronprinz Rudolf von seinem Leibkutscher Bratfisch nach Mayerling führen, um dort mit Mary Vetsera zusammenzutreffen. Das Drama nahm seinen Verlauf.

Schüsse auf die Nebenbuhlerin

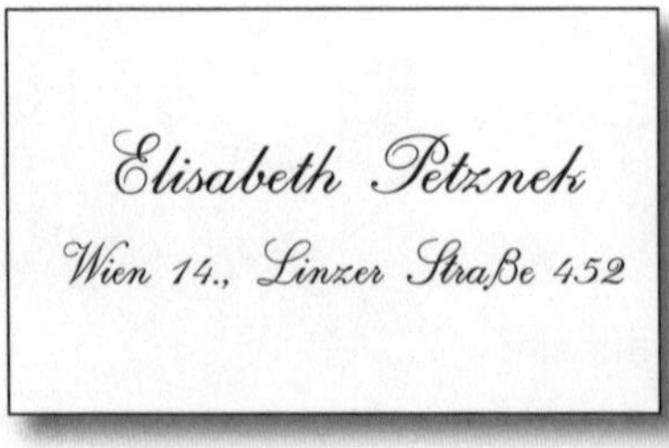

Kronprinz Rudolfs Tochter Elisabeth war fünf Jahre alt, als sie ihren Vater verlor. Sie wuchs nun unter der Obhut ihres Großvaters Kaiser Franz Joseph – der ihr Vormund war – in *Schloss Laxenburg* und in der Hofburg auf und fiel schon als kleines Mädchen durch ihren ausgeprägten Oppositionsgeist auf. Mit 19 Jahren heiratete sie Otto Windisch-Graetz, ohne mit ihm glücklich zu werden.

Die Voraussetzungen dafür waren auch alles andere als günstig. Die junge Erzherzogin hatte sich den gut aussehenden Prinzen in den Kopf gesetzt, doch dieser war nicht bereit, seine Verlobung mit einer anderen Frau zu lösen, was er auch dem Kaiser mitteilte. Als dieser seiner Enkelin eröffnete, dass Prinz Windisch-Graetz bereits versprochen sei, fiel diese in einen Weinkrampf und sagte zum Kaiser: »Mein Vater hat es vorgezogen, eher zu sterben als seine Liebe zu verraten, ich bin wie er, auch ich fürchte den Tod nicht. Ich werde ihm meine Jugend opfern, nur er kann vom Schmerz befreien.«

Elisabeth Petznek

Es war eine Drohung, aus der Franz Joseph keinen Ausweg sah. Er ließ den Prinzen neuerlich kommen und befahl ihm »als Ihr Kaiser und oberster Kriegsherr, meine Enkelin Erzherzogin Elisabeth Marie von Habsburg-Lothringen zu heiraten«.

Man schrieb das Jahr 1902, und dem Ulanenoffizier blieb nichts anderes übrig als ja zu sagen. Womit die nächste Katastrophe im Hause Habsburg besiegelt war. Denn nach dreijähriger Ehe kam es zum Eklat, als sie ihren Mann in den Armen einer anderen Frau erwischte. Elisabeth hatte eine Pistole eingesteckt, die sie jetzt gegen die Rivalin richtete. Als sie abdrückte, wurde die Geliebte des Fürsten Windisch-Graetz, die Opernsängerin Marie Ziegler, schwer verletzt.

In der Monarchie konnte die Sensationsstory, dass nun auch die Tochter des Kronprinzen Rudolf auf einen Menschen geschossen hatte, ein Jahr lang geheim gehalten werden. Doch im Oktober 1906 gab die wieder genesene Marie Ziegler einer amerikanischen Zeitung ein Interview, in dem sie vom Eifersuchtsattentat der Enkelin des Kaisers erzählte, worauf österreichische Zeitungen den Artikel nachdruckten.

Das Palais der »roten Erzherzogin« auf der Linzer Straße

Acht Jahre später ließ Elisabeth sich scheiden, um mit dem sozialdemokratischen Landtagsabgeordneten Leopold Petznek eine Lebensgemeinschaft einzugehen. Das Paar bezog ein Biedermeierpalais auf der Linzer Straße, das des Kaisers Enkelin als ihr »kleines *Schönbrunn*« bezeichnete. Auch als bekennende Sozialistin wollte Elisabeth Windisch-Graetz nicht auf den feudalen Lebensstil ihrer Familie verzichten. In ihrem Hütteldorfer Palais, das von einem 27 000 Quadratmeter großen Park umgeben war, stand kostbares Mobiliar aus verschiedenen Epochen; die Vitrinen waren mit Schaufiguren, wertvollem Porzellan und Tafelgeschirr angefüllt und an den

Wänden der Salons hingen Bilder von Waldmüller, Kriehuber und Rudolf von Alt.

Als man die engagierte Sozialistin 1934 festnahm, wurde Elisabeth Windisch-Graetz von Polizeibeamten nach ihren persönlichen Daten gefragt. Sie gab zu Protokoll: »Mein Vater war der Kronprinz Rudolf, mein Großvater der Kaiser Franz Joseph, meine Großmutter die Kaiserin Elisabeth. Wollen Sie noch etwas wissen?«

1948 heiratete sie ihren langjährigen Lebensgefährten Leopold Petznek. Die »rote Erzherzogin« starb 1963 im Alter von achtzig Jahren in der *Windisch-Graetz-Villa.* Diese wurde nach ihrem Tod von der Gemeinde Wien erworben, die in einem Teil des Parks eine städtische Wohnhausanlage errichtete.

Herr Orth verlässt Österreich

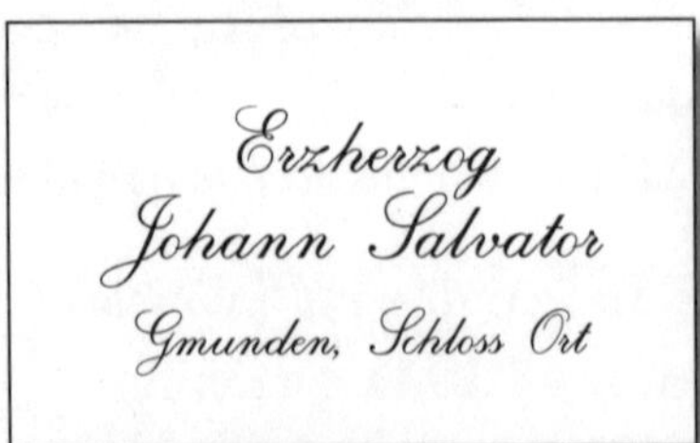
Erzherzog
Johann Salvator
Gmunden, Schloss Ort

Kaum eine Lovestory im Hause Habsburg hat so viel Aufsehen erregt wie diese. Es ist die Geschichte des Erzherzogs Johann Salvator, der 1871 als Neunzehnjähriger bei einem Besuch der Hofoper die Balletttänzerin Ludmilla »Milli« Stubel kennen lernte und aus Liebe zu ihr auf Titel und Vermögen verzichtete. Der aus der toskanischen Linie der Habsburger stammende Prinz wurde daraufhin von seinem Onkel, Kaiser Franz Joseph, in entlegenste Garnisonen strafversetzt, nahm aber seine »Balletratte«, wie Milli bei Hof verächtlich genannt wurde, selbst nach Lemberg, Temesvar und Krakau mit. Alle Anordnungen des Kaisers, sich von dem ganz und gar nicht »hoffähigen« Mädchen zu trennen, blieben erfolglos, der Erzherzog wollte von der Geliebten nicht lassen.

Erzherzog Johann Salvator

Im Dezember 1889, wenige Monate nach der Tragödie von Mayerling, setzte Johann Salvator einen Schritt, den kein anderer Angehöriger der kaiserlichen Familie bis dahin gesetzt hatte: Er teilte dem Kaiser mit, dass er »darauf verzichte, weiterhin Mitglied des Hauses Habsburg zu sein, und fortan den bürgerlichen Namen Johann Orth tragen« wollte – abgeleitet von jenen beiden Besitzungen bei Gmunden, deren Patronatsherr er zwölf Jahre lang gewesen war. Erzherzog Johann Salvator hatte 1876 das *Landschloss Ort* und zwei Jahre später für den Kaufpreis von 24 000 Gulden* das gleichnamige *Seeschloss* erworben. Während er die Bauform des *Seeschlosses* nahezu unverändert ließ, wurde das Landschloss total umgebaut, wobei ihm der Ringstraßenarchitekt Theophil Hansen als Berater zur Seite stand. Der Erzherzog baute originale Renaissance-Decken und alte Türen ein, richtete sämtliche Räume neu ein und stattete sie mit Kunstgegenständen aus, die er aus allen Teilen der Welt zusammengetragen hatte.

Kaiser Franz Joseph akzeptierte geradezu erleichtert Johann Salvators Wunsch, auf die Rechte und Pflichten eines Erzherzogs zu verzichten und »Herr Orth«, wie er sich nun nannte, verließ die Monarchie, um in London seine Milli zu heiraten.

Doch die romantische Liebesgeschichte fand einen tragischen Ausklang. Der Erzherzog, der auch auf seine jährliche Apanage verzichtet hatte, musste einen Beruf ergreifen, um sein Leben finanzieren zu kön-

* Entspricht laut *Statistik Austria* im Jahre 2005 einem Betrag von rund 250 000 Euro

Johann Salvators Wohnsitz, Schloss Ort am Traunsee

nen. Johann Orth wurde Spediteur und kaufte den Frachtdampfer *St. Margaretha*, mit dem er bei seiner ersten Ausfahrt Zement von Hamburg nach Chile transportieren wollte. Nach zweimonatiger Seereise erreichte das Schiff den argentinischen Hafen La Plata, wo Johann Orth wegen eines Streits mit der Mannschaft den Kapitän und mehrere Offiziere entließ und selbst das Kommando übernahm. Hier stieg seine geliebte Milli zu, die ihm mit einem Passagierschiff gefolgt war. Obwohl man Johann Orth vor Unwettern, die gerade in der Magellanstraße tobten, gewarnt hatte, wagte er die Weiterfahrt nach Valparaiso, dem chilenischen Zielhafen. Was jetzt passierte, kann nur rekonstruiert werden: Die *St. Margaretha* wäre demnach in der Nacht zum 21. Juli 1890 bei Kap Hoorn in einen Orkan geraten und untergegangen. Alle Suchaktionen blieben erfolglos, vom 38-jährigen Johann Orth, von seiner gleichaltrigen Frau und der Besatzung hat man nie wieder etwas gehört. Der einstige Erzherzog galt als verschollen und wurde 1911 für tot erklärt. Jetzt erst konnte seine Verlassenschaft abgeschlossen werden und in den Besitz der staatlichen Forstverwaltung übergehen. Im *Landschloss* war zur Zeit des Ersten Weltkriegs ein Lazarett und danach eine Forstschule untergebracht; Johann Orths *Seeschloss* wurde durch eine Fernsehserie bekannt.

Romantischer Beginn

Erzherzog
Franz Ferdinand
Wien 3., Prinz-Eugen-Straße 27,
Schloss Belvedere

Erzherzogin Isabella war eine zielstrebige Frau, und sie hatte es sich zur Lebensaufgabe gemacht, sämtliche ihrer acht Töchter mit guten Partien zu versorgen. Der absolute Favorit auf ihrer Liste heiratsfähiger Männer war der mit seinen mehr als dreißig Jahren immer noch ledige Erzherzog Franz Ferdinand, der seit dem Tod des Kronprinzen Rudolf als Österreichs künftiger Kaiser ausersehen war. Also lud Isabella den Thronfolger immer wieder zu Festivitäten auf ihr Schloss Halbturn bei Pressburg ein. Und tatsächlich, Franz Ferdinand kam oft und gerne, was die Erzherzogin in ihrer Hoffnung bestärkte, dass er eine ihrer Töchter ehelichen würde.

Franz Ferdinand

Im Besonderen schien er an ihrer ältesten Tochter Maria Christina interessiert, die er zu gemeinsamen Landpartien, zum Tanz und anderen Vergnüglichkeiten traf. Dem Umstand, dass die Hofdame der Erzherzogin immer dabei war, schien man keinerlei Bedeutung beizumessen. Sie hieß Sophie Chotek, war eine große, schlanke und intelligente, aber nicht mehr ganz junge Frau, die aus verarmtem böhmischem Grafengeschlecht stammte.

Die Affäre zwischen dem Erzherzog und der »kleinen Comtesse« ging in aller Stille vor sich, die beiden verstanden es über mehrere Jahre

Das Obere Belvedere, die Residenz des Thronfolgers und seiner Frau

meisterhaft, ihre Treffen geheim zu halten. Bis zu jenem Tag im Frühjahr 1899, als alles aufflog.

Der Thronfolger war diesmal nach Pressburg gekommen, um im Kreise der jungen Erzherzoginnen ein Tenniswochenende zu verbringen. Tennis war eine der wenigen Sportarten, die den Damen der höheren Gesellschaft erlaubt war – wenn auch nur züchtig gekleidet, mit langem Rock, hoch geschlossener Bluse und breitkrempigem Hut.

Als sich die illustre Runde nach dem letzten Aufschlag zum Tee ins Schloss begab, vergaß der Erzherzog seine am Rande des Spielfelds abgelegte Taschenuhr. Ein Bedienter nahm sie an sich und überreichte sie der Hausfrau, Erzherzogin Isabella.

Es war in jenen Tagen bei den Herren der Gesellschaft üblich, unter dem aufklappbaren Deckel der Taschenuhr ein Foto jener Frau zu verbergen, für die ihr Herz schlug. Isabella war überzeugt davon, hier das Bildnis ihrer ältesten Tochter zu entdecken. Sie klappte die Uhr auf – und erlebte einen schweren Schock. Fand sie doch statt Maria Christinas Bildnis ein Foto ihrer Hofdame Sophie Chotek.

Jetzt verstand Isabella, warum der Thronfolger so oft ihren Einladungen gefolgt war. Sie fühlte sich hintergangen und ausgenützt, rief die Gräfin Chotek zu sich und entließ sie aus ihren Diensten.

Der Rest ist Geschichte: Franz Ferdinand bestand gegen den Willen des Kaisers darauf, die alles andere als ebenbürtige Gräfin Chotek zu heiraten. Nach der Eheschließung im Sommer 1900 zog Sophie in die

Residenz des Thronfolgers, das vom Prinzen Eugen errichtete *Schloss Belvedere*.

Am 28. Juni 1914 wurde das Paar in Sarajewo ermordet. Eine romantische Liebesgeschichte hatte ein Ende gefunden, welches das 20. Jahrhundert auf dramatische Weise verändern sollte.

Der schöne Otto

Erzherzog Otto
Wien 2., Obere Augartenstraße 1, Augartenpalais

Eigentlich hätte »der schöne Otto« alle Anlagen gehabt, als populäre Figur in die Geschichte einzugehen. Die Frauen schwärmten von ihm, und einmal war er sogar nahe dran, zur Nummer eins in der Thronfolge aufzurücken. Jedoch, kein anderer Erzherzog war in so viele Skandale verwickelt wie er. Wenn schon ihm selbst die höchsten Würden versagt blieben, so hat es wenigstens sein Sohn Karl zum letzten Kaiser der österreichisch-ungarischen Monarchie gebracht. Doch das hat »der schöne Otto« nicht mehr erlebt.

Erzherzog Otto

Dass er so früh starb, hat wohl auch mit seinem ausschweifenden Lebenswandel zu tun. Erzherzog Otto war mit Maria Josefa, der Tochter des sächsischen Königs Georg, verheiratet, die als besonders fromm und sittsam galt. Das führte auch schon zum ersten Skandal, der in der Monarchie die Runde machte: Eines Nachts drang Otto mit seinen Saufkumpanen in das im ersten Stock des *Augartenpalais* gelegene Schlafzimmer seiner Gemahlin ein, um den Freunden, wie er sagte, »eine Nonne zu zeigen«. Otto lüftete die Decke und bot seinen volltrunkenen Gästen unter lautem Gejohle das nackte Hinterteil seiner schlafenden Frau dar. Diese litt schrecklich unter den Eskapaden ihres Mannes, beschränkte sich aber darauf, für das Seelenheil des armen Sünders zu beten.

Das Augartenpalais des Erzherzogs Otto

Für den Zwischenfall, der in der Monarchie das größte Aufsehen hervorrief, sorgte Otto, als er aus dem *Sacher* rannte, nachdem ihn ein eifersüchtiger Ehemann in den Armen seiner Frau im hoteleigenen Separee erwischt hatte. Angeblich wäre Otto auf seiner Flucht, nur mit einem Säbel und dem Orden vom Goldenen Vlies »bekleidet«, ansonsten aber splitternackt, durch die Stadt gelaufen.

»Der schöne Otto« machte durch zahlreiche Liebschaften von sich reden, die Balletttänzerin Marie Schleinzer schenkte ihm einen Sohn und die Schauspielerin Louise Robinson eine Tochter, die er beide anerkannte.

Als sein älterer Bruder Franz Ferdinand 1893 an Tuberkulose erkrankte, sah man in Otto schon den künftigen Kaiser. Diesem Umstand verdankte er es wohl auch, dass man ihm das aus dem 17. Jahrhundert stammende prachtvolle *Augartenpalais* als Wohnstätte zuwies, das einst Kaiser Josef II. als Sommersitz gedient hatte. Doch Franz Ferdinand erholte sich wieder und blieb dann bis zu seiner Ermordung – die Otto nicht mehr erleben sollte – Thronfolger der österreichisch-ungarischen Monarchie.

Erzherzog Otto war 1906, nur 41 Jahre alt, verstorben. Nicht an einem Kehlkopfleiden, wie es offiziell hieß, sondern an den Folgen der Syphilis.

Das *Augartenpalais* ist heute Heimstätte der *Wiener Sängerknaben*.

Die Abtragung der Rax

Kaiser Karl I.

Reichenau an der Rax,
Villa Wartholz

Der Aufstieg des Ortes Reichenau an der Rax begann mit dem Einzug der kaiserlichen Familie: Nachdem bereits Franz Joseph mehrmals zur Jagd gekommen war, errichtete der Ringstraßenarchitekt Heinrich von Ferstl 1870 für des Kaisers Bruder Karl Ludwig die eher großbürgerlich als imperial wirkende *Villa Wartholz*. Die Kosten des mit Türmchen versehenen Landhauses auf einem 165 000 Quadratmeter großen Grundstück betrugen inklusive Möbel, Bäder, Warmluftheizung, großer Terrasse und Nebengebäuden 273 000 Gulden*. Pikanterie am Rande: Kaum war das Domizil des Erzherzogs fertig, ließ Nathaniel Baron Rothschild, Österreichs reichster Bankier, in unmittelbarer Nachbarschaft zur *Villa Wartholz* ein prunkvolles Schloss planen, das mit 200 Zimmern nicht

Kaiser Karl I.

* Entspricht im Jahre 2005 einem Betrag von rund drei Millionen Euro

Kaiser Karls Sommerresidenz, die Villa Wartholz

nur wesentlich größer war, sondern auch den besseren Ausblick bot. Eine Brüskierung, die das scherzhafte Gerücht zur Folge hatte, Erzherzog Karl Ludwig hätte »die Abtragung der Rax angeordnet, um die bessere Aussicht zu haben«.

Interventionen auf höchster Ebene konnten den Bau des Rothschild-Schlosses verhindern.

Nach seiner Heirat mit Zita von Bourbon-Parma wurde die *Villa Wartholz* zur Sommerresidenz des Erzherzogs Karl, dessen Sohn Otto hier 1912 geboren wurde. Am 28. Juni 1914 erfuhr Karl in der *Villa Wartholz* von der Ermordung Franz Ferdinands und damit von seinem Aufstieg zum Thronfolger. »Die Familie saß gerade beim Mittagessen, endlos lang warteten wir auf den nächsten Gang«, erinnerte sich Kaiserin Zita an die historische Stunde in Reichenau. »Da kam ein Diener, der dem Erzherzog ein Telegramm mit dem Inhalt überreichte: ›Bedaure zutiefst melden zu müssen, dass Seine kaiserliche Hoheit und die Herzogin heute ermordet worden sind.‹«

Für Karl hatten damit die ruhigen, der Familie gewidmeten Zeiten ein jähes Ende gefunden. Während seiner kurzen Regentschaft verlegte der junge Kaiser sein Regierungszentrum zeitweise nach Reichenau.

Nach dem Zusammenbruch der Monarchie stand die *Villa Wartholz* lange leer, im Zweiten Weltkrieg war in dem Gebäude eine Kaserne untergebracht, seit 1982 ist es in Privatbesitz.

Nicht alles ist Walzer!

Von Musikern, Sängern und Musikliebhabern

»Ein rechtes Sau-Menuett«

Joseph Haydn
Wien 1., Kohlmarkt 11

Als Haydn, da seine Stimme mutierte, aus dem Knabenchor des Stephansdoms entlassen wurde, musste er sich um ein neues Quartier umsehen. Er fand eine ofenlose Dachkammer im Haus Kohlmarkt 11, in der im Winter das Wasser im Krug gefror. Aber er sah auf den Michaelerplatz, über die vor ihm liegende Hofburg und das alte Burgtheater hinweg, bis zu den Hügeln des Wienerwaldes. Sein kostbarster Schatz in diesem Kabinett war ein altes, wurmstichiges Klavier, auf dem er seine frühen Kompositionen schuf, die in den Wiener Tanzsälen bald großen Beifall finden sollten.

Joseph Haydn

Eines Nachts brach Haydn mit seinem Freund, Carl Ditters von Dittersdorf, von hier aus auf, um Wiens Gassen zu durchstreifen. Sie blieben vor einem Bierhaus stehen, in dem die halb trunkenen Musikanten gerade ein Haydn-Menuett erbärmlich herunterfiedelten. »Gehen wir hinein«, schlug der gerade erst 22-jährige Haydn belustigt vor.

Die beiden betraten die Bierstube. Haydn stellte sich neben den ersten Geiger und fragte ihn trocken: »Sage er mir, von wem ist das Menuett?«

»Vom Haydn«, antwortete der Musiker.

Haydn bewohnte eine Dachkammer am Kohlmarkt

Haydn erwiderte mit verstelltem Grimm: »Das ist aber ein rechtes Sau-Menuett!«

»Was?«, schrie der Geiger, während ihm die Zornesröte ins Gesicht schoss, und er sprang von seinem Sitz auf. Die anderen Musiker folgten ihm und wollten ihre Instrumente auf Haydns Kopf schlagen. Da wagte es doch glatt ein unbekannter Nachtvogel die Musik des großen Haydn zu beleidigen – und damit ganz nebenbei auch ihr Spiel. Ditters von Dittersdorf hinterließ uns, dass Haydn Gefahr lief, niedergeschlagen zu werden, wenn er nicht seine schützenden Hände über den Komponisten gehalten und ihn zur Tür hinausgeschoben hätte.

Das 1720 erbaute *Michaeler Stiftungshaus* am Kohlmarkt, in dem der junge Haydn mehrere Jahre lebte, beherbergte ein halbes Jahrhundert später den kaiserlichen Hofpoeten Pietro Metastasio. Heute wohnt in dem an die Michaelerkirche angrenzenden Gebäude die Schauspielerin Elfriede Ott.

HERRSCHAFTSWOHNUNG OHNE TOILETTE

Wolfgang Amadeus Mozart
Wien 1., Domgasse 5

Nicht ganz so viele Wohnsitze wie Beethoven, aber doch mehr als ein Dutzend hatte Mozart in Wien. Meist übersiedelte er, weil er den Mietzins nicht mehr zahlen konnte. So war es auch mit einer Zweizimmerwohnung im *Trattnerhof*, die er verließ, um das Haus in der Domgasse 5 zu beziehen. Dort hat er drei Jahre – und damit länger als in irgendeiner anderen seiner Unterkünfte – gelebt. Das Haus wird nach einer aufwändigen Renovierung im *Mozartjahr* 2006 wieder öffentlich zugänglich sein.

Wolfgang A. Mozart

Es war eine große Wohnung mit vier Zimmern und zwei Kabinetten, die das Genie und seine Frau Konstanze in der Domgasse gemietet hatten. Aus einem Brief seines Vaters wissen wir, wie hoch die Jahresmiete war. Leopold Mozart schrieb 1785 an Tochter Nannerl: »Dass Dein Bruder ein so schönes Quartier mit aller zum Haus gehörigen Auszierung hat, möget Ihr daraus schließen, dass er 480 Gulden* Zins zahlet.«

Das Wort Komfort hat Mozart dennoch nicht gekannt. Die bürgerlichen Zinshäuser waren auf katastrophalem hygienischem Niveau. Im Hof befand sich ein Ziehbrunnen, aus dem meist mit Typhus verseuch-

* Entspricht im Jahre 2005 einem Betrag von jährlich rund 8000 Euro

tes Wasser geschöpft wurde, und jedes Stockwerk hatte nur eine Toilette. In dieser Atmosphäre schuf Mozart in der Domgasse *Die Hochzeit des Figaro*.

Mozarts Figarohaus in der Domgasse

1786 musste er in dieser Wohnung einen schweren Schicksalsschlag erleiden, als sein Sohn Thomas Leopold kurz nach der Geburt starb. Auch eine berufliche Enttäuschung gab es: *Die Hochzeit des Figaro* wurde nach nur acht Vorstellungen vom Spielplan des Burgtheaters genommen, da der Erfolg des »Revolutionsstücks« Kaiser Josef II. gar nicht recht war.

Und wieder waren es die Mietrückstände, die Mozart veranlassten, aus dem heutigen *Figarohaus* zu ziehen. Diesmal nahm er eine viel bescheidenere Unterkunft auf der Landstraße, in deren Gartentrakt *Die kleine Nachtmusik* entstand. Als er auch hier nicht mehr zahlen konnte, wurde er neuerlich delogiert. Danach wechselte er die Wohnungen innerhalb kürzester Zeit, ehe er am 29. September 1790 sein letztes Quartier, das *Kleine Kaiserhaus* in der Rauhensteingasse 8, bezog. Hier schuf er *Die Zauberflöte* und das *Requiem*.

Und hier starb er am 5. Dezember 1791.

HERRN KÖCHELS VERZEICHNIS

Das kommt davon, wenn man einen hoch gebildeten Herrn im Alter von 42 Jahren in Pension schickt. So alt war Ludwig Köchel, als er »in Ehren« aus dem Hofdienst entlassen wurde. Im Jahre 1800 als Sohn eines Gutsverwalters in Stein an der Donau zur Welt gekommen, wurde Köchel nach absolviertem Jusstudium »Prinzenerzieher« der vier Söhne des Erzherzogs Karl, die er in dessen Stadtpalais – der heutigen *Albertina* – unterrichtete, und in der man ihm auch eine Wohnung zur Verfügung stellte.

Als die Kinder des Erzherzogs »aus dem Gröbsten« heraus waren, hatte man für Herrn Köchel keine Aufgabe mehr. Also entsandte man ihn in die Rente und erhob ihn in den Adelsstand. Doch das half alles nichts, denn dem in der Blüte seiner Jahre stehenden, jetzigen Ritter von Köchel wurde schnell langweilig. Er unternahm eine fünfjährige Forschungsreise und bewarb sich, wieder nach Österreich zurückgekehrt, um die Stelle eines Gymnasialinspektors in Salzburg.

Köchel bekam sie, fühlte sich aber nach wie vor nicht ausgelastet. Und so begann er, sich neben dem Schulinspizieren mit dem Schaffen des größten Sohnes der Stadt zu beschäftigen. 1862 gab er dann, nach mühevoller Kleinarbeit, das *Chronologisch-thematische Verzeichnis sämtlicher Werke W. A. Mozarts* heraus – von der ersten Klaviersonate des Wunderkindes bis zum *Requiem*, Mozarts letzter Komposition, die in seinem Verzeichnis die Nummer 626 erhielt.

Das Köchelverzeichnis war da.

»BEDEUTENDER ALS MOZART«

Antonio Salieri
Wien 1., Seilergasse 12

Natürlich war er nicht Mozarts Mörder, wie das in Büchern und Filmen behauptet wird, aber er hat doch alles getan, um seinem genialen Gegenspieler Schaden zuzufügen. Während Mozart am Wiener Hof als Kammerkompositeur angestellt war, hatte Salieri den viel einflussreicheren und besser bezahlten Posten eines Hofkapellmeisters. Der unglaubliche Grund dafür: Kaiser Josef II. hielt Salieri für »bedeutender als Mozart«.

Konnte man dem Kaiser noch zugute halten, dass er zwischen Mozarts Werk und den angenehm klingenden, aber farblosen Tönen Salieris nicht zu unterscheiden vermochte, so wusste der aus Venetien stammende Salieri um Mozarts Genie sehr genau Bescheid. Und führte einen erbitterten Kampf gegen ihn. Der Höhepunkt war ein Komponistenwettstreit im Februar 1786, bei dem in Anwesenheit des Kaisers im *Schloss Schönbrunn* je ein Werk der beiden aufgeführt wurde. Obwohl Mozarts *Schauspieldirektor* natürlich überlegen war, ging die Konfrontation in den Augen der zu dem Ereignis geladenen Wiener Gesellschaft »unentschieden« aus. Da Salieri nur sechs Jahre älter war als er, wusste Mozart, dass er dessen Posten nie erhalten würde. Es ist die Ironie des Schicksals, dass Salieri wenige Tage nach Mozarts Tod – vermutlich selbst Opfer einer Intrige – als Hofkapellmeister zurücktrat.

Antonio Salieri

Mozart litt darunter, in Wien nicht zur ersten Garnitur gezählt zu werden. Und so bewarb er sich immer dann, wenn der kränkliche Vizekapellmeister Hofmann ausfiel, um die Stelle als Salieris Stellvertreter – ohne aber je berücksichtigt zu werden. Salieri hat auch hier seine Hände mit im Spiel gehabt.

Glück brachte ihm das Ränkespiel freilich nicht. Antonio Salieri überlebte Mozart zwar um 32 Jahre, er starb jedoch (in seiner Wohnung in der Seilergasse) in geistiger Umnachtung.

Als »Mozarts Mörder« wurde Salieri nicht erst seit Milos Formans *Amadeus*-Film verdächtigt, sondern schon bald nach seinem Tod. Hatte er selbst doch in der Irrenanstalt behauptet, Mozart getötet zu haben. Musikhistoriker sind der Ansicht, er wollte damit nur zum Ausdruck bringen, dass er seinen Widersacher bei Hof »beseitigt« hatte.

Mozarts Witwe Konstanze war Salieri ob der ständigen Intrigen nicht böse. Und beschäftigte ihn nach Mozarts Tod als Musiklehrer ihres als Wunderkind geltenden Sohnes Franz Xaver Mozart.

Ein Loch in die Feuermauer

Ludwig
van Beethoven
Wien 1., Mölkerbastei 8

Dass Beethoven kein unkomplizierter Mieter war, zeigt eine Episode, die sich auf seine Wohnung im *Pasqualatihaus* auf der Mölkerbastei bezieht. Der Meister liebte das barocke Miethaus vor allem wegen des schönen Ausblicks, der über das Glacis und die Vorstädte bis zum Kahlenberg reichte. Um aber die Praterauen sehen zu können, musste er sich ziemlich weit über die

Ludwig van Beethoven

Fensterbrüstung lehnen und den Kopf nach rechts wenden. Da sein im vierten Stock gelegenes Zimmer das letzte an der Feuermauer war, ließ Beethoven, um den Blick auf den Prater besser genießen zu können, kurz entschlossen einen Maurer kommen, dem er den Auftrag gab, ein Fenster in die Wand zu brechen. Als der erstaunte Hausherr, Johann Baptist Pasqualati, dagegen Einspruch erhob, kündigte Beethoven grollend seinen Mietvertrag.

Die einzigartige Aussicht ließ ihn jedoch bald wieder zurückkehren. Um bald darauf neuerlich auszuziehen. Aber der Baron Pasqualati kannte seinen unruhigen Gast und sagte zu seinem Verwalter: »Das Logis wird nicht vermietet, Beethoven wird schon wieder kommen.«

Pasqualatihaus: Beethoven wohnte im 4. Stock

Der Komponist kündigte, kam aber tatsächlich in den Jahren 1804 bis 1815 mehrmals zurück, oft auch nur für kurze Zeit. Das *Pasqualatihaus* war einer von rund achtzig Wohnsitzen Beethovens in und um Wien. Als er die Mölkerbastei zum ersten Mal bezogen hatte, war er schwerhörig, bei seinem letzten Aufenthalt in diesem Haus war er vollkommen taub. Er schuf hier die Oper *Fidelio*.

Kein Dreimäderlhaus

Franz Schubert
Wien 4., Kettenbrückengasse 6

Ach, wie schön es doch ist, das kleine Biedermeierpalais auf der Mölkerbastei, zu dem die Touristen pilgern, weil hier der Schubert Franzl ein- und ausgegangen ist. In diesem Gebäude hatte er, so wird's vielsprachig verkündet, Hannerl, Hederl und Heiderl, die drei Töchter des Glasermeisters Tschöll, glücklos verehrt. Die romantische Geschichte vom *Dreimäderlhaus* hat nur einen kleinen Haken: Sie ist frei erfunden, Schubert hat das Haus in seinem ganzen Leben kein einziges Mal betreten.

Wie überhaupt wenig von dem, was man vom Liederfürsten zu sehen, zu lesen und zu hören bekommt, wahr ist – abgesehen von seiner Musik natürlich.

Franz Schubert

Erfinder der *Dreimäderlhaus*-Idylle war ein gewisser Rudolf Hans Bartsch, der 1912 mit dem Schubert-Roman *Schwammerl* eine Reihe von Legenden ersann, die nicht mehr aus der Welt zu schaffen sind. Zumal das Buch als Operette zum Welterfolg wurde.

Die Wirklichkeit sah anders aus: Schubert wohnte »in einer halbdunklen, feuchten und ungeheizten Kammer«, wie eine seiner Unterkünfte von Zeitzeugen beschrieben wurde, und er selbst war dort »in einen alten fadenscheinigen Schlafrock gehüllt, frierend und komponierend« anzutreffen. Siebzehn Jahre lebte er in

Schuberts Wohn- und Sterbehaus

einem Zimmer des seinem Vater gehörenden Schulgebäudes in der Säulengasse 3 auf dem Alsergrund. In der kurzen Zeitspanne, die ihm danach gegeben war, fristete er ein armseliges Leben, meist als Untermieter wohltätiger Freunde wie Franz von Schober und Johann Mayerhofer, wobei Letzterer zu etlichen seiner Lieder die Texte schrieb.

Warum gerade Schubert zum Lieblingsobjekt dichterischer Freiheit wurde, liegt nahe. Erstens hat er wenig Autobiografisches hinterlassen und zweitens passt seine wirkliche Geschichte ganz und gar nicht in das lieblich-verlogene Bild, das so gerne von der Biedermeierzeit gezeichnet wird. Sein Aufenthalt in der Syphilis-Station des *Allgemeinen Krankenhauses* hätte auch nicht sehr gut in einen Schnulzenfilm der fünfziger Jahre gepasst.

Den Eingang in die Kitschindustrie hatte der Liederfürst schon im Jahre 1928 »geschafft«, als sich sein Todestag zum hundertsten Mal jährte. Schubert-Torten, -Zünder, -Taschentücher und -Salzstangerl wurden feilgeboten, und auf einem Werbeplakat war zu lesen: »Der Schubert-Franzl meint: Lispa-Teegebäck hätte es zu meiner Zeit geben sollen! Da hätte ich statt des *Forellenquintetts* ein Lispa-Quintett komponiert.«

Schuberts letztes Zimmer lag in der Wohnung seines Bruders Ferdinand in der Kettenbrückengasse 6, 2. Stock, Tür 17, wo der Liederfürst am 18. November 1828 im Alter von 31 Jahren an Typhus starb. Heute ist in dem Haus eine Schubertgedenkstätte untergebracht.

Der Walzerkrieg

Joseph Lanner
Wien 19., Gymnasiumstraße 87

Die Musiker der Vorstädte wurden damals »Bratlgeiger« genannt, weil sie als Gage in den Wirtshäusern pro Abend nicht mehr als ein gebratenes Stück Fleisch bekamen. Einer von ihnen war Joseph Lanner, der als achtzehnjähriger Sohn eines Handschuhmachers mit zwei anderen Musikern von Lokal zu Lokal zog. Als er einen Violaspieler suchte, stieß er auf den Musiker Johann Strauß (Vater). Dieser übernahm nun als Jüngster der Kapelle die Aufgabe, mit einem Teller durch den Gasthaussaal zu gehen, um für die Musiker ein paar zusätzliche Münzen einzusammeln.

Joseph Lanner

Allzu viele waren's nicht, weshalb Lanner und Strauß »auf der Laimgrube« ein gemeinsames Zimmer bezogen. Zeitweise waren die beiden Freunde so arm, dass sie zusammen nur ein Hemd besaßen. In dieser Zeit konnte immer nur einer ausgehen, und der andere blieb zu Hause.

Die finanzielle Not änderte sich schlagartig, als sie im Sommer 1824 ihren Einstand im Garten des *Prater-Cafés* feierten. Hier fanden sie ihr Publikum, das ständig um Zugaben bat, so dass den Musikern innerhalb kürzester Zeit das Repertoire ausging. Daraufhin beschloss Lanner, eigene Stücke zu schreiben.

Lanner war es, der die Leichtigkeit des Dreivierteltaktes entdeckte und damit den bis dahin als steif empfundenen Walzer aus den Adels-

Lanners Wohnhaus in Oberdöbling

palästen in die Vorstadt holte und populär machte.

Strauß lieferte seine erste Komposition erst, als Lanner krankheitsbedingt ausfiel. Das Lanner-Orchester war bald so gefragt, dass es sich zweiteilte, um an mehreren Plätzen gleichzeitig spielen zu können. Die eine Kapelle wurde von Joseph Lanner dirigiert, die andere von Johann Strauß.

Doch ein Musikant wie Strauß Vater konnte nicht lange die Nummer zwei bleiben, er gründete daher im September 1825 sein eigenes Orchester. Die Trennung der beiden Musiker verlief brutal. Bei der letzten gemeinsamen Vorstellung im Tanzsaal *Zum Bock* auf der Wieden kam es zu einer Wirtshausrauferei, in deren Verlauf Musikinstrumente und Fensterscheiben zerschlagen wurden.

Nach dem »Walzerkrieg« waren die Wiener in zwei Lager geteilt. Die *Lannerianer* besuchten die Lokale, in denen der eine dirigierte, die *Straußianer* die anderen.

Joseph Lanners Werke – allen voran sein *Schönbrunner Walzer* – waren damals genauso populär wie die von Strauß. Jedes der beiden Orchester hatte in der Ballsaison bis zu 200 Mann und spielte, umjubelt von seinen Fans, in allen großen Konzertsälen auf.

Wie Strauß Vater hatte auch Lanner drei hoch begabte Kinder. Doch da sie alle in jungen Jahren starben, war es ihm nicht vergönnt, seinen Namen in ihnen fortleben zu lassen.

Im Jahre 1841 ließ Lanner sich ein Haus in Oberdöbling – auf der Höhe der heutigen Gymnasiumstraße – bauen. Einer zeitgenössischen Schilderung zufolge war im Erdgeschoss die Köchin untergebracht, während er selbst mit seiner Freundin Marie Kraus zwei kleine Zimmer im ersten Stock bewohnte. *Der Vater des Dreivierteltakts* starb hier – nur 42 Jahre alt geworden – am 14. April 1843.

Das Haus wurde Anfang des 20. Jahrhunderts abgetragen, auf dem Areal befindet sich heute ein Studentenheim, das 1968 durch eine spektakuläre Aktion des Malers Friedensreich Hundertwasser* berühmt werden sollte.

Radetzkys Marsch

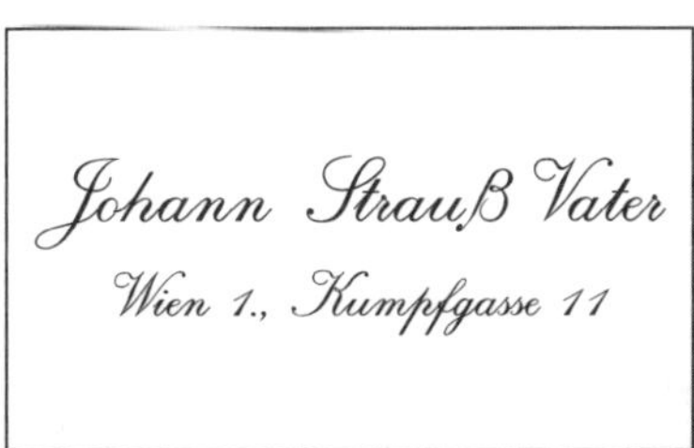

Es war im Frühsommer 1848, da betrat Johann Joseph Wenzel Graf Radetzky das Gastzimmer einer kleinen Buschenschenke. Er bestellte ein Glas Weißwein und setzte sich an den Tisch des Grafen Auersperg.

»Wo waren Exzellenz so lange?«, fragte Auersperg den Feldherrn, während sich der Wirt zur Schank begab.

»Ich war Gast bei einer Soiree«, antwortete der Feldmarschall.

»Wie schön!«

»Überhaupt nicht schön«, schnaubte der schon mehr als achtzig

* Siehe Seite 278 ff.

Johann Strauß Vater

Jahre alte Radetzky. »Wo immer Sie heutzutage hinkommen, werden diese verdammten Walzer gespielt, immer nur Walzer. Und alle sind sie von diesem ... wie heißt er denn nur?«

»Johann Strauß«, half Auersperg.

»Ja, vom Strauß. Seine gemütlichen Walzer machen uns noch das ganze Soldatenleben kaputt. Eins, zwei, drei, eins zwei, drei ... Angefangen hat das schon beim *Wiener Kongress*, auf dem nur getanzt statt verhandelt wurde. Und was haben sie getanzt? Walzer! Und während sie getanzt haben, ist der Napoleon aus Elba zurückgekehrt, und Tausende unserer braven Soldaten mussten ins Gras beißen.«

»Ja, aber was kann denn da der Walzer dafür?«, wollte Auersperg wissen, während der Wirt den Wein für Radetzky servierte.

Nebenan, am Künstlerstammtisch, lauschte ein Herr mit Künstlermähne, den die Antwort mindestens so interessierte wie den Grafen Auersperg.

»Sie wollen wissen, was der Walzer dafür kann? Passen Sie auf«, sagte Radetzky. »Dieselbe Gemütlichkeit, die damals beim *Kongress* herrschte, hat die Wiener in eine Duliöhstimmung gebracht, die nichts mit der harten Wirklichkeit zu tun hat. Unser Kaiser braucht Soldaten und keine Walzertänzer. Wenn dieser Strauß wenigstens einen einzigen anständigen Marsch zusammenbringen würde – aber das kann er ja nicht. Ebenso wenig wie sein Sohn übrigens, den sie überall Schani nennen. Mir können sie alle gestohlen bleiben mit ihrem ganzen Dreivierteltakt!«

Der am Nebentisch sitzende Herr mit Künstlermähne griff verärgert nach seinem Hut und zahlte. »Ich soll keinen Marsch komponieren können?«, sagte Johann Strauß Vater – der zufällig Zeuge des Gesprächs geworden war – leise zu sich und ging.

Auf dem Heimweg fällt ihm eine Melodie ein, die er dann in seiner Wohnung niederschreibt.

Dadadam-Dadadam-Dadadamdamdam …

Diesmal ist's kein Walzer, sondern ein Marsch. Und er nennt ihn, dem am Nebentisch sitzenden Feldherrn zu Ehren, *Radetzkymarsch*.

Das Gespräch ist eine zeitgenössische Überlieferung, deren Wahrheitsgehalt nicht zu überprüfen ist. Fest steht, dass der Marsch in Anwesenheit des Grafen Radetzky am 31. August 1848 beim »Siegesfest zur Rückkehr der tapferen k. k. Armee in Italien« auf dem Wiener Wasserglacis uraufgeführt wurde.

Strauß Vaters Wohn- und Sterbehaus

Strauß Vater wohnte damals, gemeinsam mit der Modistin Emilie Trampusch und den fünf Kindern aus dieser Lebensgemeinschaft, im *Ramhof* in der Kumpfgasse. Und dort starb er auch, nur ein Jahr nachdem er seine berühmteste Komposition geschaffen hatte. Als Josef Strauß am 25. September 1849 die Nachricht vom Tod des Vaters erhielt, eilte er in die Kumpfgasse, wo er den Leichnam verlassen in einem Zimmer auffand – die Freundin hatte die Wohnung mit ihren Kindern fluchtartig verlassen.

Dem Testament entsprechend, erbten Emilie und ihre Töchter und Söhne das gesamte Hab und Gut des Musikers, während dieser die ehelichen Kinder auf den Pflichtteil gesetzt hatte. Das Haus, in dem der *Radetzkymarsch* entstanden war, wurde 1914 abgetragen.

Wann ist die Donau blau?

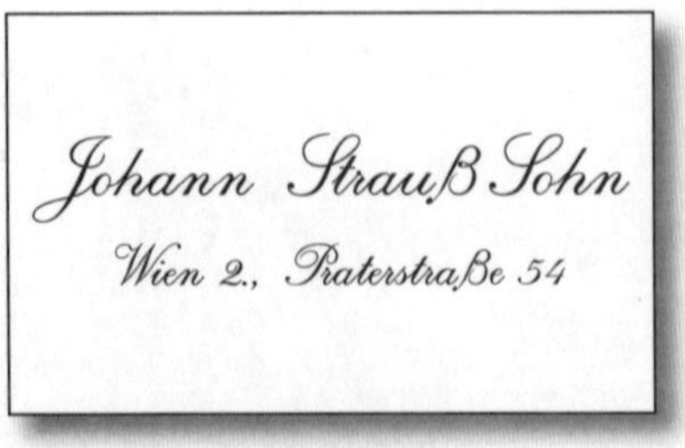

Eine Liebeserklärung an die Donau war der *Donauwalzer* sicher nicht. Wenn Johann Strauß irgendetwas für diesen Fluss empfunden hat, dann war es eher Hass als Liebe. Denn die Donau trat fast jedes Jahr aus ihren Ufern und bedrohte viele Wiener. Der Komponist hatte das in seiner frühen Kindheit selbst miterlebt, er war damals mit seinen Eltern in der Leopoldstadt zu Hause gewesen und musste mit ihnen öfter über Nacht ausziehen, weil das Hochwasser nach der Eisschmelze durch die Fenster in die Stuben floss.

Johann Strauß Sohn

Als Strauß 1867 den *Donauwalzer* komponierte, wohnte er schon wieder in der Leopoldstadt, nachdem er aus seiner ersten Stadtwohnung, in der Weihburggasse 2, ausgezogen war. Er setzte sich ans Klavier seiner Wohnung in der Praterstraße und schrieb den Walzer *An der schönen blauen Donau*, der zum ersten großen musikalischen Wurf seines Lebens und zu einem Jahrhundertwerk werden sollte.

Doch es dauerte noch lange, ehe die Melodie zur heimlichen Hymne der Österreicher wurde. Das lag natürlich weniger an der genialen Musik, als an der Tatsache, dass der Strom in den sechziger Jahren des 19. Jahrhunderts noch immer unreguliert, in mehreren Armen durch Sumpf- und Wiesenland an Wien vorbei floss. Den meisten Wienern war gar nicht bewusst, dass Wien an der Donau lag.

Das Wohnhaus des »Walzerkönigs« auf der Praterstraße

Dazu kamen die eher dümmlichen Worte, die der Feder des Polizeibeamten Josef Weyl entstammten: »Wiener, seid froh! Oho, wieso?« – das konnte nicht gut gehen. Erst mit dem neuen Text »Donau, so blau, durch Flur und Au«, den der Wiener Oberlandesgerichtsrat Franz von Gernerth im Jahre 1890 schuf, erlangte die Melodie ihren Durchbruch. Nicht, dass der Text jetzt literarisch bedeutsamer gewesen wäre, aber die Donau war durch ihre mittlerweile erfolgte Regulierung wirklich zu einem Teil der Stadt geworden. Und jetzt verstanden die Wiener auch, warum man die Donau besingen sollte.

Nur über die Farbe »so blau« mokierte man sich auch nach Jahrzehnten noch. In einer 1935 durchgeführten Untersuchung wurde festgestellt, dass die Donau bei Wien sechs Tage im Jahr braun, 55 lehmgelb, 38 schmutziggrün, 49 Tage hellgrün, 47 Tage grasgrün, 24 stahlgrün, 109 smaragdgrün, 37 dunkelgrün – aber niemals blau ist.

Was macht's. Gesungen hat man den Donauwalzer sowieso nie, weder in der alten noch in der neuen Textversion. 23 Jahre hat man auf einen neuen Text gewartet. Um ihn dann erst recht wegzulassen.

Johann Strauß hat die Praterstraße im Jahre 1870 verlassen, um eine kleine Villa in der Maxingstraße vis-à-vis von *Schloss Schönbrunn* zu beziehen. Wenige Jahre nachdem dort die Musik zur *Fledermaus* entstanden war, fand er in einem für ihn gebauten zweistöckigen Palais in der heutigen Johann-Strauß-Gasse (damals Igelgasse) in Wiens viertem Bezirk seine letzte Wohnstätte.

Den Ringtheaterbrand überlebt

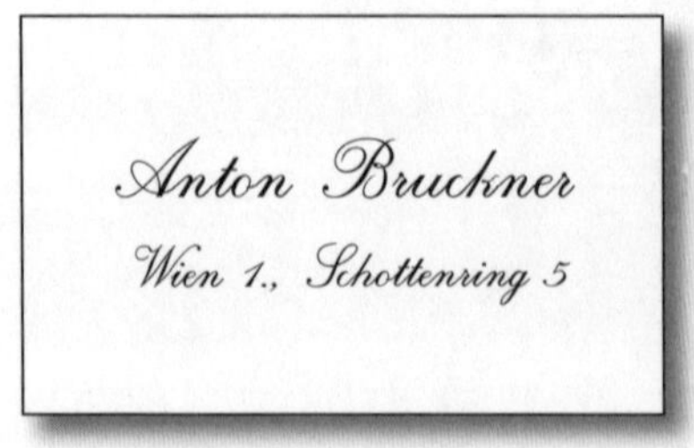

Einem glücklichen Zufall hatte es Anton Bruckner zu danken, dass er die größte Brandkatastrophe in der Geschichte Wiens überlebte. Der Sohn eines Dorfschullehrers aus Ansfelden wohnte seit 1877 in dem an das Ringtheater grenzenden Eckhaus Schottenring/Hessgasse. Er hatte für die Vorstellung von *Hoffmanns Erzählungen* am 8. Dezember 1881 bereits Karten besorgt, blieb jedoch – da er sich nicht wohl fühlte – zu Hause.

Anton Bruckner

Und wurde Zeuge des schrecklichen Geschehens in seiner unmittelbaren Nachbarschaft. Bruckner musste von seinen Fenstern aus mitansehen, wie das Bühnenhaus in einem Flammenmeer unterging. Und wie 384 Leichen aus dem Theater getragen wurden.

Er litt von da an unter einem schrecklichen Trauma, hatte panische Angst vor Feuer, konnte keine Petroleumlampen mehr verwenden, weil er sich ständig vor Explosionen fürchtete.

Bruckners Wohnhaus am Ring (rechts neben dem Ringtheater)

Da er die Nähe der gespenstischen Ruine des Ringtheaters nicht mehr ertrug, ersuchte er um Zuteilung einer anderen Wohnung. Diese wurde ihm erst 1895 bewilligt, als er, unter der Wassersucht leidend, nicht mehr Stiegen steigen konnte. Jetzt stellte ihm Kaiser Franz Joseph (auf Intervention seiner Tochter Marie Valerie, bei deren Hochzeit in Bad Ischl Bruckner auf der Orgel gespielt hatte) eine ebenerdig gelegene Wohnung im *Oberen Belvedere* zur Verfügung, in der er ein Jahr später im Alter von 72 Jahren starb.

»Ich bin kein Graf, ich bin ein Jud«

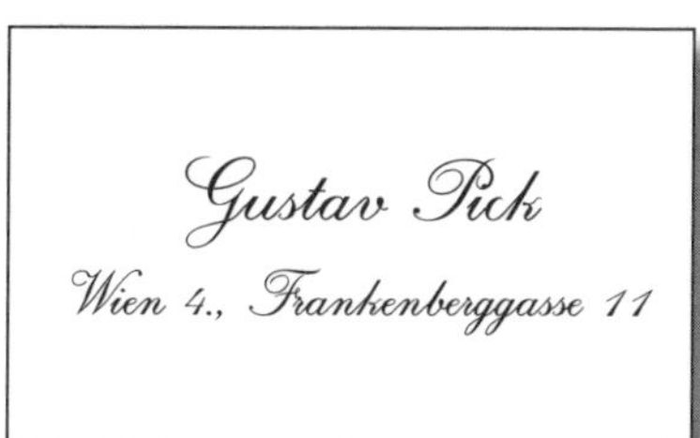

I bin halt a echt's Weana Kind« ist die berühmteste Zeile aus seinem *Fiakerlied*, dabei war Gustav Pick – wie so viele Wiener – ein nicht ganz echt's Weana Kind. Er war als Dreizehnjähriger mit seinen Eltern aus dem ungarischen (und heute burgenländischen) Markt Rechnitz in die Haupt- und Residenzstadt gekommen, wo er es zum wohlhabenden Kaufmann brachte.

Gustav Pick

Da er in seiner Freizeit Wienerlieder schuf, wurde der aristokratisch wirkende Pick eines Tages vom Grafen Hans Wilczek gebeten, zugunsten der *Wiener Freiwilligen Rettungsgesellschaft* (deren Präsident Wilczek war) ein Lied zu komponieren. »Pick hat lange daran gearbeitet«, erinnerte sich Wilczek später. »Die Generalprobe fand in seiner Wohnung vor den Fiakern Hirschmann und Bratfisch, dem Leibfiaker des Kronprinzen Rudolf, statt.«

Als Publikumsliebling Alexander Girardi das Lied, dem er selbst »keine besondere Lebensdauer« gab, am 24. Mai 1885 in der Prater-Rotunde aus der Taufe hob, erkannten die Wiener Fiaker sofort, dass ihrem Berufsstand ein einzigartiges Denkmal gesetzt worden war.

Gustav Pick, der mit dem Grafen Wilczek eng befreundet war, besuchte diesen eines Tages auf seinem Gut in Seebarn. Der Komponist wurde durch Wilczeks Jagdmeister vom nahe gelegenen Bahnhof abgeholt und begrüßt: »Sind Euer Durchlaucht gut gereist?«

»Ich bin keine Durchlaucht.«

»Verzeihen, Euer Erlaucht!«

»Ich bin kein Graf, ich bin ein Jud.«

Darauf der Jagdmeister: »Oh, entschuldigen Sie, Herr Baron.«

Als Gustav Pick 1921 im Alter von 88 Jahren starb, gaben ihm die Wiener Fiaker das letzte Geleit zum Zentralfriedhof.

Die Oper des Erzherzogs

Kurz nachdem Mahler Wiens Operndirektor geworden war, bezog er eine neue in der Auenbruggergasse im dritten Bezirk gelegene Wohnung, in die – eine Sensation für das Jahr 1898 – sogleich ein Diensttelefon installiert wurde, um eine ständige Verbindung mit dem Opernhaus zu ermöglichen. Zunächst führte seine Schwester Justine den Haushalt, die ihn umsorgte und vor ungebetenen Gästen abschirmte. Als Mahler fünf Jahre später Alma Schindler heiratete, fügte es sich, dass am Tag danach seine Schwester dem Konzertmeister Arnold Rosé das Jawort gab, was dazu führte, dass das Szepter im Mahlerschen Haushalt konfliktfrei übergeben werden konnte.

Gustav Mahler

Auch als Ehemann veränderte er seinen Tagesablauf nicht. Punkt dreiviertelzwei stand Mahler vor seiner Haustür, klingelte am Dienstboteneingang – das Zeichen für die Köchin, das Essen aufzutragen – und stieg die vier Stockwerke zu seiner Wohnung hinauf. Nach dem Mittagessen unternahm er einen Spaziergang, dann ging er wieder zurück in die Oper.

Dort erwartete ihn eines Tages Erzherzog Peter Ferdinand, ein entfernter Verwandter des Kaisers, aus der toskanischen Linie des Hauses Habsburg. Wie befürchtet, hatte der musikbegeisterte Prinz eine Oper geschaffen, deren Aufführung er erwartete. Und er vergaß nicht, darauf hinzuweisen, dass dies »der ausdrückliche Wunsch Seiner Majestät des Kaisers« sei.

Gustav Mahlers Wohnhaus in der Auenbruggergasse

Mahler hinterließ uns, wie er darauf reagierte: »Ich habe zu dem Erzherzog gesagt: ›Es tut mir leid, kaiserliche Hoheit, aber ich kann nicht Wünsche, sondern nur Befehle Seiner Majestät erfüllen. Wenn mir der Kaiser befiehlt, Ihre Oper aufzuführen, werde ich es tun. Nur werde ich dann ins Programmheft drucken lassen: Auf Befehl Seiner Majestät Kaiser Franz Josephs, Erstaufführung der Oper Soundso von Erzherzog Peter Ferdinand.‹«

Die Oper blieb unaufgeführt.

Mahler blieb fast jeden Abend – auch wenn er nicht dirigierte – in der Vorstellung, meist kam Alma und setzte sich zu ihm in die Direktionsloge. Dann gingen sie Seite an Seite nach Hause in die Auenbruggergasse, nahmen gemeinsam das Abendessen ein, und er bat sie gelegentlich noch, ihm etwas vorzulesen.

Die Tragödie eines Komponisten

Die Tragödie hatte im Herbst 1897 begonnen. Der 37-jährige Hugo Wolf arbeitete an seiner Oper *Der Corregidor*, von deren Uraufführung an der Wiener Oper er träumte. Freilich geriet er bei den Verhandlungen mit Hofoperndirektor Gustav Mahler in eine derart heftige Kontroverse, dass das Projekt scheiterte.

Von dem Rückschlag schwer getroffen, steigerte sich Hugo Wolf in den Wahn, selbst Direktor der Hofoper geworden zu sein und damit alle Hindernisse aus dem Weg räumen zu können. Als er am 20. September völlig verstört bei Freunden in Mödling auftauchte und sich als neuer Operndirektor ausgab, erkannte ein anwesender Arzt die Dringlichkeit der Situation und leitete die Einweisung des Komponisten in eine geschlossene Anstalt in die Wege. Es war bereits nach neun Uhr abends, als der Wagen mit Hugo Wolf in Wien eintraf. In der *Privatnervenanstalt Svetlin* erklärte man seinen Begleitern, dass man um diese Zeit keine Patienten mehr aufnehmen könne, weshalb er von den Freunden in seine Wohnung in der Schwindgasse gebracht wurde, die ihn am nächsten Tag einliefern wollten.

Hugo Wolf

Als sie am nächsten Morgen wieder kamen, erklärte Hugo Wolf, sich in seiner Eigenschaft als neuer Direktor der Hofoper beim Obersthofmeister Fürst Liechtenstein vorstellen zu müssen. Zu diesem feierlichen Anlass zog er seinen Frack an und wartete auf die Equipage des Fürsten, die ihn abholen sollte. Stattdessen stieg der Komponist in den Anstaltswagen, der ihn in das Sanatorium brachte.

Dort verbesserte sich sein Zustand zunächst, so dass Hugo Wolf im Jänner 1898 entlassen und ins Salzkammergut gebracht werden konnte. Da er auf dieser Reise einen Selbstmordversuch unternahm, wurde er nun in die *Niederösterreichische Landesirrenanstalt* in der Wiener Lazarettgasse gebracht. Er hat diese nie mehr verlassen und starb dort am 22. Februar 1903 im Alter von nur 42 Jahren.

In die österreichische Musikgeschichte ging er als bedeutendster Liedkomponist neben Franz Schubert ein.

Kammersänger und Demelinerin

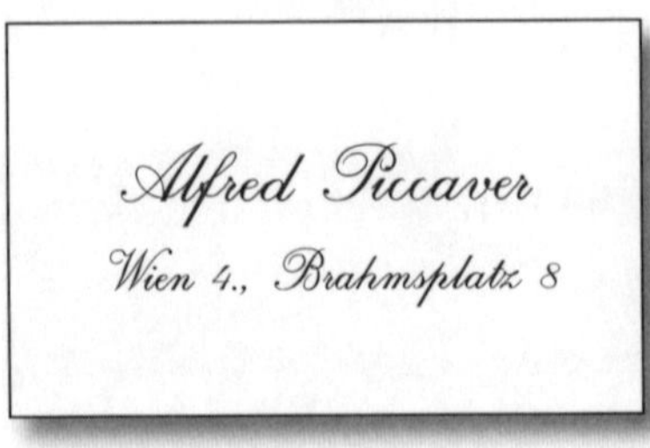

Vielen blieb er als »König der Absager« in Erinnerung, weil er mehr Vorstellungen versäumt als gesungen hat, weshalb im Opernhaus auch gewitzelt wurde: »Herr Piccaver hat seine Indispositionen getroffen.« Dennoch war Alfred Piccaver einer der großen Lieblinge der Wiener.

Der gebürtige Brite hatte seine ersten Erfolge als Tenor in Prag gefeiert, ehe ihn Hofoperndirektor Felix von Weingartner 1910 nach Wien holte, wo er sich mit vielen Verdi- und Puccini-Partien in die Herzen des Publikums sang. Piccaver wurde ein angesehenes Ensemblemitglied und bezog eine herrschaftliche Wohnung auf der Wieden.

Alfred Piccaver

In Wien verliebte er sich auch, und zwar in eine als »schöne Martha« bezeichnete Serviererin der Hofzuckerbäckerei Demel. Sehr zum Missbehagen der Anna Demel übrigens, deren Personal es ausdrücklich untersagt war, mit der p. T. Kundschaft in privaten Verkehr zu treten. Das spielte aber bald keine Rolle mehr, da Piccaver seine Martha vor den Traualtar führte.

Leider nahm die Romanze ein tragisches Ende. Die »schöne Martha« ging ein Verhältnis mit einem verheirateten Grafen ein, dessen Gemahlin dem Liebespaar auflauerte und Frau Piccaver in einem Anfall von Eifersucht eine Flasche Vitriol ins Gesicht schüttete. Die Gemahlin des Kammersängers blieb für den Rest ihres Lebens entstellt.

»Du bist die Welt für mich«

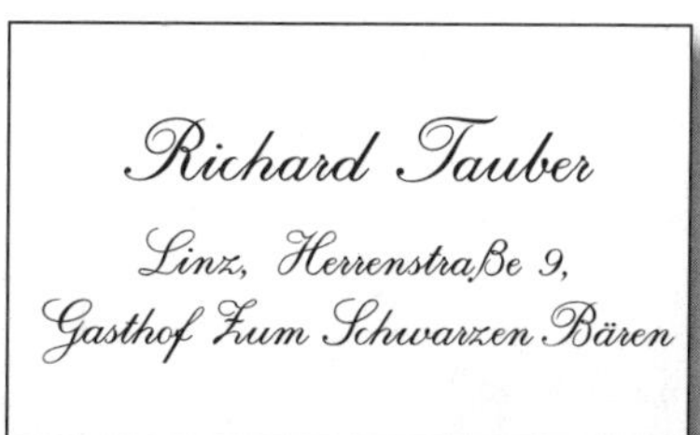

Einer, der von den vielen Absagen Alfred Piccavers profitierte, war Richard Tauber, der 1920 für den wieder einmal erkrankten Startenor in Puccinis *La Bohème* an der Wiener Staatsoper einsprang und damit seine Weltkarriere begründete. Tauber wurde zum populärsten Opern- und Operettenstar seiner Zeit, ohne dabei seine Wurzeln in Linz an der Donau zu vergessen, wo er am 16. Mai 1891 das Licht der Welt erblickt hatte.

Seine Mutter Elisabeth Seiffert war Soubrette am Linzer Landes-

Richard Tauber

theater, an dem auch der aus Pressburg stammende jugendliche Liebhaber, Richard Anton Tauber, engagiert war, in den sie sich verliebte. Der Affäre entsprang der kleine Richard, der im Linzer *Gasthof Zum Schwarzen Bären* zur Welt kam; die kleine düstere Kammer war ihr vom Landestheater als »Dienstwohnung« zur Verfügung gestellt worden.

Richard Anton Tauber wusste zunächst nichts von der Existenz seines Sohnes, befand er sich doch, als dieser geboren wurde, auf Amerikatournee. Erst nach seiner Rückkehr löste der aus einer reichen Weinhändlerfamilie stammende Schauspieler den kleinen Richard aus einem primitiven Pflegeplatz in Urfahr aus und sorgte für eine standesgemäße Unterbringung in Linz.

Richard Taubers Geburtshaus Zum schwarzen Bären

Richard Taubers Eltern kamen nicht mehr zusammen, sein Vater hatte zahlreiche Liebschaften und war zweimal verheiratet, sorgte aber für eine gute Ausbildung des Sohnes und adoptierte ihn, als er 22 war, wodurch Richard Seiffert zu seinem Namen Tauber kam. Als er den Wunsch äußerte, Sänger zu werden, erklärte man ihm, dass seine Stimme unzureichend wäre.

Seine Karriere war dennoch nicht aufzuhalten und

führte ihn um die ganze Welt, vor allem mit den Operetten von Franz Lehár, der ihm die »Tauber-Lieder« auf den Leib schrieb. Der Sänger komponierte auch selbst, wobei *Du bist die Welt für mich* sein erfolgreichster Schlager war.

Nach Österreichs »Anschluss« an Hitler-Deutschland emigrierte Tauber nach London, wo er neun Jahre später starb. Am 16. Mai 1952 wurde vom Linzer Bürgermeister Ernst Koref am Eingang des *Gasthofs Zum Schwarzen Bären* in der Herrenstraße eine Tafel mit der Aufschrift »Der Tenor Richard Tauber wurde am 16. Mai 1892 in diesem Haus geboren« enthüllt. Der Hinweis musste später korrigiert werden, da die Linzer Stadtväter ihrem großen Sohn auf den Leim gegangen waren: Tauber war in Wirklichkeit ein Jahr früher zur Welt gekommen und hatte sich aus Eitelkeit stets jünger gemacht.

Ein Bühnenunfall mit Geschichte

Seit 1912 an der Wiener Hofoper, wurde Maria Jeritza bald zur »Primadonna assoluta«. Ein Jahr nach ihrem Debüt kam es zu einem »Bühnenunfall«, der Operngeschichte schrieb: Giacomo Puccini war nach Wien gekommen, um die Proben seiner Oper *Tosca* zu überwachen. Unmittelbar vor dem Gebet der Tosca fiel die Jeritza durch eine ungeschickte Bewegung vom Sofa und blieb auf dem Boden liegen. Peinlich berührt, rief sie dem im Zuschauerraum sitzenden Komponisten von der Bühne her »Scusi, Maestro!« zu. Puccini, sichtlich angetan von der Situation, schrie

Maria Jeritza

zurück: »No, via, va bene così!« (»Weiter, weiter, gut so!«) Also blieb die Jeritza während des Gebets auf dem Boden liegen – und so wurde und wird die Szene von vielen ihrer Nachfolgerinnen gesungen.

Nach ihrer Hochzeit mit dem Wiener Industriellen Leopold Popper von Podhragy wohnte die Jeritza in einer herrschaftlichen Wohnung Ecke Stallburggasse/Bräunerstraße. In dem im Jahre 1910 erbauten *Bräunerhof* logierte auch Prominenz wie Hugo von Hofmannsthal, Max Mell, Alfred Polgar und Engelbert Dollfuß.

Die Jeritza wohnte im Haus Stallburggasse 2

Oft zog die riesige Gemeinde der Jeritza-Fans nach einer Vorstellung an der nahen Staatsoper in die Stallburggasse und wartete, um der Gefeierten zujubeln zu können. Es kam vor, dass sich irrtümlicherweise Bundeskanzler Dollfuß an seinem Fenster zeigte, wobei es den Wartenden »peinlich war, ihm zu bedeuten, dass sie eigentlich nicht ihn gemeint hatten«.*

* nach einer Erzählung von Marcel Prawy

Mit dem Kaiser auf Du und Du

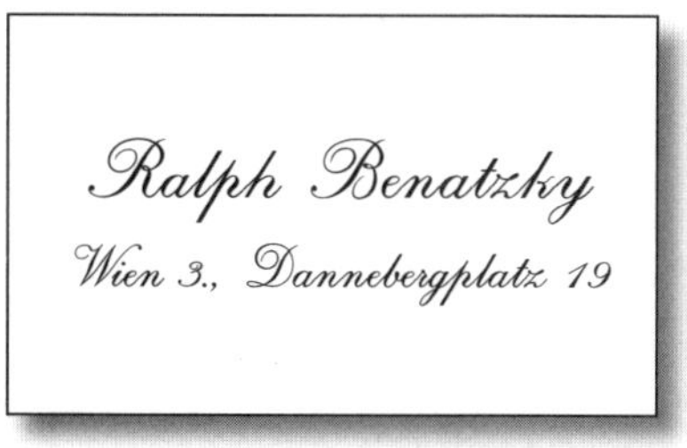

Viele Dichter und Musiker fühlten sich nach Ausbruch des Ersten Weltkriegs bemüßigt, Texte und Musik zu patriotischen Liedern zu schreiben, um auf diese Weise das Zugehörigkeitsgefühl der Bevölkerung zur Monarchie und zu Kaiser Franz Joseph zu stärken. Einer von ihnen war Ralph Benatzky, dessen Durchhalte-Operette *Drei Bilder aus unseren Tagen* schon am 22. September 1914 in Wien Premiere hatte. Von den Chansons, die er für das rührselige Stück komponierte, sollte nur eines überleben: *Draußen im Schönbrunnerpark*, das eine Verherrlichung des 84-jährigen Monarchen darstellt.

Die ersten Zeilen des von Fritz Grünbaum getexteten Liedes lauten:

»Draußen im Schönbrunnerpark, sitzt ein alter Herr/Sorgenschwer/Gibt in aller Herrgottsfrüh/Schon für unser Wohl sich Müh/Gönnt sich nimmer fast/Ruh und Rast/Lieber, guter alter Herr/Mach' dir doch das Herz net schwer/Dass sie so an Kaiser hat/Selig ist die Weanastadt.«

Ralph Benatzky

Das Unglaubliche geschah: Benatzky wurde etwas später eingeladen, das populär gewordene Wienerlied vor der kaiserlichen Familie in *Schönbrunn* aufzuführen. Der knapp dreijährige Erzherzog Otto soll von der Vorführung so angetan gewesen sein, dass er den Refrain mitsang. Nur der Kaiser selbst ließ keinerlei Reaktion erkennen.

Das enttäuschte den jungen Komponisten, zumal der Text eine einzige Liebeserklärung an den greisen Monarchen darstellte. Ein Diener, dem Benatzkys traurige Miene nicht verborgen blieb, nahm ihn zur Seite und sagte: »Es hat Ihm eh g'fallen. Nur dass Sie Ihn im Lied geduzt haben, das war Seiner Majestät z'viel.«

Das Lied tauchte 1930 in Benatzkys Welterfolg *Im Weißen Rössl* noch einmal auf – mit der neuen, ebenfalls von der Figur des Kaisers gesungenen Textversion *'s is einmal im Leben so.*

Zu diesem Zeitpunkt hatte Benatzky seine Wohnung am Arenbergpark (dem heutigen Dannebergplatz) bereits verlassen und mit seiner Frau Josma Selim eine Villa in der Nussberggasse bezogen. Damit wohnte er jetzt ganz nahe jener Gegend, der er eines der populärsten Wienerlieder gewidmet hatte: *Ich muss wieder einmal in Grinzing sein …*

Ein Schlössl für den Herrn Direktor

Richard Strauss
Wien 3., Jacquingasse 8–10

Als Richard Strauss 1919 Direktor der Wiener Staatsoper wurde, war die Republik bemüht, eine repräsentative Unterkunft für den bedeutendsten lebenden Komponisten zu finden. Eine vorerst in der Mozartgasse 4 zur Verfügung gestellte Wohnung war seiner Frau Pauline zu düster, weshalb dem Ehepaar von Vertretern der Stadt Wien zwei Bauplätze in Schönbrunn gezeigt wurden, die Strauss jedoch vom Opernhaus zu weit entfernt waren. Erst der ihm vorgeschlagene, zum *Belvederepark* gehörende *Kammergarten* in der Jacquingasse fand des Meisters Zustimmung.

Man bot ihm eine neunzigjährige Pacht des Grundstücks an, das nach Ende dieser Frist – samt einem von Strauss zu errichtenden Haus – an die Stadt Wien zu retournieren wäre. In zähen Verhandlungen erreichte der Operndirektor jedoch, dass das prachtvolle Grundstück in sein Eigentum übergehen würde, wofür er sich verpflichtete, der Österreichischen Nationalbibliothek drei Originalpartituren – darunter die des *Rosenkavalier* – zur Verfügung zu stellen und darüber hinaus an hundert Opernabenden auf seine Gage als Dirigent zu verzichten. »Obwohl ich die an sich großzügige Geste zu schätzen weiß«, erklärte Strauss nach Abschluss des Vertrages, »muss doch gesagt werden, dass ich mein Grundstück mit 60 000 Dollar für die Partituren und 200 000 Schilling fürs Dirigieren im Endeffekt angemessen, wenn nicht gar zu teuer bezahlt habe.«

Richard Strauss

Strauss zog sich für zwei Wochen nach Venedig zurück, um dort gemeinsam mit dem Wiener Architekten Michael Rosenauer alle Details zur Errichtung einer Zweifamilien-Villa zu planen, die mit der Barockarchitektur des benachbarten *Belvedere-Schlosses* harmonieren würde. Das Erdgeschoss war für seinen Sohn Franz und Schwiegertochter Alice bestimmt, die Beletage für den Komponisten und seine Frau. Richard Strauss wollte sich mit dem Bauwerk seinen Lebenstraum erfüllen: Ein Haus, das groß genug war, um all seinen Kunstgegenständen Platz zu bieten, die er auf zahlreichen Tourneen rund um die Welt erworben hatte. So wurden Raumhöhe und Größe der Salons nach den vorhandenen Möbeln, Bildern und Wandteppichen dimensioniert.

Als Strauss mit seiner Familie das viel bestaunte Gebäude Ende des Jahres 1925 bezog, war er zwar nicht mehr Operndirektor, aber die Villa

Paradies im Belvederepark: Das Strauss-Schlössl in der Wiener Jacquingasse

stand dennoch im Mittelpunkt großer gesellschaftlicher Ereignisse. Das Ehepaar gab Diners, Empfänge und Musikabende für ein ausgewähltes Publikum, zu dem die Großen der Zeit wie Clemens Krauss, Wilhelm Kienzl, Wilhelm Furtwängler, Lotte Lehmann, Leo Slezak, Erich Wolfgang Korngold, Gerhart Hauptmann und Hugo von Hofmannsthal zählten.

Zuletzt war Strauss im Juni 1944 hier, um seinen 80. Geburtstag zu feiern. Danach reiste die Familie wegen der erhöhten Bombengefahr in ihre Villa nach Garmisch-Partenkirchen.

Als man nach Kriegsende das Verschwinden des wertvollen Tafelsilbers aus dem *Strauss-Schlössl* feststellte, wurde der Portier verhaftet und zu einer Gefängnisstrafe verurteilt. Pauline Strauss war konsterniert, hatte sie doch eigens einen bayerischen Hauswart eingestellt, weil sie den Österreichern misstraute.

Das palaisartige Gebäude wurde nach Richard Strauss' Tod im Jahre 1949 an die niederländische Botschaft vermietet, als deren Residenz es heute noch dient. Hauseigentümer sind die beiden Enkel des Komponisten.

»Mödlinger Schule«

Seine »Wiener Schule« hat die Musik des 20. Jahrhunderts revolutioniert. Richtiger wäre es allerdings, sie »Mödlinger Schule« zu nennen, da die Zwölftonmusik in der kleinen Stadt in der Nähe von Wien ihre Geburtsstunde hatte. Arnold Schönberg lud im Februar 1923 Freunde und Schüler in sein Haus in der Bernhardgasse ein, um ihnen »Grundzüge der Methode der Komposition mit zwölf nur aufeinander bezogenen Tönen« zu erklären und einige Beispiele vorzuspielen. Damit begann ein neues Kapitel in der Musikgeschichte, mit dem Schönberg jahrhundertealte musikalische Gesetze über den Haufen warf.

Arnold Schönberg

Später prominent gewordene Schüler wie Alban Berg, Anton von Webern und Hans Eisler legten die fünfzehn Kilometer von Wien nach Mödling zum Teil noch zu Fuß oder mit der Dampftramway zurück. Aber auch Oskar Kokoschka, Richard Gerstl und Egon Schiele kamen, um den *Vater der Zwölftonmusik* in seinem Mödlinger Haus zu porträtieren.

Jeder seiner Freunde kannte Schönbergs beinahe krankhafte Aversion gegen die Zahl dreizehn. Eine Wahrsagerin hatte dem am 13. Dezember 1874 in Wien geborenen Komponisten in seiner Jugend prophezeit, dass ihm die Zahl dreizehn Unglück bringen würde. Er hat

Schönbergs Villa in Mödling bei Wien

sein ganzes Leben danach eingerichtet, der »Dreizehn« aus dem Weg zu gehen, hat sich im Theater nie in die dreizehnte Reihe gesetzt, entsprechende Termine abgesagt oder verschoben. Freunde witzelten sogar, dass die Zwölftonmusik eigentlich Dreizehntonmusik heißen müsste, Schönberg aber den letzten Ton als Folge seines Aberglaubens weggelassen hätte. Fest steht, dass er den Titel seiner Oper *Moses und Aron* mit voller Absicht falsch geschrieben hat, weil er bei korrekter Schreibweise – *Moses und Aaron* – aus dreizehn Buchstaben bestanden hätte.

Arnold Schönberg starb am Freitag, dem 13. Juli 1951 in Los Angeles.

Im Städtchen Mödling hatte er sieben Jahre verbracht, ehe er es 1925 in Richtung Berlin verließ, um einen Posten als Kompositionslehrer an der Akademie der Künste anzunehmen. 1933 emigrierte er in die USA.

In den Jahren 1983 bis 1990 wählte Schönbergs Freund und »Zwölfton-Kollege« Ernst Krenek Mödling als Sommersitz und wohnte im ersten Stock des *Schönberghauses*.

FERDINANDA UND SOPHIE

Sein Danilo ging, wenn er das Vergnügen suchte, ins Maxim, um sich dann doch für *Die Lustige Witwe* zu entscheiden. Franz Lehár, der Schöpfer dieser Operette, war nicht ganz so leichtlebig. Hat er doch den Verlust seiner Jugendliebe Ferdinanda Weißenberger, um deren Hand er 1903, als 33-jähriger Kapellmeister, angehalten hatte, nie überwunden. Ferdinandas Tante, die legendäre Anna Sacher, untersagte ihr die Beziehung »mit dem Hungerleider«, worauf das Mädchen einen Bauunternehmer heiraten musste. Ferdinanda und Franz Lehár haben einander nie aus den Augen verloren.

Franz Lehár

Zwei Jahre nach der Ablehnung durch Anna Sacher war »der Hungerleider« dank des Welterfolgs der *Lustigen Witwe* ein vielfacher Millionär – der das *Sacher*, als es in den zwanziger Jahren in den Konkurs schlitterte, spielend hätte retten können.

Lehár – von dem der Satz überliefert wurde »Die Frauen sind Luft für mich, aber ich kann ohne Luft nicht leben« – fand nach seiner großen Enttäuschung bei Ferdinandas bester Freundin Sophie Trost, die ihrerseits jedoch verheiratet war. Also konnte der Meister, den damaligen Konventionen gehorchend, auch mit Sophie nicht zusammen leben. Es dauerte zwanzig Jahre, bis Sophie Meth geschieden war, Lehár sie 1924 ehelichen und mit ihr einen gemeinsamen Haushalt gründen konnte.

Franz Lehárs Villa in Bad Ischl

Der berühmte Komponist besaß zu diesem Zeitpunkt bereits eine am rechten Traunufer von Bad Ischl gelegene repräsentative Villa, die er mit den aus aller Welt einfließenden Tantiemen der *Lustigen Witwe* und anderer Operetten finanziert hatte. Ab den frühen dreißiger Jahren hatte das Ehepaar seinen Hauptwohnsitz im *Schikaneder-Schlössel* in Wien-Nussdorf, das einst im Eigentum Emanuel Schikaneders – dem Librettisten der *Zauberflöte* – gewesen war.

1938 gelang es Lehár dank seiner Prominenz, seine jüdische Frau vor der angedrohten Verhaftung und Deportation durch die Nationalsozialisten zu schützen. Er zog sich mit ihr wieder ins Salzkammergut zurück, wohl auch – wie er einmal schrieb – »weil ich in Ischl immer die besten Einfälle habe. Das muss doch irgendwie mit der Ischler Luft zusammenhängen. Nun bin ich wieder da und warte auf die besten Einfälle. Immer nur lächeln ...«

Der »zweite Walzerkönig«, wie er oft genannt wurde, starb am 24. Oktober 1948 in seinem Haus in Ischl, in dem tatsächlich die meisten seiner Werke entstanden waren. Er vermachte die Villa am damaligen Traun- (und heutigen Franz-Lehár)-Kai der Stadtgemeinde Bad Ischl mit der Auflage, sie als Lehár-Museum zu führen. Ein solches ist in dem zweistöckigen Haus heute untergebracht.

Nonne mit zehn Kindern

Der verwitwete Georg von Trapp war auf der dringenden Suche nach einer Gouvernante für seine sieben Kinder. 25 Erzieherinnen hatten die *Villa Trapp* im Salzburger Stadtteil Aigen bereits fluchtartig verlassen, als sich der pensionierte Offizier in seiner Not endlich an die Benediktinerinnen im Stift Nonnberg wandte. Die Ordensfrauen hatten Mitleid mit dem allein erziehenden Vater und schickten ihm ihre beste Novizin, Maria Augusta Kutschera.

Maria von Trapp

Und die angehende Nonne verstand sich mit dem Hausherrn auf Anhieb so gut, dass sie das Ordenskleid an den Nagel hängte, um ihn 1927 zu heiraten. Zu den sieben Kindern kamen drei weitere dazu, so dass die Familie fortan aus sieben Töchtern und drei Söhnen bestand.

Ende der zwanziger Jahre verarmte der bis dahin wohlhabende Baron Trapp infolge der Wirtschaftskrise. Da hatte seine Frau die Idee, aus den schönen Singstimmen der Kinder einen Familienchor zu bilden und auf Tournee zu gehen.

Nach Hitlers Einmarsch in Österreich erinnerten sich die Trapps eines amerikanischen Agenten, der für sie eine Konzerttournee organisieren wollte. Die Großfamilie fuhr mit dem Schiff in die USA und wurde dort als Sensation empfangen. Doch als die Tournee vorbei und die Visa abgelaufen waren, mussten sie wieder nach Europa. Sie sangen in Skandinavien, kehrten aber bald nach New York zurück, wo man sie in das Flüchtlingslager *Ellis Island* sperrte, weil sie keine Einreiseerlaubnis hatten. Nach einem Aufsehen erregenden Gerichtsprozess durften die Trapps in Amerika bleiben.

Jetzt ging's erst richtig los. Die *Trapp Family Singers* kauften eine Farm in Vermont, bereisten die USA und organisierten nach dem Krieg eine riesige Spendenaktion zu Gunsten ihrer hungernden Landsleute in Österreich. Tourneen führten sie jetzt nach Europa, Süd- und Mittelamerika, Kanada und Australien.

Die Villa Trapp in Salzburg

Nach dem Tod ihres Mannes im Jahre 1947 schrieb Maria Trapp die Geschichte ihrer Familie nieder, die sowohl einem amerikanischen als auch einem deutschen Film als Vorlage diente. Julie Andrews und Ruth Leuwerik waren in diesen Filmen in der Rolle der Maria Trapp zu sehen.

Das Buch fiel den legendären Bühnenautoren Rodgers und Hammerstein in die Hände, die den Stoff zu dem Erfolgsmusical *Sound of Music* verarbeiteten, das am Broadway innerhalb weniger Wochen zwei Millionen Dollar einspielte und danach um die Welt ging.

Den Familienchor gab es bis 1956, Maria Trapp starb 1987 im Alter von 82 Jahren. In der einstigen *Trapp-Villa* in Salzburg ist heute das Missionarskolleg *St. Josef* untergebracht.

Die Ermordung des Opernstars

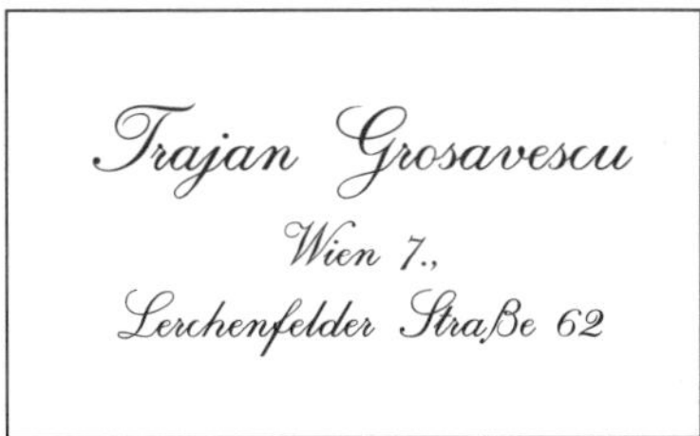

Der Tenor Trajan Grosavescu war in den zwanziger Jahren der große Liebling der Wiener – vor allem aber der Wienerinnen. Noch in der Vorstellung am 14. Februar 1927 lagen ihm die Frauen im Publikum zu Füßen, als er mit unverwechselbarem Timbre in Verdis *Rigoletto* die Partie des Herzogs von Mantua sang. Am nächsten Tag war er tot, Opfer der krankhaften Eifersucht seiner Frau. Sie wollte ihn für sich allein haben und ertrug es nicht, ihn mit so vielen anderen teilen zu müssen. Nelly Grosavescu erschoss ihren Mann in der ehelichen Wohnung auf der Lerchenfelder Straße »wegen vermuteter Untreue«, wie es im Polizeiakt hieß.

Trajan Grosavescu

In diesem Haus kam es zum Eifersuchtsmord

Die sterblichen Überreste des Sängers wurden traditionsgemäß dreimal um die Staatsoper, die Stätte seiner Triumphe, getragen und dann in seine rumänische Heimat überführt. Im Zuge der polizeilichen

Erhebungen stellte sich heraus, dass Frau Grosavescu bereits ihren ersten Mann mit krankhafter Eifersucht verfolgt hatte.

Da sie im Gefangenenhaus jegliche Nahrungsaufnahme verweigerte, musste die Täterin ins Inquisitenspital überstellt werden. Die Geschworenen sprachen Nelly Grosavescu in dem Mordprozess frei, nachdem ihr die Gerichtsärzte eine »nervöse Überreizung als Folge einer Fehlgeburt« zugestanden hatten. Sie konnte das Gerichtsgebäude als freier Mensch verlassen.

Doch kein Habsburger

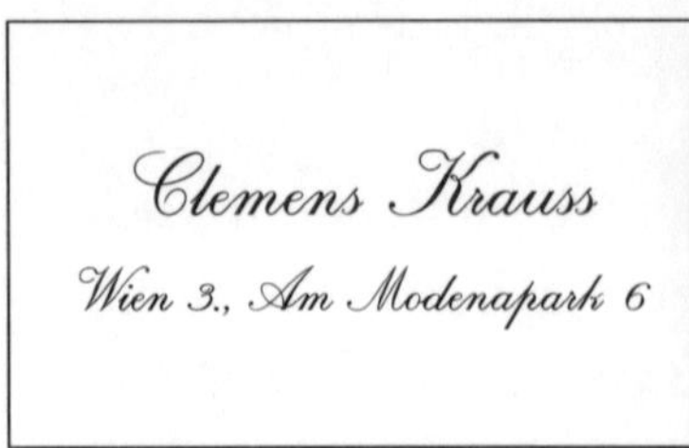

Der Dirigent Clemens Krauss war eine besonders elegante Erscheinung, die von den Wienern oft mit dem Grafen Danilo aus der *Lustigen Witwe* verglichen wurde. Und so sang man hier auch zur Melodie von *Da geh ich ins Maxim*: »Der schöne Clemens Krauss/Der passt fürs Opernhaus/Die Damen rufen: Nehmen S'/Doch nur den schönen Clemens/Der Künstlerhut rutscht schief/Die Locke sitzt ihm tief/Was immer er auch leistet, er wirkt dekorativ!«

Es hieß sogar, dass der so »dekorativ« wirkende Maestro »ein echter Habsburger« sei. Genauere Nachforschungen ergeben freilich, dass die Verbindung mit dem ehemaligen Kaiserhaus eher peripher war: Krauss war 1893 als unehelicher Sohn der Solotänzerin Clementine Krauss in Wien zur Welt gekommen, die infolge dieses »Skandals« das *Corps de ballet* der Hofoper verlassen musste.

Clemens Krauss

»Skandal« Nummer zwei war der Herr Papa: Baron Baltazzi war ein Onkel der vier Jahre vor Clemens Krauss' Geburt in Mayerling tragisch ums Leben gekommenen Mary Vetsera. Die Namen Vetsera und Baltazzi durften in der Monarchie nur hinter vorgehaltener Hand genannt werden, gab man doch der armen Baronesse und ihrer Familie ungerechterweise die Schuld am Tod des Kronprinzen Rudolf.

Trotz der schwierigen Umstände schaffte Clemens Krauss eine außergewöhnliche Karriere. Vorerst Sängerknabe, reiste er nach absolviertem Musikstudium als Dirigent kreuz und quer durch Europa, ehe er 1929, nur 36 Jahre alt, Direktor der Wiener Staatsoper wurde.

Eine Affäre in Wien

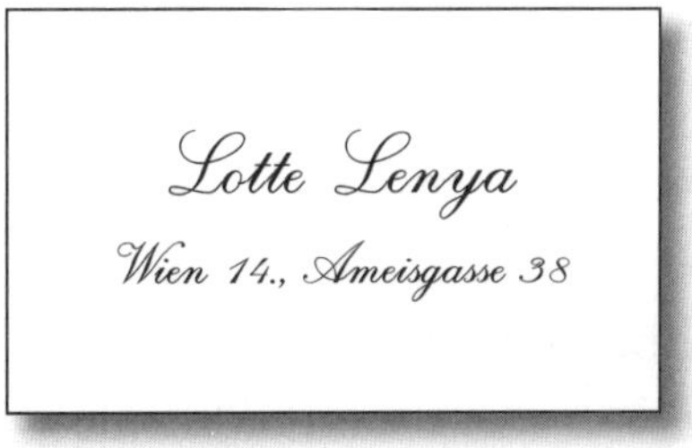

Sie kam 1898 als Caroline Blumauer in Wien-Penzing zur Welt und wuchs hier in äußerst tristen Verhältnissen auf. Vom Vater, einem alkoholkranken Kutscher, misshandelt und an den Rand der Prostitution getrieben, gelang ihr die Flucht nach Zürich und weiter nach Berlin, wo sie sich als Tänzerin und Schauspielerin ausbilden ließ.

In Berlin lernt sie den Komponisten Kurt Weill kennen, den sie 1926 heiratet. Fast gleichzeitig beginnt Weills Aufstieg – letztlich auch

Lotte Lenya

durch Lotte Lenyas Interpretation seiner Lieder. Er schreibt mit Bert Brecht *Die Dreigroschenoper*, in der die Lenya als Seeräuber-Jenny zum Star wird.

Im Frühjahr 1932 gastiert sie mit Weills Oper *Aufstieg und Fall der Stadt Mahagonny* am Wiener Raimundtheater. In ihrer Geburtsstadt angekommen, verliebt sich die Lenya schon auf der ersten Probe in den Tenor Otto Pasetti. Ihr Leben war auch bisher voll von amourösen Episoden, aber diesmal ist's mehr: Pasetti verlässt Frau und Kinder und zieht mit der Geliebten in ein Hietzinger Hotel. »Die Situation schrie nach einer stürmischen Affäre!«, versucht sich Lotte Lenya ihrem in Berlin weilenden Mann gegenüber zu rechtfertigen. »Ich in Wien, allein mit dem schönen Otto! Ich hab dich nicht betrogen – jetzt einmal abgesehen von diesem dummen, animalischen Körperaneinanderreiben, ach ja, das schon! Aber innerlich war ich bei dir, wenn du verstehst, was ich meine. Auch wenn ich mit Pasetti in Wien schlief!«

Lotte und »der schöne Otto« reisen an die Riviera. Als am Roulettetisch in Monte Carlo ihre Ersparnisse und seine Gagen aufgebraucht sind, scheut die ungetreue Ehefrau nicht davor zurück, sich von ihrem in Berlin verbliebenen Mann Geld schicken zu lassen. Auch er hat mittlerweile Trost gefunden – bei Erika Neher, der Frau des Bühnenbildners Caspar Neher.

Insgesamt dauerte Lotte Lenyas Verhältnis mit Otto Pasetti drei Jahre, doch ihr Kontakt mit Kurt Weill riss nie ab – auch nach ihrer Scheidung im Jahre 1933 nicht. 1935 emigrierten die Lenya und Kurt Weill gemeinsam in die USA, wo sie zwei Jahre später noch einmal heirateten.

Abschied von der Bühne

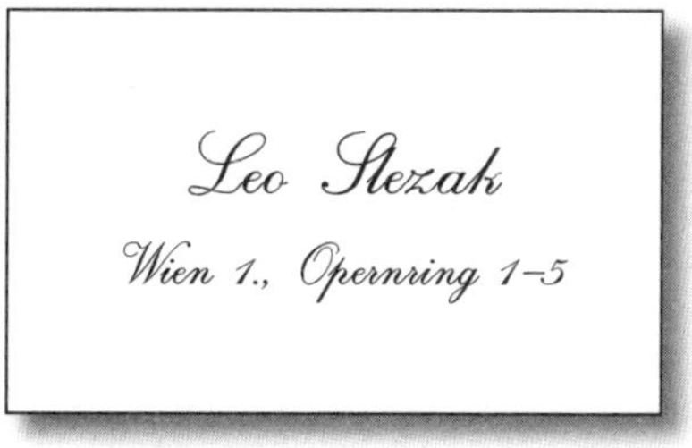

33 Jahre lang war Leo Slezak Mitglied der Wiener Oper, am 17. April 1934 ging er nach der Vorstellung in seine Wohnung im gegenüberliegenden *Heinrichhof** und sagte zu seiner Frau: »Liesl, heute habe ich zum letzten Mal gesungen, so einen schönen Abend werde ich wohl kaum mehr haben.«

Was war geschehen?

Der sechzigjährige Tenor war bester Stimmung, da er eine besonders gelungene *Othello*-Vorstellung hinter sich gebracht und das Publikum heftig applaudiert hatte. Und so kam ihm nach dem zweiten Akt die Idee, diesen Abend als Schlussakkord seiner einzigartigen Opernkarriere zu sehen.

Leo Slezak

Seine Frau wunderte sich ein wenig, gab ihm dann aber Recht. Deshalb ging der bei weitem populärste Sänger des Wiener Opernhauses am nächsten Tag in die Direktion, um dort seinen Entschluss zu deponieren, nie wieder auftreten zu wollen.

Direktor Clemens Krauss war bestürzt. »Aber Slezak, Sie können doch nicht nach 33 Jahren so ohne weiteres verschwinden, ohne sich von Ihren Wienern zu verabschieden.«

---

* erbaut 1861/62 nach Plänen von Theophil Hansen

»Sehen Sie, lieber Herr Direktor«, erwiderte Slezak, »ich gehe nie zu fremden Begräbnissen, weil es mich zu traurig macht. Warum soll ich dann zu meinem eigenen gehen? Gestern habe ich einen besonders guten Abend gehabt und mit dem will ich Schluss machen.«

Er bat noch, der Presse nichts mitzuteilen, »weil ich aus Erfahrung weiß, dass aus den Nachrufen die Hinterbliebenen – das bin in diesem Falle ich selber – immer erfahren, was der tote Künstler alles nicht gekonnt hatte und wo er versagte«.

Leo Slezak hatte eine Wohnung im Heinrichhof

Die Proteste des Direktors waren vergebens. Leo Slezak, der 1901 von Gustav Mahler nach Wien geholt und hier als Canio, Siegfried, Lohengrin, Radames und in vielen anderen Rollen umjubelt worden war, ist nach diesem 17. April 1934 nie wieder auf einer Bühne gestanden. »In der Vollkraft meines Schaffens bin ich abgegangen«, schreibt er in seinen Memoiren. »Mein sehnlichstes Gebet, nicht als alternder Sänger noch singen zu müssen und bemitleidet zu werden, wurde mir erfüllt.«

Seine Karriere war damit aber noch lange nicht beendet. Er wurde für den Film entdeckt und war später als Komiker ebenso erfolgreich wie einst in der Oper.

Der *Heinrichhof* wurde in den letzten Tagen des Zweiten Weltkriegs schwer beschädigt und nach Kriegsende abgetragen. An seiner Stelle wurde 1956 der *Opernringhof* errichtet.

»DIESEN MANN WERDE ICH HEIRATEN!«

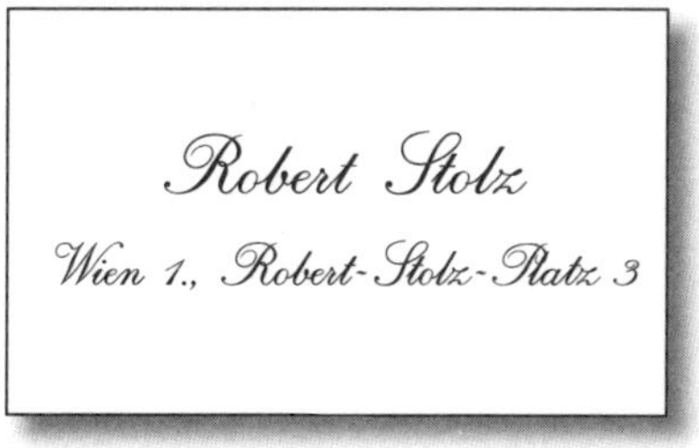
Robert Stolz
Wien 1., Robert-Stolz-Platz 3

Robert Stolz hatte eine elegante Ringstraßenwohnung, wie man sich's nur erträumen konnte – mit Salon, Rauch- und Musikzimmer und allen anderen Annehmlichkeiten dieser Welt. Im März 1938 verlässt er dieses Paradies in der Elisabethstraße 16, gleich hinter der Oper, um freiwillig in die Emigration zu gehen. Ein Jahr später betritt er das Pariser Künstlercafé *Cristall*, in dem Yvonne Louise Ulrich sitzt.

Die junge Frau sieht ihn an und flüstert dem neben ihr sitzenden Komponisten Paul Abraham zu: »Es klingt verrückt, aber ich werde diesen Mann heiraten.« Sie wusste gar nicht, wer der um 32 Jahre ältere Robert Stolz war, hatte aber bald Gelegenheit, ihm ihre Zuneigung zu beweisen. Denn Stolz wurde bei Ausbruch des Krieges in Paris als »feindlicher Ausländer« verhaftet und in ein französisches Internierungslager gesteckt. Yvonne Louise erfuhr davon, hob 20 000 Francs von ihrem Konto ab, um mit dieser Summe einen Beamten zu bestechen – und Stolz kam frei!

Einzi und Robert Stolz

Nun begann eine komplizierte Romanze. Der Komponist hatte bereits vier Scheidungen hinter sich und »Einzi« – wie man sie nannte – war

Das Wohnhaus am heutigen Robert-Stolz-Platz

verheiratet und Mutter einer kleinen Tochter. Und doch: Yvonne Louise begleitete Robert Stolz in die USA, weil dieser nicht bereit war, nach Wien oder Berlin, an die Stätten seiner Triumphe, zurückzukehren. Nicht, solange die Nationalsozialisten dort herrschten.

Stolz hatte Welthits wie *Im Prater blühn wieder die Bäume*, *Ob blond, ob braun, ich liebe alle Frauen* oder *Die ganze Welt ist himmelblau* komponiert, war aber völlig mittellos, da er die Rechte seiner Werke einst aus Geldnot an Musikverlage verkauft hatte und dafür keinerlei Tantiemen mehr bezog. In dieser Situation musste Robert Stolz, als er nach dem Krieg wieder nach Wien kam, mit seiner jungen Frau mehrere Monate im *Hotel Krantz* am Neuen Markt wohnen, ehe ihm seine frühere Wohnung in der Elisabethstraße von zwei darin einquartierten sowjetischen Besatzungsoffizieren retourniert wurde.

»Nun sah ich zum ersten Mal jenen Glanz«, erinnerte sich Einzi Stolz, »in dem Robert zuvor gelebt hatte. Ich sah Zimmer wie in *Schönbrunn* – funkelnde Kristalllüster, stoffbezogene Möbel mit elegantem Schnitzwerk, kostbare Vorhänge. Überall standen auf Hochlanz polierte Kristallvasen, und den Fußboden bedeckten wunderschöne Orientteppiche.«

Das Wohnhaus des Komponisten befindet sich auf dem heutigen Robert-Stolz-Platz.

HEIMLICH FÜR LEHÁR KOMPONIERT?

Edmund Eysler
Wien 8., Zeltgasse 14

Edmund Eysler war ein hoch angesehener und wohlhabender Komponist, dessen *Bruder Straubinger* und *Die gold'ne Meisterin* zu den populärsten Operetten zählten, und dessen Schlager *Küssen ist keine Sünd* die Spatzen von den Dächern pfiffen. Das jedenfalls war die Situation am 11. März 1938. Am Tag danach sollte alles ganz anders sein. Eysler wurde als Jude aller bürgerlichen Rechte beraubt, sein Werk verboten, sein Vermögen konfisziert. Nur die Ehe mit seiner »arischen« Frau Leopoldine bewahrte ihn vor dem Schlimmsten und ermöglichte es ihm wenigstens, in seiner Wohnung in der Josefstadt bleiben zu können.

Edmund Eysler

Wovon aber sollte er leben?

Die einzige Möglichkeit, ein wenig Geld zu verdienen, war die Erteilung von Klavierunterricht. Seine beiden Schüler Herbert Löwy und Kurt Blumenfeld – die selbst als »U-Boote« in Wien lebten – hielten ihm bis zum Ende des Dritten Reichs die Treue. Eine weitere Einnahmequelle kann nur vermutet werden: Eysler erzählte später, dass er während des Krieges im Auftrag von Franz Lehár mehrere Melodien komponiert hätte, die dieser unter seinem Namen herausbrachte. Eysler hätte von seinem Kollegen als Gegenleistung kleinere Zuwendungen erhalten, die sein Überleben erleichterten.

Es waren keine bedeutenden Werke, die Eysler – sollte die Überlieferung stimmen – für Lehár geschrieben hat, denn dieser veröffentlichte nach Hitlers Einmarsch in Österreich nur noch wenige Melodien, die alle unbekannt geblieben sind, darunter die Lieder *Sehnsucht, heimliches Verlangen* (1939), *Wien, du bist das Herz der Welt* und der Naziproganda-*Marsch der Kanoniere* (beide 1942).

Drei Schüsse in der Nacht

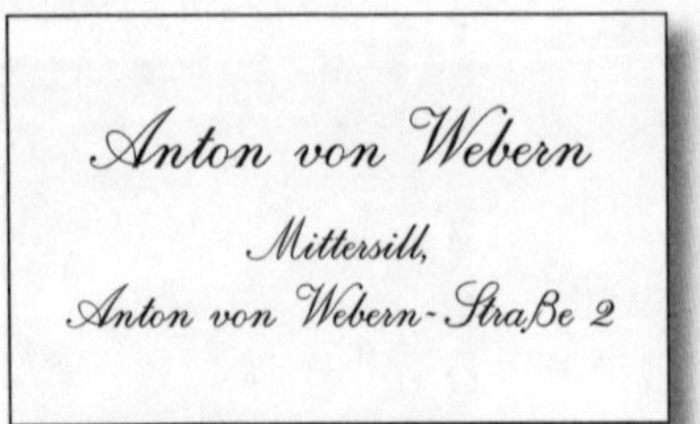
Anton von Webern
Mittersill,
Anton von Webern-Straße 2

Anton von Webern hatte sich auf diesen Tag an der Seite seiner Familie gefreut. Der 57-jährige Komponist war, da seine Musik von den Nationalsozialisten geächtet wurde, mit seiner Frau von Wien ins salzburgische Mittersill übersiedelt, wo er in äußerst beengten Verhältnissen lebte. Am Abend des 15. September 1945 waren die Weberns in der unmittelbaren Nachbarschaft bei ihrer Tochter und deren Mann im Haus Mittersill 101 (heute Anton von Webern-Straße 2) eingeladen. Der Musiker war glücklich, in den schweren Nachkriegstagen endlich wieder ein ordentliches Essen und – was ihm besonders wichtig war – eine gute Zigarre genießen zu können. Dies war möglich, weil Weberns Schwiegersohn Benno Mattel gemeinsam mit amerikanischen Besatzungssoldaten einen illegalen Handel größeren Stils betrieb

Anton von Webern

und daher Zugang zu den begehrten Lebensmitteln und Rauchwaren hatte.

Unmittelbar vor dem Familientreffen hatte einer seiner Komplizen Selbstanzeige erstattet, weshalb die US-Militärpolizei an diesem 15. September zu einer Razzia im Hause von Weberns Schwiegersohn aufbrach.

Anton von Weberns (umgebautes) Sterbehaus in Mittersill

Der Komponist war gerade beim Abendessen, als zwei Soldaten eintraten, die vorgaben, ein Schwarzmarktgeschäft abhandeln zu wollen. Sie legten einen größeren Dollarbetrag auf den Tisch, zogen aber, als der Schwiegersohn nach den Geldscheinen greifen wollte, ihre Pistolen. Anton von Webern, der inzwischen in einen Nebenraum gegangen war, trat in diesem Moment vor das Haus, um sich die ersehnte Zigarre anzuzünden. Während Benno Mattel von einem der Amerikaner festgehalten wurde, lief der andere in den Garten, um jeden möglichen Fluchtweg abzuschneiden. Dort traf er auf den ahnungslosen Komponisten. Der Soldat glaubte einen Komplizen des Verhafteten vor sich zu haben und feuerte drei Schüsse ab. Der Komponist war sofort tot.

Anton von Webern, der neben Arnold Schönberg und Alban Berg zu den bedeutendsten Komponisten des 20. Jahrhunderts zählte, ist auf dem Ortsfriedhof von Mittersill begraben.

Die Diva und der Polizist

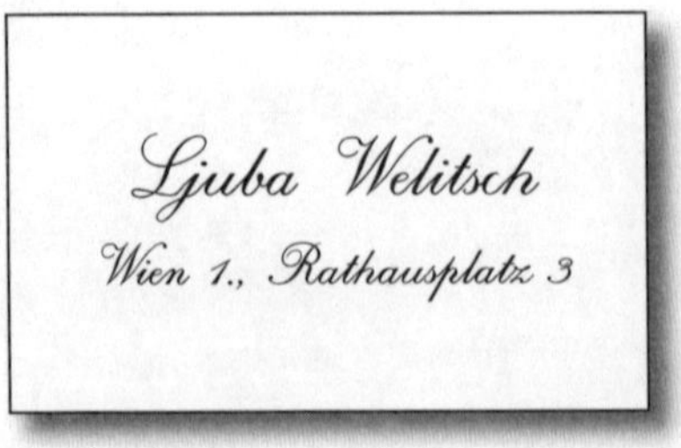
Ljuba Welitsch
Wien 1., Rathausplatz 3

Eine Romanze, die im Wien der Nachkriegszeit für unglaubliches Aufsehen sorgte: Weltberühmte Operndiva verliebt sich in einen kleinen Streifenpolizisten – und heiratet ihn. Die Sensation schien perfekt, damals im Jahre 1956, als die 43-jährige Sängerin Ljuba Welitsch den 28-jährigen Wachmann Karl Schmalvogel zum Standesamt führte.

Die beiden waren einander im Frühjahr 1955 zum ersten Mal begegnet. Die an der Met, an der Mailänder Scala und an der Wiener Staatsoper gefeierte Sopranistin hatte mit ihrem Auto Ecke Gumpendorfer Straße/Getreidemarkt vor einer roten Ampel gehalten, neben der auch Karl Schmalvogel mit seinem Dienstmotorrad stand. Er wunderte sich, »weil sie mich sehr freundlich anlachte« – und lachte zurück.

Der »weißen Maus« fiel es nicht schwer, Name, Adresse und Telefonnummer der Besitzerin des schwarzen Rover W 4.907 vom Verkehrsamt ausheben zu lassen. Er rief die Kammersängerin an und stand bald auch vor der Tür ihrer vornehmen Stadtwohnung am Wiener Rathausplatz. Sie fühlte sich geschmeichelt und lud den Polizisten zu einem Spaziergang auf die Höhenstraße ein. Aus dem Flirt wurde eine innige Beziehung, der zuliebe sich der fesche Inspektor von seiner damaligen Frau, einer Schuhverkäuferin, scheiden ließ. Und schließlich machte er die weltberühmte Ljuba Welitsch zur Frau Schmalvogel.

Sie hatte weiterhin ihre Auftritte, drehte Filme, und er versah seinen Polizeidienst wie eh und je. Doch bald kamen die ersten Probleme:

Karl Schmalvogel und Ljuba Welitsch

Während Karl Schmalvogel mit seinem Monatssalär von dreitausend Schilling auskommen musste, erhielt Ljuba Welitsch weiterhin ihre Traumgagen. Dem unausbleiblichen Finanzstreit folgten rasende Eifersuchtsszenen der feurigen, aus Bulgarien stammenden Diva.

1968 wurde die Ehe geschieden. Karl Schmalvogel zog aus der inzwischen bezogenen gemeinsamen Döblinger Villa in eine Zimmer-Küche-Kabinett-Wohnung in Favoriten, er quittierte seinen Dienst bei der Polizei und wurde Taxiunternehmer. Ljuba Welitsch hatte sich zu diesem Zeitpunkt bereits aus dem Opernleben zurückgezogen.

Wer hat da bei wem abgeschrieben?

Die letzte Wiener Wohnung, in der Erich Wolfgang Korngold vor seiner Emigration lebte, lag in der Währinger Sternwartestraße. In Hollywood konnte das einstige Wunderkind schnell Fuß fassen, Korngold komponierte für Jan Kiepura und andere Stars und wurde für seine Filmmelodien mit zwei Oscars ausgezeichnet. Und er traf im Exil auf einen weiteren Wiener, der hier ebenfalls zu den Pionieren der amerikanischen Filmmusik zählen sollte: Max Steiner, in der Praterstraße 72 aufgewachsen, schuf Melodien zu *Casablanca* und *Vom Winde verweht*, zu acht Filmen mit Katharine Hep-

Erich Wolfgang Korngold

burn, achtzehn Filmen mit Bette Davis und zu fünf Fred-Astaire-Musicals. Insgesamt hat Max Steiner dreihundert Filme vertont und drei Oscars erhalten.

Während es nach dem Krieg um Korngold ruhiger wurde, setzte Steiner seine Karriere als Komponist mit immer neuen Erfolgen fort. Da die beiden noch aus ihren Wiener Tagen miteinander befreundet waren, hielt Steiner 1957 zu Korngolds 60. Geburtstag die Laudatio. Nach ein paar launigen Worten der Erinnerung gelangte Max Steiner zu dem liebevoll-bissig-ironischen Schluss: »Ich kann es gar nicht verstehen, mein lieber Korngold, dass ich in Hollywood nach wie vor gefragt bin, aber nach dir kein Hahn mehr kräht!«

Korngold stand auf, ging ans Rednerpult und erwiderte: »Schau, lieber Max, das mit dem Erfolg ist doch ganz einfach. Seit zwanzig Jahren schreibst du von mir ab und seit zwanzig Jahren schreib ich von dir ab. Da darfst du dich nicht wundern, dass du erfolgreicher bist als ich.«

»Zu Wienerisch«

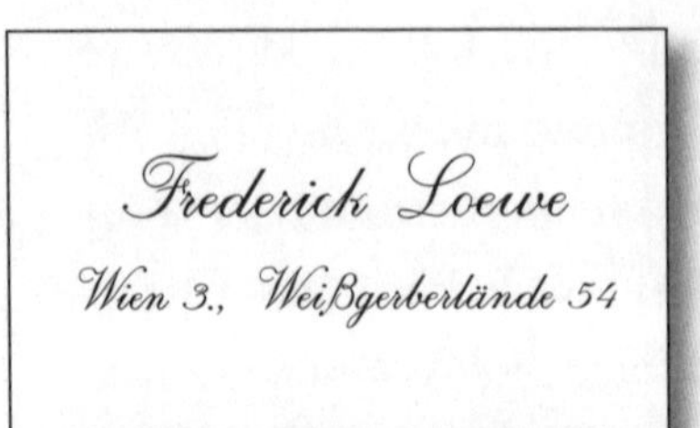

Die Wurzeln des Komponisten, der das »britischste« aller Musicals schrieb, finden sich nicht an der Themse, sondern an der Donau oder besser gesagt: am Donaukanal. Frederick Loewe kam am 10. Juni 1901 als Sohn eines Wiener Operettentenors und einer ebenfalls aus Wien stammenden Schauspielerin in Berlin zur Welt, wo seine Eltern gerade engagiert waren. Ein Theaterereignis machte ihn unsterblich: *My Fair Lady*.

Die einzige amtliche Meldung des in Wien aufgewachsenen Friedrich Löwe, wie er eigentlich hieß, findet sich im Haus Weißgerberlände 54, Tür 5. Während des Ersten Weltkriegs verließ er Österreich, da die Eltern berufsbedingt viel unterwegs waren. Als Fünfzehnjähriger gab Fritz mit den Berliner Philharmonikern sein erstes Klavierkonzert, zwei Jahre später komponierte er mit *Kathrin, du hast die schönsten Beine von Berlin* seinen ersten Hit. Als sein Vater 1924 auf Amerikatournee ging, begleitete er ihn – und blieb. Er musste sich zunächst als Kellner, Preisboxer, Cowboy und Goldgräber über Wasser halten, da den Musikproduzenten seine Melodien »zu wienerisch« waren. Während der Prohibitionszeit spielte er als Stimmungspianist in üblen Spelunken und an der Bar eines Schiffs, das durstige Amerikaner übers Wochenende nach Kuba brachte, wo der Whisky in Strömen floss.

Frederick Loewe

Schon einmal in dubiose Gesellschaft geraten, war der Weg in die nächste Spielhölle nicht weit. Ausgerechnet dort hatte Frederick Loewe 1942 die Begegnung seines Lebens. Er lernte den amerikanischen Songtexter Alan Jay Lerner kennen, mit dem er ein unschlagbares Duo bildete. Am 15. März 1956 feierten sie in New York die Uraufführung eines der erfolgreichsten Musicals aller Zeiten. *My Fair Lady* ist die auf George Bernard Shaws *Pygmalion* basierende Geschichte des Blumenmädchens Eliza.

Dabei wollte vorerst niemand an den Erfolg der Story glauben, fünf prominente Schauspieler lehnten es ab, die männliche Hauptrolle des Professor Higgins zu übernehmen, und auch die Eliza war kaum zu besetzen. Doch dann sprengte *My Fair Lady* alle Rekorde: Sieben Jahre Broadway, dreitausend ausverkaufte Vorstellungen in London, Audrey

Hepburn und Rex Harrison lockten Millionen ins Kino, die Platten eroberten die Hitparaden. Loewe war das Kunststück gelungen, mit jeder Melodie einen Ohrwurm zu landen.

Zwei Jahre später feierte er mit dem Musicalfilm *Gigi* einen weiteren Sensationserfolg. Der Komponist starb am 14. Februar 1988 in Palm Springs.

Eineinhalb Millionen Operndirektoren

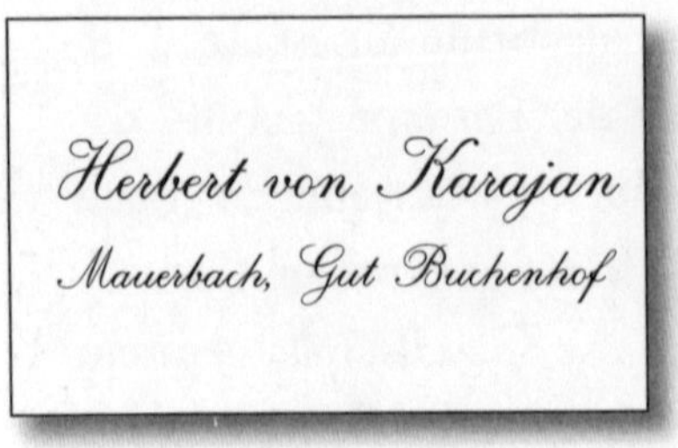

Es war ein Riesenwirbel, den Herbert von Karajan auslöste, als er 1964 die künstlerische Leitung der Wiener Staatsoper zurücklegte. Nur die Bewohner der kleinen, ein paar Kilometer westlich von Wien gelegenen niederösterreichischen Gemeinde Mauerbach hatten sich über die Demission des berühmten Dirigenten weniger gewundert als der Rest der Welt. Ahnten sie doch seit einiger Zeit, dass der Maestro sich bald von Wien trennen würde. Das lag daran, dass Karajan sein in Mauerbach gelegenes Gut, auf dem er mit seiner Familie lebte, bereits Monate vor Ausbruch der Opernkrise verlassen hatte. Damit stand für die Ortsbewohner fest, dass er nicht mehr allzu lange in Wien bleiben würde.

Herbert von Karajan

Sehr viel hatte er sich in seinem *Buchenhof* ohnehin nicht aufgehalten. Karajan selbst schilderte den Tagesablauf seiner Direktionsjahre so: »Wenn ich in

Wien war, hatte mein Arbeitstag an der Oper zwölf Stunden. Wenn ich dann abends mit den Proben fertig war, bildete ich die Sänger aus, danach setzte ich mich noch in die Vorstellung.«

Blieb für das Haus in Mauerbach nur die Nachtruhe. Und die Treffen mit seinen engsten Mitarbeitern. »Viele Besprechungen haben in Karajans ganz einsam liegendem Landhaus in Mauerbach stattgefunden«, erinnert sich der Bühnenbildner Günther Schneider-Siemssen. »Die Rehe schauten dabei fassungslos von der Wiese herein.«

Und dann das abrupte Ende der Ära Karajan. Der Maestro hatte darauf bestanden, dass der österreichische Souffleur der für den 3. November 1963 geplanten *La Bohème*-Premiere durch einen Italiener ersetzt würde. Doch dieser wurde vom Betriebsrat nicht akzeptiert. Es kam zum Eklat, die Vorstellung wurde abgesagt, das bereits im Zuschauerraum befindliche Premierenpublikum nach Hause geschickt. In den folgenden Monaten eskalierte der Streit zwischen Karajan, seinem Co-Direktor Egon Hilbert und dem Betriebsrat unter reger Beteiligung zahlreicher Adabeis, so dass der Maestro am 30. Juni 1964 – offiziell »aus gesundheitlichen Gründen« – seinen Hut nahm und ging. »In Wien«, erklärte er später, »hat jeder Operndirektor eineinhalb Millionen Mitdirektoren, die ihm alle sagen, wie die Oper geführt werden muss.«

Die Karajan-Villa in Mauerbach bei Wien

Dreizehn Jahre nach Karajans Aufsehen erregendem Bruch mit der Wiener Oper kehrte er zurück – wenn auch nur als Dirigent. Die Vorstellungen von Verdis *Troubadour*, Mozarts *Hochzeit des Figaro* und Puccinis *Bohème* waren ein einziger Triumph, jeder Abend hätte fünffach verkauft werden können, und das Publikum feierte den Heimgekehrten im Frühjahr 1977 wie einen König.

Diesmal brauchte er keine eigene Villa mehr. Die Tage, an denen er in Wien dirigierte, wohnte er im *Hotel Bristol*.

Eine Zeit höchster Verwundbarkeit

Am 14. August 1981 erlag der 87-jährige Dirigent Karl Böhm in seinem Salzburger Haus einem Schlaganfall. Nur acht Wochen später folgte ihm seine Frau Thea in den Tod. Ist der zeitliche Gleichklang Zufall oder konnte sie – nach 53 Ehejahren – nicht mehr ohne ihn leben?

Diese Frage stellte sich auch Karlheinz Böhm nach dem Tod seiner Eltern. »Meine Mutter hatte mehr als zwanzig Jahre davor eine Brustkrebsoperation überstanden«, erzählt der Schauspieler. »Als es mit meinem Vater zu Ende ging, klagte sie zusehends über Schmerzen. Sie starb kurz nach ihm, am 10. Oktober 1981. Die von mir befragten Ärzte erklärten, dass die Abwehrmechanismen im Körper als Folge der Trauer dahinschwinden können.«

Karl Böhm

Der Psychiater Stephan Rudas über das Phänomen des knapp aufeinander folgenden Todes einander liebender Menschen: »Irgendwann lernen wir, mit dem Verlust eines Angehörigen zu leben. Aber die Tage, Wochen und Monate bis dahin sind eine Zeit höchster Verwundbarkeit, in der die Widerstandskraft stark herabgesetzt ist. Wenn in dieser Zeit im Körper des Hinterbliebenen ein Tumor oder eine andere Krankheit schlummert, kann es vorkommen, dass die Verwundbarkeit in den Zustand der völligen Wehrlosigkeit übergeht, und dies kann im Extremfall auch zum Tod führen.«

Eine Wohnung in der Hofburg

> *Gottfried von Einem*
> *Wien 1., Hofburg,*
> *Gottfried von Einem Stiege*

Gottfried von Einem hatte einen Traum. Er wollte in der Wiener Hofburg logieren. Nun gibt es innerhalb der ehemals kaiserlichen Residenz tatsächlich mehrere Wohnungen, die vom Staat an Private vermietet werden.* Aber wie gelangt man in republikanischen Zeiten zu dem Privileg, eine solche beziehen zu können? Der Komponist wusste, mit welchen Mitteln er seine Frau Lotte Ingrisch dazu bewegen konnte, alles daran zu setzen, um in dem geschichtsträchtigen Palast eine feste Bleibe zu finden. Da er – wie manch anderer großer Musiker – dem Alkohol durchaus zusprach, schwor er ihr: »Wenn du eine Wohnung in der Hofburg kriegst, hör ich zu trinken auf.«

Das Argument zog, zumal das Ehepaar damals in der Nikolaigasse

* Die fünfzig Wohnungen in der Wiener Hofburg sind zwischen 30 und 200 Quadratmeter groß

gegenüber einer Weinhandlung wohnte, die Einem oft zu frequentieren pflegte. Lotte Ingrisch nahm sich vor, sich bei Gott und der Welt dafür einzusetzen, die von ihrem Mann gewünschte Wohnung in der Hofburg zu bekommen.

Einst Schatzkammerstiege, heute Gottfried von Einem Stiege

Also schrieb sie dem damaligen Wissenschaftsminister Busek, der mit dem Ehepaar Einem-Ingrisch seit vielen Jahren befreundet war, er möge sich dafür einsetzen, den Wunsch ihres Mannes zu erfüllen. Im Gegenzug dazu war sie bereit, der *Österreichischen Nationalbibliothek* wesentliche Teile ihrer und seiner Korrespondenz als Geschenk zu überlassen. Um die Dringlichkeit des Anliegens zu unterstreichen, erklärte sie dem Minister offen und ehrlich, dass »Gottfried versprochen hat, als Bewohner der Hofburg keinen Alkohol mehr anzurühren«.

Erhard Busek erreichte das scheinbar Unmögliche und verschaffte dem Künstlerpaar in der damaligen *Schatzkammerstiege* eine gerade freistehende, rund hundert Quadratmeter große Wohnung. Kaum eingezogen, lud Ingrisch den Minister samt Gemahlin aus Dankbarkeit in ihr neues Zuhause ein. Als Busek das Vorzimmer betrat, kam ihm der langjährige Freund, sichtbar in fröhlicher Weinlaune, entgegen und sagte: »Mein Name ist Gottfried von Einem, ich bin Komponist!«

In diesem Moment wusste der Minister: Es hat nichts geholfen, der Einem trinkt immer noch!

Die einstige *Schatzkammerstiege* in der Hofburg trägt heute den Namen *Gottfried von Einem Stiege*.

Zweimal gestorben

> *Friedrich Gulda*
> *Weißenbach am Attersee,*
> *Ischler Straße 12*

»Friedrich Gulda ist tot.« Die Schlagzeilen der Zeitungen vom 29. März 1999 verkündeten das Ableben des weltberühmten Pianisten, der am Flughafen Zürich einem Schlaganfall erlegen sei. Für die meisten Redaktionen gab es keinen Anlass, den Wahrheitsgehalt der Mitteilung anzuzweifeln und sie nicht in Druck zu geben, war sie doch erkennbar von einem öffentlichen Faxgerät des Zürcher Flughafens abgeschickt worden.

Eifrige Kulturjournalisten, die dem plötzlichen Todesfall dennoch nachgingen, fanden jedoch keine Schweizer Behörde, die die Meldung bestätigen wollte. Wenige Stunden nachdem das Fax eingelangt war, sprach die *Austria Presse Agentur* in einer Aussendung den Verdacht aus, dass es sich bei der Todesmeldung »um einen schlechten Scherz handeln« könnte. Weitere Rechercheversuche schlugen fehl, da weder die drei Söhne noch andere Angehörige des Künstlers erreichbar waren. Der Bürgermeister von Steinach am Attersee erklärte auf Anfrage, dass Gulda in seiner Wohnung in Weißenbach seit mehreren Tagen nicht mehr gesichtet worden war.

Tatsächlich: Gulda hatte sein Ableben vorgetäuscht, er selbst hatte sich zur fraglichen Stunde am Flughafen Zürich aufgehalten und dürfte das Fax mit der Todesmeldung vom dortigen Postamt persönlich abgeschickt haben. Eine Begründung für die makabre Aktion hat er nie geliefert, er sagte nur, dass er sich im Falle seines wirklichen Sterbens »jedweden Nachruf« verbitten würde, zumal er den »einzig gültigen Nachruf« bereits selbst inszeniert hätte – und zwar mit seiner *Private Dance Party with Music by Mozart & Bach*, die im Wiener Radiokulturhaus aufgeführt worden war und jetzt als Video erhältlich sei.

Als zehn Monate später von den internationalen Presseagenturen neuerlich das Ableben des exzentrischen Wiener Musikers gemeldet wurde, gab es keine Zeitung, keine Rundfunk- und Fernsehanstalt, die die Nachricht ungeprüft veröffentlicht hätte. Dutzende Redaktionen riefen den Gemeindearzt von Weißenbach an, der diesmal bestätigen musste, dass Gulda tatsächlich am 28. Jänner 2000 in seinem Haus an Herzversagen verstorben war. Der Künstler stand in seinem siebzigsten Lebensjahr.

Friedrich Gulda hatte sich jeden Nachruf verbeten. Letztlich hat er doppelt so viele bekommen, als wenn er nur »einmal gestorben« wäre.

Eine Wohnung voller Plastiksackerl

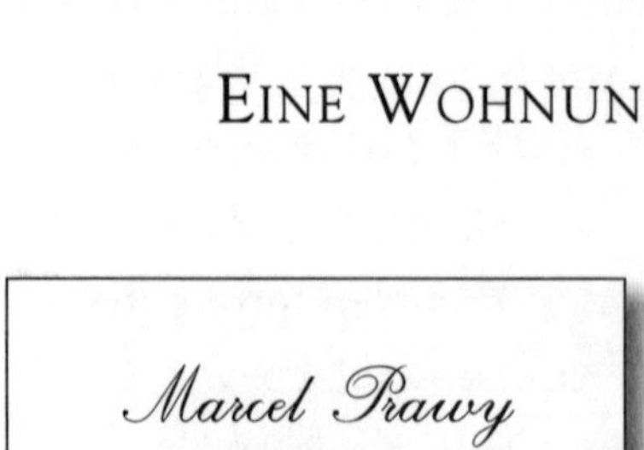
Marcel Prawy
Wien 19.,
Gustav-Tschermak-Gasse 28

Er hatte zwei Wohnsitze. Das *Hotel Sacher* war der eine. Eine geräumige Villenetage in der Gustav-Tschermak-Gasse der andere. Im *Sacher* arbeitete, schlief und nahm er Nahrung zu sich. In der Gustav-Tschermak-Gasse war sein Archiv untergebracht. Es war das wohl eigenwilligste Archiv der Welt, dessen innere Ordnung aus mehreren tausend Plastiksackerln bestand.

Es waren ganz gewöhnliche Tragtaschen, die einst dem Einkauf bei Billa, Spar oder Julius Meinl gedient hatten. Doch sie sind von

Marcel Prawy

unschätzbarem Wert, denn darin befinden sich Briefe von Maria Jeritza, Jan Kiepura, Leonard Bernstein und Herbert von Karajan und überhaupt all das, was Marcel Prawy in siebzig Jahren erforscht und gesammelt hat.

Prinzipiell war jeder Quadratzentimeter in der Gustav-Tschermak-Gasse zur Unterbringung seiner Sackerln genutzt. Sie hatten sich in der Villenetage am Wiener Stadtrand so lange ausgebreitet, bis diese unbewohnbar geworden war. Die Säcke eroberten Keller, Büro, Veranda, Wohn-, Schlaf- und Musikzimmer – die Küche hatte ohnehin nie eine andere Funktion als die Beherbergung des Archivs gehabt.

Einzig das Badezimmer blieb »sackerlfrei«. Sämtliche Sackerln waren von Prawy sein Leben lang gesammelt, geordnet und (von »Aida« bis »Ziehrer«) beschriftet worden.

Nur drei Menschen kannten das Geheimnis der Prawyschen Sackerlordnung: der *Opernführer* selbst, sein Chauffeur Albert Reh und seine Sekretärin Heidi Artmüller, die das System des Archivs so erklärt: »Professor Prawy hat sich sei-

In dieser Villa war Marcel Prawys Archiv untergebracht

nerzeit für die Plastiksackerln entschieden, weil sie ihm die beste Übersicht boten. Die Säcke mussten weiß oder gelb sein, damit er sie gut beschriften konnte.«

Die langjährige Weggefährtin Senta Wengraf hat Prawys Nachlass nach seinem Tod im Februar 2003 geerbt und der Wiener Stadt- und Landesbibliothek zur Verfügung gestellt, in der sich das Archiv des *Opernführers* seither in bester Gesellschaft befindet. Hier ist auch das künstlerische Erbe Beethovens, Schuberts, Mahlers und Richard Strauss' untergebracht. Prawys Säcke sind also genau dort, wo sie hingehören.

Die Villa in der Gustav-Tschermak-Gasse, deren Erdgeschoss und Keller Prawy gemietet hatte, wurde mittlerweile verkauft und befindet sich in Privatbesitz.

»Es war eine schöne Leich«

Ärzte und ihre Patienten

Der Grossvater der Psychoanalyse

Sigmund Freud kennt alle Welt. Josef Breuer ist nur wenigen ein Begriff. Und das, obwohl er es war, der Freud den Weg zur Psychoanalyse wies. Der Internist Dr. Breuer hatte herausgefunden, dass unbewältigte seelische Konflikte zu psychischen und körperlicher Leiden führen können, und er machte seinen um 14 Jahre jüngeren Freund Sigmund Freud mit dieser Erkenntnis bekannt.

Josef Breuer

Breuers berühmtester »Fall« hieß Bertha Pappenheim. Die 29-jährige Wienerin war 1880 verzweifelt in Breuers Ordination gekommen. Sie litt, seit sie ihren todkranken Vater aufopfernd gepflegt hatte, an Lähmungserscheinungen, Halluzinationen und schwerer Hysterie. Breuer behandelte sie mittels Hypnose und stellte in seinem Krankenbericht fest, dass ihre Symptome immer dann verschwanden, wenn ihm Bertha ihre quälenden Erlebnisse schilderte, die sie während der Pflege ihres Vaters durchgemacht hatte. »Die Befreiung ihrer Psyche war vollkommen«, schrieb Breuer, »nachdem sie, von Angst und Grauen geschüttelt, all diese Schreckensbilder reproduziert und ausgesprochen hatte.«

Breuer und Freud veröffentlichten den *Fall Anna O.* (wie sie die Patientin nannten, um ihre Identität zu schützen) gemeinsam. Sie gerieten dabei aber in Konflikt, denn während Breuer bezweifelte, dass Berthas

Neurosen nur sexuellen Ursprungs wären, war Freud eben davon überzeugt. Und diese Erkenntnis war es, die Freuds Weltruhm begründete.

Der Internist hatte den Fall übrigens an einen Kollegen abgeben müssen, da Bertha sich in ihn verliebte, worauf Breuers Frau derartige Eifersuchtsgefühle entwickelte, dass ihre Ehe gefährdet schien.

Breuer hatte für Freud die Grundlagen der Psychoanalyse geschaffen. Er war der »Großvater der Psychoanalyse«.

Die Couch

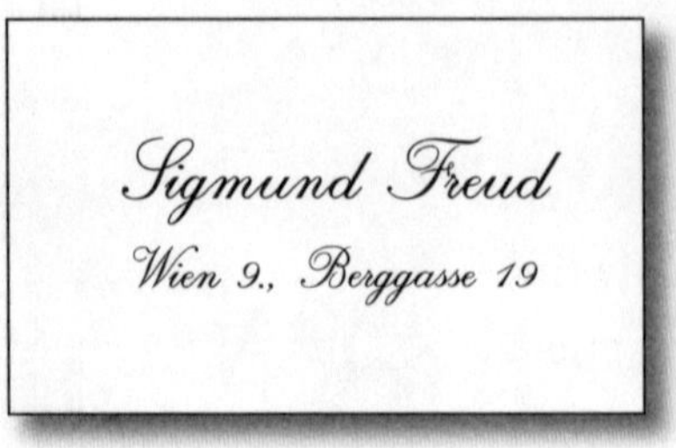

Sechs Jahre lang wohnte und ordinierte Freud im *Sühnhaus**, einem repräsentativen Gebäude, das man an Stelle des abgebrannten Ringtheaters am Wiener Schottenring errichtet hatte. Da die Familie immer größer wurde und nach der Geburt des dritten Kindes im Februar 1891 schon wieder Nachwuchs angesagt war, übersiedelten die Freuds im September desselben Jahres in eine größere Wohnung in der Berggasse 19.

Dieses – durch Freud weltberühmt gewordene – Haus stand auf einem Grundstück, das zwei Jahre davor noch ein kleineres, zweistöckiges Gebäude beherbergte, in dem sich Viktor Adlers Ordination befand. Der »Armeleutedoktor« und Führer der Sozialdemokratischen Partei hatte hier seine Patienten nicht nur gratis behandelt, sondern sie auch mit Medikamenten und Lebensmitteln versorgt. Er verlor

* siehe auch Seite 275

dadurch sein Vermögen, musste die Praxis aufgeben und das von seinem Vater geerbte Haus verkaufen. Es wurde, ehe Freud die Berggasse bezog, vom neuen Hausherrn abgerissen und durch ein vierstöckiges Gebäude ersetzt.

Sigmund Freud

In dem neuen Haus war Freuds neue Ordination – und in dieser stand die legendäre Couch. »Ehe ich Ihnen etwas sagen kann«, eröffnete der *Vater der Psychoanalyse* dem jeweiligen Patienten, »muss ich viel über Sie erfahren haben. Bitte teilen Sie mir mit, was Sie von sich wissen. Noch eines, bevor Sie beginnen: Ihre Erzählung soll sich in einem Punkte von der gewöhnlichen Konversation unterscheiden. Während Sie sonst mit Recht versuchen, in Ihrer Darstellung den Faden des Zusammenhanges festzuhalten, und alle störenden Einfälle und Nebengedanken abweisen, um nicht, wie man sagt, aus dem Hundertsten ins Tausendste zu kommen, sollen Sie hier anders vorgehen. Sagen Sie also alles, was Ihnen durch den Sinn geht. Benehmen Sie sich so wie zum Beispiel ein Reisender, der am Fensterplatz des Eisenbahnwagens sitzt und den im Inneren Untergebrachten beschreibt, wie sich vor seinen Blicken die Aussicht verändert.«

Freuds Ordinationszimmer in der Berggasse

Freud war noch keine internationale Berühmtheit, als er die Berggasse bezog, aber er zählte bereits, da seine Praxis guten Zulauf hatte, zum wohlhabenden Bürgertum. In seiner Glanzzeit behandelte er bis zu zehn Analysepatienten pro Tag, von denen jeder etwas weniger als eine Stunde blieb. Pro Stunde waren, da er auf die finanzielle Situation seiner Patienten Rücksicht nahm, zwischen zehn und hundert Kronen* zu bezahlen, Bedürftige behandelte er kostenlos.

Abseits des medizinischen Alltags und seiner wissenschaftlichen Tätigkeit führte Freud das Leben eines typischen Wiener Großbürgers. Er las die *Neue Freie Presse*, hatte Dienstboten und verkehrte »standesgemäß«. Worin sich Freud von anderen Intellektuellen seiner Zeit unterschied, war die Tatsache, dass er nur äußerst selten in Theater- und Opernaufführungen anzutreffen war.

Arzt und Musiker

Theodor Billroth war alles andere als ein trockener Wissenschafter, man schätzte den großen Arzt auch als überaus geselligen Mann und genialen Musiker. Johannes Brahms, einer seiner engsten Freunde, widmete ihm sein *Streichquartett in a-Moll*, und der berühmte Operateur komponierte auch selbst. In seinem Salon standen immer zwei Klaviere, und die Konzertabende in seinem Haus auf der Alser Straße waren legendär. Als man dem auf der Insel Rügen geborenen Arzt einen Lehrstuhl für Chirurgie in Berlin anbot, lehnte er ab, weil ihm »das künstlerische Leben in Wien viel zu lieb geworden« war.

* Im Jahre 2005 laut *Statistik Austria* ca. 30 bis 300 Euro

Theodor Billroth

Billroth war eine überaus populäre Erscheinung. Vor seiner Sommervilla am Wolfgangsee gab es eine Haltestelle »Billroth«, in der die Bahn nur für ihn hielt. Als er mit 58 Jahren an einer bedrohlichen Lungenentzündung erkrankte, bangte ganz Wien um sein Leben. Wieder genesen, veranstaltete man ihm zu Ehren einen Fackelzug, an dem Tausende Menschen teilnahmen. Billroth kommentierte den Aufmarsch mit den Worten: »Es war eine schöne Leich.«

Die gab's dann wirklich, als Billroth völlig überraschend am 6. Februar 1894 im Alter von 64 Jahren während eines Kuraufenthalts in Abbazia an Herzversagen starb. Die sterblichen Überreste des berühmtesten Arztes seiner Zeit wurden nach Wien überführt, wo Billroth unter großer Anteilnahme der Bevölkerung in einem Ehrengrab am Zentralfriedhof beigesetzt wurde.

Geraubte Patienten

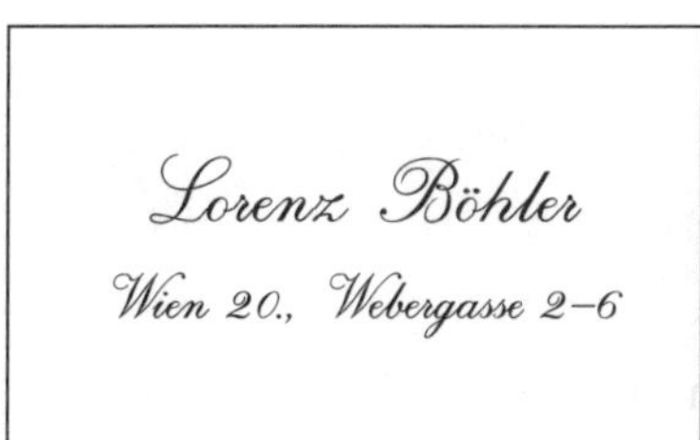

Die Art und Weise, wie der Arzt Lorenz Böhler zum *Vater der Unfallchirurgie* wurde, hätte ihn beinahe ins Gefängnis gebracht: Als Leiter eines Lazaretts in Bozen zeigte der engagierte Mediziner im Ersten Weltkrieg großes Interesse für die oft unsachgemäß behandelten Schwerverwundeten – er aber durfte in seinem Lazarett nur Leichtverwundete behandeln. Er schlich sich deswegen wie ein Dieb zu einem nahen Bahnhof, wo er die

Lorenz Böhler

schwerstverletzten Patienten aus den Verwundetentransporten »raubte« und dann – gegen alle Vorschriften – in seinem Spital medizinisch versorgte. Trotz der an und für sich zweifelhaften »Patientenbeschaffung« galt Böhlers Klinik bald als bahnbrechend, da er unzähligen Soldaten der k. u. k. Armee das Leben retten oder sie vor Amputationen bewahren konnte.

Böhler war der erste Arzt, der die falsche Behandlung von Unfallopfern erkannt hatte. Diese wurden in den Spitälern von unerfahrenen Medizinern in den chirurgischen Stationen neben Magen- und Nierenkranken betreut. Nur neun Prozent (!) der Patienten mit Oberschenkelhalsbrüchen waren damals nach der Spitalsbehandlung wieder voll arbeitsfähig, heute sind es praktisch hundert Prozent.

Nach dem Zusammenbruch der Monarchie kam der gebürtige Vorarlberger mit Frau und fünf Kindern nach Wien, um in der Webergasse das erste Arbeitsunfallkrankenhaus der Welt zu gründen. Bald strömten Ärzte aus allen Ländern zu dem berühmten »Knochenpapst«, um in ihrer Heimat Unfallkrankenhäuser nach seinem Vorbild zu gründen. Böhler hatte bei der Planung des Unfallkrankenhauses in der Webergasse im Jahre 1927 die Bedingung gestellt, dass er in dem Gebäude immer erreichbar sein müsste. So wurden in dem Spital sowohl seine Privatordination (im zweiten Stock) als auch seine Wohnung (im vierten Stock) untergebracht.

Lorenz Böhler war bis zu seinem 88. Geburtstag in seiner Ordination tätig. Er starb 1973 im kurz zuvor eröffneten *Lorenz-Böhler-Krankenhaus*.

MIT 51 IN PENSION GESCHICKT

Karl Landsteiner
Wien 9., Frankgasse 6

Karl Landsteiner war 51 Jahre alt, als ihn die Republik Österreich aus Einsparungsgründen in Frühpension schickte. Kaum jemand hatte dabei bedacht, dass man damit einen der genialsten Forscher auf dem Höhepunkt seiner Schaffenskraft jeglicher Arbeitsmöglichkeiten beraubt hatte. Der Arzt Karl Landsteiner hatte 19 Jahre zuvor die Blutgruppen des Menschen entdeckt und damit die Grundlagen der modernen Medizin geschaffen.

Karl Landsteiner

Es war im Jahre 1900, als dem jungen Assistenten in seinem Labor am Institut für pathologische Anatomie erstmals auffiel, dass Blut nicht gleich Blut ist, sondern es verschiedene Blutgruppen (A, B, AB, O) gibt. Ein Großteil der Patienten war bis dahin mit dem »ausgetauschten Blut« auf rätselhafte Weise verstorben, jetzt erst konnten lebensrettende Bluttransfusionen richtig durchgeführt werden. Ohne Landsteiner wären Herzoperationen oder andere Eingriffe mit hohem Blutverlust ebenso undenkbar wie die Behandlung bösartiger Tumore und die Rettung vieler Unfallopfer.

Da nach dem Zusammenbruch der österreichisch-ungarischen Monarchie an der Universität Wien kaum Mittel für die Forschung zur Verfügung standen, fand sich keine adäquate Stelle für den a. o. Pro-

Karl Landsteiners Wohnhaus in der Frankgasse

fessor. Er aber hatte eben erst geheiratet, musste für seine Familie sorgen und wollte auch nicht zur Untätigkeit verdammt sein. Landsteiner ging deshalb nach New York, wo man ihn mit offenen Armen aufnahm und ihm eine leitende Position am *Rockefeller-Institut* anbot. Hier gelangte der Wissenschafter, für den man in der Heimat keine Verwendung mehr gehabt hatte, zu weiteren bedeutenden Erkenntnissen – vor allem zur Entdeckung des Rhesusfaktors, wodurch die damals noch sehr hohe Säuglingssterblichkeit erheblich gesenkt werden konnte. Nun erst wurde die Welt auf den genialen Arzt aus Wien aufmerksam. Im Jahre 1930 erhielt er den Nobelpreis für Medizin.

»Die Tiroler nehmen kein Trinkgeld!«

Prominente Österreich-Besucher

Mit Admiral Nelson in Wien

Lady Hamilton
Wien 1., Graben 16,
Gasthof aller Biedermänner

Der *Gasthof aller Biedermänner* befand sich im Haus Innenstadt 1174, das an der Ecke des heutigen Grabens zur Habsburgergasse lag. Das kleine Wohn- und Speisehaus beherbergte manch prominenten Reisenden, aber das Aufsehen, das hier am 18. August 1800 erregt wurde, war unvergleichlich. Denn an diesem Tag traf das spektakulärste Paar seiner Zeit ein, die 35-jährige Lady Hamilton und ihr 70-jähriger Gemahl. Die wirkliche Sensation des Besuchs war aber die Tatsache, dass sich in deren Schlepptau auch der 42-jährige Geliebte der üppig-schönen Lady befand – und das war kein Geringerer als Admiral Nelson, dem es als erstem Seefahrer gelungen war, Napoleon zu besiegen.

»Der große Nelson ist in Wien, und weil er im *Gasthof aller Biedermänner* wohnt, stehen auch den ganzen Tag eine Menge Biedermänner vorm Haus und gucken hinauf«, vermerkte der Chronist in den *Eipeldauer Briefen*. Die Wiener hatten ihre Freud mit der »ménage à trois« – junge Frau samt Ehemann und Liebhaber –, die sich im Übrigen ganz offen zu ihrer ungewöhnlichen Familienkonstellation bekannte.

Die durch ihren Lebenswandel berühmt gewordene Engländerin war als Arbeiterkind Emma Lyon zur Welt gekommen, aber dank ihrer Verführungskünste schon früh in höhere Kreise gelangt. Mit zwanzig hatte sie eine Beziehung mit Charles Creville, dessen reicher Onkel, Sir William Hamilton, sich in sie verliebte. Der Neffe wollte erst auf sie verzichten, sobald der Onkel ihn als Universalerben einsetzte. So geschah es denn auch, worauf der angesehene britische Diplomat und seine junge Frau zum begehrtesten Paar an Europas Höfen wurden.

Zwei Jahre vor dem spektakulären Wien-Besuch begann Lord Horatio Nelson an der Ehe »teilzuhaben«. Dabei war der Admiral keineswegs von attraktivem Äußeren, er war Schwerstinvalide, hatte im Gefecht ein Auge und den rechten Arm verloren. Doch der Mythos des unbezwingbaren Helden hatte es – obwohl auch er verheiratet war – der schönen Emma angetan.

Lady Emma Hamilton

Und so traten sie von nun an nur noch zu dritt auf. Auch in Wien, als sie Franz II. einen Besuch abstatteten, bei dem des Kaisers Tochter Marie Louise, die spätere Frau Napoleons, anwesend war. Mit dem Spitznamen »Triangel« versehen, wurden die drei von den Wienern gehörig bestaunt, man wunderte sich sogar über Lady Hamiltons Leibesfülle – ohne den wahren Grund hiefür zu kennen: Emma war schwanger und brachte vier Monate später Lord Nelsons Tochter Horatia zur Welt.

Man ging zu dritt ins Burgtheater und fuhr nach Eisenstadt, um als Gäste des Fürsten Esterházy zwei Konzerte von Joseph Haydn zu besuchen, der dem großen Seefahrer die *Nelson-Messe* gewidmet hatte. Wie populär Nelson als Sieger über den verhassten Napoleon war, konnte man nicht nur daran erkennen, dass er mit seiner Geliebten – gegen jegliches Zeremoniell – vom Kaiser wie ein gekrönter Potentat empfangen wurde, sondern auch daran, dass die am Graben gelegene Goldschmiedewerkstatt *Zum grünen Kranz* während seines Wien-Besuchs *Zum Admiral Nelson* umbenannt wurde.

Nach einem Monat kehrten die Herrschaften auf ihr Landgut bei London zurück, wo sie ihr Leben zu dritt fortsetzten. Sir William starb zwei Jahre später; Admiral Nelson führte die britische Flotte 1805 bei

Trafalgar zum nächsten Sieg über Napoleon, kam dabei aber durch einen Schuss in die Wirbelsäule ums Leben. Und Lady Hamilton starb, nur fünfzig Jahre alt, vom Alkohol gezeichnet, verarmt und auf der Flucht vor ihren Gläubigern, in Calais.

Majestät und der Bäcker

Kaiser Napoleon
Wien 13., Schloss Schönbrunn

158 Tage hält sich Napoleon während der Besetzung Wiens durch französische Truppen im Jahre 1809 im *Schloss Schönbrunn* auf. Er lässt sich kaum je in der Stadt blicken, nur einmal geht er, in Begleitung mehrerer zivil gekleideter Generäle, inkognito nachts durch die Herrengasse. Bei der Freyung begegnet ihm ein Bürger namens Schöffmann, der – als er Napoleon erkennt – seinen Hut zieht. Außer sich, spricht der Kaiser, heftig gestikulierend, einige Worte mit dem ihm zur Seite stehenden General. Der Offizier fragt Schöffmann in deutscher Sprache: »Sie haben Seine Majestät erkannt?«

»Ja.«

»Wie konnten Sie sich einfallen lassen, den Kaiser zu grüßen?«

»Eben, weil ich ihn erkannte.«

»Aber Seine Majestät will nicht erkannt sein.«

»Das konnte ich nicht wissen.«

»Wer sind Sie?«

»Mein Name ist Schöffmann, ich bin Bürger und Bäckermeister.«

»Wo wohnen Sie?«

»In der Naglergasse, in meinem eigenen Hause.«

Napoleon nimmt die Übersetzung zur Kenntnis und teilt dem Bäckermeister über seinen General mit: »Seine Majestät lassen Sie wissen, Herr Schöffmann, dass, sofern Sie sich unterstehen sollten, irgendjemandem zu erzählen, dass Sie dem Kaiser hier in der Stadt zur Nachtzeit begegnet sind, er Sie vor ein Kriegsgericht berufen werde. Reden Sie kein Wort weiter und gehen Sie nach Hause.«

Napoleon I.

Schöffmann geht nach Hause. Hält sich aber nicht an den kaiserlichen Befehl. Schon am nächsten Tag erzählt er in ganz Wien stolz von seiner Begegnung.

»So teuer wie in Paris«

Hans Christian Andersen

Wien 1., Spiegelgasse 5, Gasthaus Matschakerhof

Hans Christian Andersen war so viel auf Reisen, dass er erst im Alter von 61 Jahren ein eigenes Bett besaß. In Tagebüchern, Briefen und in seinen Lebenserinnerungen schildert der Schöpfer der *Prinzessin auf der Erbse* und des *Hässlichen Entleins* seine sechs Wien-Aufenthalte zwischen 1834 und 1872, bei denen er Grillparzer, Johann Strauß Vater und andere berühmte Zeitgenossen traf. Er ging fast täglich ins Theater und bewunderte den Schauspieler Johann Nestroy.

Aus seinen Aufzeichnungen gehen auch die schweren psychischen Probleme des dänischen Dichters hervor, der unter krankhaften Selbstzweifeln litt und »nie eine Frau berührt hat«. So schwärmte er für die schwedische Sängerin Jenny Lind, die er auch in Wien traf – die seine Liebe aber nicht erwiderte.

Hans Christian Andersen

Andersen wohnte meist in Privatunterkünften, ließ sich aber bei seinem ersten Wien-Aufenthalt vorerst im renommierten *Gasthaus Matschakerhof* nieder, um von hier aus in Ruhe ein Untermietzimmer zu suchen. Er fand eines in der Bognergasse, in der Wohnung einer Kaufmannsfamilie. »Die Köchin war halbnackt, als sie mir öffnete. Ich glaube, sie geht den größten Teil des Tages halbnackt«, schreibt er in sein Tagebuch.

Das Thema beschäftigt den knapp 30-Jährigen, der in der Nähe der Kärntner Straße mit so manchem Mädchen »mitgegangen, aber unschuldig geblieben ist«, wie er weiters notiert. Es war wohl so ähnlich wie bei den von ihm beschriebenen Bordellbesuchen in Paris: »Vier Frauenzimmer traten vor mir auf, die Jüngste angeblich 18. Ich bat sie zu bleiben, sie war im bloßen Hemd, ich gab ihr 5 Franken, tat aber nichts, sah das arme Kind nur an, das sich darüber zu wundern schien.«

Welch großer Schritt von hier zum Wiener Hof, an dem er 1846 zum Tee geladen war und wo er den späteren Kaiser Franz Joseph kennen lernte. Nach der Audienz beschrieb die Zeitschrift *Der Humorist* Andersens »kindliches Gemüth« – und lieferte damit vielleicht die Erklärung dafür, dass er die Seelen seiner kleinen Leser wie kein anderer erreichte.

War Andersen bei seinen ersten Besuchen noch per Pferdekutsche gereist – mit der er von Salzburg nach Wien fünf Tage brauchte –, so fuhr er später schon mit der Bahn. Seinem Vater schreibt er, »dass es sich in Wien ebenso teuer lebt wie in Paris«, aber nach einem Innsbruck-Aufenthalt wundert er sich: »Die Tiroler nehmen kein Trinkgeld!«

Es hat sich doch einiges geändert, seit Hans Christian Andersen da war!

Hausmeister und Werkelmann

Als Verdi zum ersten Mal Wien besuchte und im alten Kärntnertortheater eine Vorstellung seiner Oper *Nabucco* leitete, wurde das kaum wahrgenommen, weil er damals, im Jahre 1843, ein noch ziemlich unbekannter Komponist war. Ganz anders sein zweites Gastspiel, 32 Jahre später in der neuen Hofoper. Nun dirigierte er, bereits als weltberühmter Mann, zwei *Aida*-Vorstellungen. Während Wiens Starkritiker Eduard Hanslick sein Werk für »unendlich langweilig« hielt, war der sonst an Musik wenig interessierte Kaiser Franz Joseph in seiner Hofloge so beglückt, dass er den Meister anderntags in Audienz empfing. Die Rolle der Aida sang Teresa Stolz (eine Tante von Robert Stolz übrigens), mit der Verdi ein Verhältnis hatte. Sie war freilich nicht die Einzige, die das Genie in jenen Tagen beglückte: Nach dem frühen Tod seiner ersten Frau (und seiner

Giuseppe Verdi

Das Nobelhotel Munsch auf dem Neuen Markt

beiden kleinen Kinder) war die berühmte Sängerin Giuseppina Strepponi Verdis Lebenspartnerin.

Verdi, der diesmal wie ein König gefeiert wurde, liebte Wien, beklagte aber zwei Tatsachen: Einerseits, dass der Zuschauerraum der Hofoper während der Vorstellung nicht abgedunkelt wurde und andererseits, dass man die Opern hier in gekürzter Fassung spielte, »weil die Hausmeister um zehn Uhr abends die Haustüren schließen«, wie er einem Freund schrieb.

Der Komponist wohnte wie schon beim ersten Mal im *Hotel Munsch* auf dem Neuen Markt. Einmal, so erzählte man, begegnete er auf dem Weg von dort zum nahen Operngebäude einem Werkelmann, der unbeholfen sein *La donna è mobile* aus der Oper *Rigoletto* herunterleierte. Der Meister warf ein paar Münzen in den Hut des Werkelmanns und forderte ihn auf, die Arie in Zukunft nicht so schnell zu spielen.

Als Verdi am nächsten Tag wieder vorbeikam, hatte der Mann ein Schild um den Hals hängen, auf dem zu lesen war: »Schüler von Giuseppe Verdi.«

Der letzte Triumph

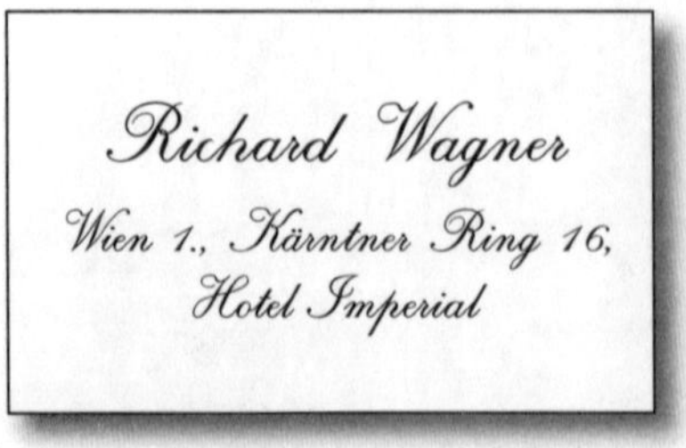

Auch Richard Wagner gastierte schon in jungen Jahren in Wien, doch behielt man ihn damals weniger als großen Künstler denn als Schuldner in Erinnerung. Der neunzehnjährige Kapellmeister musste die Haupt- und Residenzstadt sogar fluchtartig verlassen, weil er seine Außenstände nicht bezahlen konnte. Später, als wohlhabender Mann wieder in Wien, wohnte er in den Hotels *Kaiserin Elisabeth*, *Erzherzog Karl* und bei Freunden in verschiedenen Privatwohnungen. Er dirigierte mit großem Erfolg am Kärntnertortheater, im Musikvereinssaal und an der Hofoper. Freilich waren die von Johann Nestroy verfassten Wagner-Parodien auf *Tannhäuser* und *Lohengrin* in Wien noch populärer als die Originale. Auch Franz Grillparzer hatte seine Bedeutung vorerst nicht erkannt, schrieb er doch Jahre nachdem Wagner in einem Konzert die *Tannhäuser*-Ouvertüre dirigiert hatte: »Ich bin entzückt. Das heißt: gegenwärtig. Denn während des Anhörens taten mir ziemlich die Ohren weh.«

Richard Wagner

Als Wagner im November 1875 wieder nach Wien kam, logierte er bereits standesgemäß in dem zwei Jahre davor eröffneten *k. u. k. Hofhotel Imperial.* Das Gebäude war ursprünglich als Privatdomizil für den Herzog von Württemberg errichtet worden, der sich jedoch weigerte, es zu beziehen, weil an der Rückseite des Hauses eine Straße – die heu-

Das Hotel Imperial auf der Ringstraße in Wien

tige Bösendorfer Straße – angelegt wurde, die das Palais von einem großen Park abtrennte. Der Herzog verkaufte das Gebäude, dessen neuer Besitzer es zu einem Hotel umbaute, das knapp vor Beginn der Wiener Weltausstellung fertig gestellt werden konnte.

Obwohl hier seither eine Vielzahl von gekrönten Häuptern aus aller Welt nächtigte – das *Imperial* ist damals wie heute die erste Adresse für offizielle Staatsbesuche – wurde Wagner als einzigem Gast die Ehre zuteil, dass eine Tafel neben dem Hoteleingang an seinen Aufenthalt erinnert. Der Hauschronik ist zu entnehmen, dass er mit seiner Familie eine Sieben-Zimmer-Flucht bezog und ein für vierzig Gäste angesetztes Bankett gab.

Als der Meister im März des darauffolgenden Jahres noch einmal kam, fiel Wagner-Kennern auf, dass er deutlich geschwächt war. Vor allem die Musiker der Hofoper merkten bei den Proben zu einer *Lohengrin*-Aufführung, dass dem 63-Jährigen die einstige Präzision fehlte. »Zwar dirigierte er stellenweise überaus rhythmisch«, notierte der Cellist Josef Sulzer, »doch in Momenten der Ermüdung nonchalant oder gar nicht, und es wäre hierdurch eine heillose Verwirrung entstanden.« Um diese zu verhindern, wurde der Dirigent Hans Richter an die Pauke gesetzt, ohne dass Wagner ihn vom Pult aus sehen konnte.

Der Abend, an dem eigentlich Hans Richter dirigierte, wurde zum letzten Wiener Triumph für Richard Wagner.

»LÜGEN SIE DOCH EINFACH!«

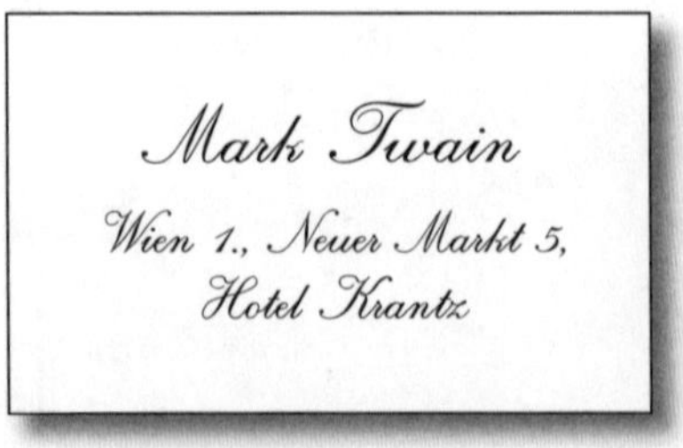

Als Mark Twain am 28. September 1897 in der k. u. k. Residenzstadt eintraf, wurde er – wie es ihm als weltberühmtem Autor zustand – von Kaiser Franz Joseph in Audienz empfangen. Dem Schöpfer der Romane *Tom Sawyer* und *Huckleberry Finn* gefiel es hier so gut, dass er nach achtmonatigem Aufenthalt im *Hotel Métropole* am Franz-Josefs-Kai noch immer nicht heimkehren wollte und sich im Sommer mit seiner Frau und seinen beiden Töchtern in der *Villa Paulhof* in Kaltenleutgeben einquartierte.

Mark Twain

Als er dort die Nachricht von der Ermordung der Kaiserin Elisabeth vernahm, eilte er sofort nach Wien, um am Trauerzug teilzunehmen. Er mietete sich diesmal im *Hotel Krantz* am Neuen Markt ein, von dessen Fenstern er zur Kapuzinergruft schauen konnte. Im *Krantz* blieb er nicht zuletzt, »weil im Vestibül ein schönes Porträt von mir hing, woran wir erkennen, dass man in diesem Hotel guten Geschmack hat«, wie er in seinen Memoiren schreibt. Aber auch, weil der Hotelbesitzer Josef Krantz erkannt hatte, dass Twains Anwesenheit »die beste Reklame ist, die man haben kann«. Und ihm deshalb eine aus acht Zimmern bestehende Suite zu einem Sondepreis überließ.

Das kurz davor eröffnete *Hotel Krantz* zählte zu den ersten Häusern der Stadt. Josef Krantz hatte das ehemalige *Hotel Munsch* erworben, abtragen lassen und an dessen Stelle ein auf dem neuesten Stand befindliches Luxushotel errichtet. Hier stiegen – auch später dann, als das *Krantz* zum *Hotel Ambassador* geworden war – Prominente wie Charles Lindbergh, der amerikanische Präsident Theodore Roosevelt, Marlene Dietrich, Maria Jeritza und Jan Kiepura ab.

Die Halle des Hotel Krantz

Mark Twain jedenfalls blieb bis Mai 1899, um dann endgültig nach Amerika zurückzukehren, da sich der Gesundheitszustand seiner an Epilepsie leidenden Tochter Jean verschlechtert hatte.

Der für seinen deftigen Humor bekannte Dichter hinterließ von seinem Österreich-Aufenthalt die folgende Episode: Als Bestsellerautor immer im Mittelpunkt nobler Gesellschaften, nahm er einmal bei einem Diner neben der Gemahlin eines Politikers Platz. Galant sagte er zu ihr: »Wie schön Sie doch sind, Madame!«

Worauf die Dame boshaft entgegnete: »Schade, dass ich von Ihnen nicht das gleiche sagen kann.«

Da konterte Twain: »Machen Sie es doch wie ich, gnädige Frau: Lügen Sie!«

»Nimm Baumwolle in die Ohren«

König Edward VII.
Bad Ischl, Pfarrgasse 2,
Hotel Elisabeth

Bad Ischl, am 12. August 1908. Der englische König verbringt ein paar Tage im *Hotel Elisabeth*, wo er den Kaiser von Österreich erwartet, um mit ihm eine Spritzfahrt zu unternehmen. Franz Joseph fährt mit dem Pferdewagen vor und wird von Edward VII. begrüßt. Nach kurzem Smalltalk schlägt der König dem Kaiser vor, mit dem Automobil durchs Salzkammergut zu fahren, sein fünfzig PS starker *Züst*-Wagen stünde ohnehin vor der Tür. Der Kaiser ist entsetzt, er ist noch nie mit einem Lift gefahren, hat niemals einen Telefonhörer angerührt, und wenn man ihm ein mit Schreibmaschine getipptes Gesuch vorlegt, wird er grantig. Franz Joseph hat sich bisher ebenso beharrlich wie erfolgreich geweigert, die technischen Errungenschaften des 20. Jahrhunderts anzunehmen. Doch jetzt kann er schon deshalb schwer nein sagen, weil vor dem Hotel viele Schaulustige stehen und die kleine Szene beobachten.

König Edward VII.

»Kaiser und König«, ist anderntags der *Neuen Freien Presse* zu entnehmen, »näherten sich dem Kraftwagen, dessen Tür von einem Diener geöffnet wurde. Der König wollte den Kaiser zuerst einsteigen lassen, aber der Kaiser winkte ablehnend mit der Hand und sagte: ›Steig du zuerst ein, du kennst dich besser aus.‹ Der König nahm Platz, dann

Das Hotel Elisabeth in Bad Ischl

stieg der Kaiser ein. Es folgte Prinzessin Gisela, die Tochter des Kaisers mit ihrem Sohn, dem Prinzen Georg. Die Prinzessin sagte zum Kaiser: ›Nimm doch Baumwolle in die Ohren, der Leopold* tut es immer, wenn er Automobil fährt.‹ Der Kaiser lehnte lächelnd ab. In dem herrlichen Trauntal nahmen die Maschinen ein etwas lebhafteres Tempo an und fuhren mit dreißig bis fünfunddreißig Kilometern in der Stunde. In vierzig Minuten war der Attersee erreicht. Um fünf Uhr fünf Minuten fuhr das Automobil mit dem König und dem Kaiser wieder vor dem *Hotel Elisabeth* vor. Die Fahrt hatte etwas weniger als achtzig Minuten gedauert.«

Kaiser Franz Joseph soll Edward die Fahrt im Automobil nie verziehen haben. Jedenfalls sagte er nach der Rückkehr in die Kaiservilla zu seinem Kammerdiener Ketterl: »Die Ausfahrt war ganz angenehm, aber meine Lipizzaner sind mir lieber.«

Edward VII. war nur einer von vielen Monarchen, die im *Hotel Elisabeth* abstiegen. Der Mailänder Architekt Tallachini hatte es 1840 errichtet – und sein Bauwerk in aller Bescheidenheit nach sich selbst benannt! Als die bayerische Prinzessin Elisabeth anlässlich ihrer Verlobung mit Kaiser Franz Joseph 1853 im Ischler *Hotel Tallachini* weilte, wurde der Name ihr zu Ehren auf *Elisabeth* verändert. Heute sind in dem Gebäude private Appartements untergebracht.

* Prinz Leopold von Bayern, der Schwiegersohn des Kaisers

DER LETZTE AUFTRITT

Der 22. März 1912 war ein nasskalter und unfreundlicher Tag. Karl May, der Schöpfer Winnetous und Old Shatterhands, hielt sich in Wien auf, um auf Einladung des *Akademischen Verbands für Literatur und Musik* einen Vortrag mit dem eigenartigen Titel *Empor ins Reich der Edelmenschen* zu halten. Ort des Referats über die Helden seiner Bücher waren die *Sophiensäle*. Unter den Zuhörern befanden sich zwei so unterschiedliche Persönlichkeiten wie die Friedensnobelpreisträgerin Bertha von Suttner, die Karl May wegen seiner Schriften für den Weltfrieden überaus schätzte, und der arbeitslose Maler Adolf Hitler, dessen Lieblingsschriftsteller Karl May war.

Karl May

Die ersten literarischen Erfolge hatte der mit einer Auflage von achtzig Millionen Exemplaren erfolgreichste deutsche Autor einem Aufenthalt im Gefängnis zu verdanken. Der als Sohn eines armen Webers geborene Karl May war als Kleinkind erblindet und konnte erst als Fünfjähriger wieder sehen. Als jungen Volksschullehrer beschuldigte man ihn, die Uhr eines Kollegen gestohlen zu haben. Als ihm deswegen die Lehrbefugnis entzogen wurde, geriet er tatsächlich auf die schiefe Bahn, man suchte ihn per Steckbrief als Pferdedieb, Betrüger und Hochstapler. Als er geschnappt wurde, musste Karl May für acht Jahre ins Zuchthaus.

Die Sophiensäle in der Marxergasse

Dort begann er seine Abenteuerromane über die Indianer Nordamerikas und die Bewohner des Vorderen Orients zu schreiben, ohne je in diesen Teilen der Welt gewesen zu sein. Nach seinem Gefängnisaufenthalt führte er, obwohl er mit seinen Büchern viel verdiente, ein kleinbürgerliches Leben und holte die Reisen an die Schauplätze seiner Werke nach, die er in seiner Jugend versäumt hatte.

In seinem letzten Lebensjahr kam er mehrmals nach Österreich, zuletzt in die *Sophiensäle*. Von hier reiste der Siebzigjährige heim nach Radebeul bei Dresden, wo er am 30. März der Lungenentzündung erlag, die er sich aufgrund einer Verkühlung in Wien zugezogen hatte. Seine letzten Worte waren: »Großer Sieg! Ich sehe alles rosenrot!«

Bertha von Suttner, die ihn acht Tage zuvor noch in Wien erlebt hatte, schrieb in ihrem Nachruf: »Wer den schönen, alten Mann sprechen gehört, durch ganze zwei Stunden, weihevoll, begeisterungsvoll, der musste das Gefühl haben: In dieser Seele lodert das Feuer der Güte.«

Kriegsausbruch im Kurpark

Elias Canetti war 1914 neun Jahre alt. Die Sommerferien verbrachte er in Baden bei Wien, wo seine Familie eine Wohnung im ersten Stock eines Hauses am Franz-Joseph-Ring gemietet hatte. An den Nachmittagen ging er meist mit der Mutter und seinen beiden jüngeren Brüdern in den Kurpark, wo sie mit großer Begeisterung der Musikkapelle und ihren Polkas, Märschen und Wiener Walzern lauschten. Da die in Bulgarien geborenen Canetti-Buben in Manchester aufgewachsen waren, sprachen sie Englisch miteinander, was in dem mondänen Kurort mit seinen internationalen Gästen selbstverständlich war und daher nicht weiter auffiel.

Bis Ende Juli dieses Jahres der Krieg ausbrach. Von da an war alles anders.

»Die Masse von Menschen, die sich in den Kurpark drängte, wurde immer dichter«, erinnerte sich Canetti später. »Die Stimmung wurde immer erregter, ohne dass ich begriff, warum, und als die Mutter mir sagte, dass wir beim Spielen nicht so laut Englisch schreien sollten, nahm ich nicht viel Notiz davon und die Kleinen natürlich noch weniger.«

Am 1. August unterbrach der Kapellmeister die Musikdarbietung, klopfte mit dem Taktstock aufs Pult und las dem Publikum die Worte vor: »Deutschland hat Russland den Krieg erklärt!« Daraufhin stimmte die Kapelle zuerst die österreichische Kaiserhymne *Gott erhalte* an und danach die deutsche Hymne *Heil dir im Siegerkranz*. Die Besucher des Kurparks erhoben sich von ihren Plätzen und sangen erhobenen Hauptes mit.

Elias Canetti

Nur der kleine Elias und seine Brüder sangen – »ich weiß nicht, ob aus Gewohnheit oder aus Trotz« – laut und deutlich die Worte der englischen Hymne *God save the King*. »Da wir dicht gedrängt unter all den Leuten standen, war es unüberhörbar. Plötzlich sah ich wutverzerrte Gesichter um mich und Arme und Hände, die auf mich losschlugen. Selbst meine Brüder, auch der Kleinste, bekamen etwas von den Schlägen ab, die mir galten. Aber was mich viel mehr beeindruckte, waren die hassverzerrten Gesichter.«

Aus Freunden und Urlaubsbekanntschaften waren über Nacht Feinde geworden.

Die Kinder konnten das nicht verstehen.

»Sie san heut scho der Dritte«

Giacomo Puccini
Wien 1., Kärntner Ring 1,
Hotel Bristol

Puccini liebte Wien, wohin er besonders gerne kam, da die hiesigen Opernaufführungen viel zur weltweiten Popularität seines Werks beitrugen. Kaum bekannt ist, dass der Komponist für Wien sogar eine Operette geschaffen hat, sie hieß *La Rondine* und sollte am Carltheater auf der Praterstraße ihre Weltpremiere erleben. Freilich fiel die von vielen sehnsüchtig

Giacomo Puccini

erwartete Uraufführung aus finanziellen Gründen ins Wasser, worauf die Noten in den Schreibtischen mehrerer Wiener Theaterdirektoren zu verstauben drohten. Erst nach vier Jahren, am 9. Oktober 1920, kam es zur tatsächlichen ersten Vorstellung der *Rondine*, ebenfalls in Wien – aber an der Volksoper.

Am Tag vor der Premiere ereignete sich ein Zwischenfall, der Puccini unvergesslich blieb: Bei Probenbeginn trat Volksoperndirektor Karl Lustig-Prean vor den Vorhang und forderte das Publikum ein wenig verlegen auf, das Theater wieder zu verlassen, da »das Werk noch nicht vollständig probiert und daher nicht reif für eine öffentliche Generalprobe« sei. Die Aufführung, sagte er, eigne sich nur als ganz normale Arbeitsprobe, die man den Gästen des Hauses nicht zumuten könne.

Ein paar hundert Besucher standen auf, um die Volksoper murrend zu verlassen. Nur Puccini, der verständlicherweise auch Zeuge einer nicht öffentlichen Probe seines Werks sein wollte, blieb sitzen.

Als der Zuschauerraum leer war, trat ein Billeteur auf den Meister zu, um ihn aufzufordern, »wie alle anderen Besucher das Haus zu verlassen«.

»Ich bin Puccini«, wehrte sich das Genie. »Ich bin der Komponist des Werks.«

»Sie san heut scho der Dritte, der was des sagt«, erwiderte der Billeteur. »Schaun S', dass ausse kommen.«

Der zufällig Zeuge dieses Dialogs gewordene Musikkritiker Max Graf hatte alle Mühe, den Kartenabreißer davon zu überzeugen, dass Puccini wirklich Puccini war.

Sein Geld wert

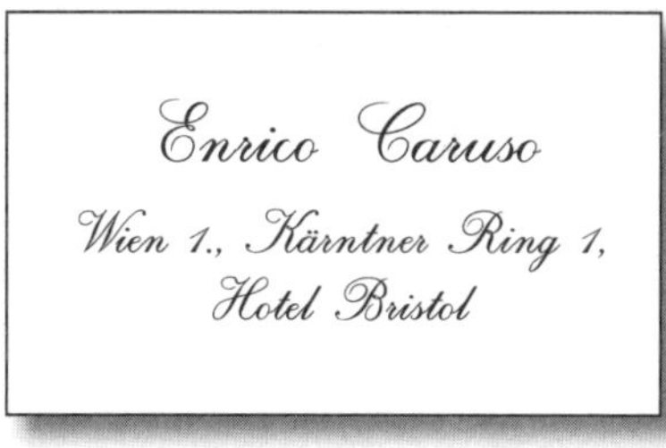

Der sonst so erfolgreiche »österreichische Weg«, verdienten Künstlern einen Titel zu verleihen, statt ihnen hohe Gagen zu zahlen, hat in diesem Fall nicht funktioniert: Kaiser Franz Joseph ernannte Enrico Caruso nach seiner ersten Vorstellung an der Wiener Hofoper zum Kammersänger, aber dieser war dennoch nicht bereit, seine Honorarforderungen zu reduzieren. Carusos exorbitante Gagen füllten bei jedem Wien-Aufenthalt die Schlagzeilen, einmal spielten sie am Rande sogar bei einem unliebsamen Zwischenfall mit, der von seinem Europa-Manager Emil Ledner so geschildert wurde: »An einem Sonntage, nach einer Klavierprobe im Wiener Opernhause, traten wir auf die Straße, um uns ins Hotel zu begeben

Enrico Caruso (Bildmitte) vor dem Hotel Bristol

und sahen uns einer, die ganze Länge und Breite der Ringstraße füllenden Menschenmasse gegenüber. Es fand irgendeine politische Demonstration statt. Plötzlich wurde Caruso erkannt, von einer Schar halbwüchsiger Burschen umringt, die unter johlendem Schreien die Hände erhoben und ihm zuriefen: ›Dos is ja der Katzelmacher, der jeden Tag 30 000 Kronen auffrisst.‹ Wenn auch der Weg vom Opernhaus ins *Hotel Bristol* nur etwa hundert Schritte erforderte, war ich doch einigermaßen froh, als ich, eingekeilt in eine inzwischen auf einige hundert Personen angewachsene, schreiende und johlende Menge Caruso ins Hotel bugsiert hatte.«

Die »Sirk-Ecke« im Erdgeschoss des Bristol

Die »30 000 Kronen«, die ihm die Demonstranten vorwarfen, waren etwas zu hoch gegriffen. In Wirklichkeit kassierte der berühmteste Sänger seiner Zeit für 14 *Rigoletto-* und *Aida-*Vorstellungen, die er zwischen 1906 und 1913 in Wien gab, pro Abend 15 000 Kronen*. Und doch war man sich einig: »Wie hoch er auch bezahlt wird, Caruso ist immer jener Künstler, der die Impresari am wenigsten kostet.«

Jedenfalls reichte das Honorar für die Miete zweier nebeneinander liegender Suiten, der Appartements 101 und 102, im *Hotel Bristol.*

* Entspricht laut *Statistik Austria* im Jahre 2005 einem Betrag von rund 65 000 Euro

Die gestohlene Stradivari

> *Bronislaw Hubermann*
>
> *Wien 1., Kärntner Ring 16, Hotel Imperial*

Dass Bronislaw Hubermann als berühmter Geigenvirtuose in den großen Konzertsälen der Welt wahre Triumphe feierte, ist bekannt. Dass er einmal jedoch im Sicherheitsbüro der Wiener Polizei auftrat, mag erstaunen.

Der polnische Geiger hielt sich knapp nach dem Zusammenbruch der österreichisch-ungarischen Monarchie für ein paar Tage in Wien auf, um ein Konzert zu geben. Am 28. Jänner 1919 langte bei der Polizeidirektion eine Anzeige ein, der zufolge im *Hotel Imperial* Hubermanns Geige gestohlen worden sei. Und es war nicht irgendeine Geige, sondern – wie sich's für einen Virtuosen vom Range eines Hubermann gehörte – eine Stradivari!

Der Polizeiapparat begann auf Hochtouren zu laufen, zumal alle Welt nach Wien blickte: Der geniale Geiger erklärte den ermittelnden Kriminalbeamten, dass er im Zugabteil auf der Fahrt nach Wien so unvorsichtig gewesen sei, einem Unbekannten gegenüber die Besonderheit seiner Geige zu erklären.

In den nun folgenden Stunden fanden die Polizisten durch Befragung mehrerer Passagiere heraus, dass es sich bei dem Mitreisenden um den amtsbekannten Hochstapler Josef Baum handelte. Dieser war, als der Zug in Wien ankam, Hubermann vom Westbahnhof ins *Hotel Imperial* gefolgt und dort in einem günstigen Moment in das Zimmer des Künstlers eingedrungen, wo er das wertvolle Instrument an sich nahm.

Die Wiener Polizei konnte den Einbrecher innerhalb kürzester Zeit ausfindig machen und die Geige sicherstellen. Als ein Beamter zu Hubermann ins *Imperial* kam, um ihm die erfreuliche Nachricht zu überbringen, fiel dieser ihm überglücklich in die Arme. Hubermann fuhr mit ihm ins Sicherheitsbüro und setzte dort eine einmalige Geste. Der Maestro nahm seine wieder gewonnene Stradivarius aus dem Geigenkasten, streichelte und putzte sie. Und gab dann ein fulminantes Konzert. Ein Konzert, das die Polizeibeamten nie mehr vergessen sollten.

Ein Original auf Reisen

Im Jahre 1923 wurde das große bayerische Original Karl Valentin, begleitet von seiner Partnerin Liesl Karlstadt, zu einem Gastspiel in das auf der Mariahilfer Straße gelegene *Kabarett Chat Noir* eingeladen. Von der Reise nach Wien ist eine der für ihn so typischen, skurrilen Geschichten überliefert.

Chat-Noir-Direktor Rudolf Markoschek war eigens nach München gefahren, um den großen Komödianten für das Wien-Gastspiel gewinnen zu können. Doch der Kabarettchef wusste nicht, dass Valentin unter einer schrecklichen Reisephobie litt.

»Was?«, war Karl Valentins erste Reaktion auf die Einladung, »I soll mit an Zug fahren? Am Schluss kommt auf demselben Gleis der Gegenzug daher – und schon wär's passiert. Kommt nicht in Frage!«

Herr Markoschek unternahm daraufhin alle nur erdenklichen Anstrengungen, um Karl Valentin von der Unwahrscheinlichkeit einer Eisenbahnkollision zu überzeugen, zumal jede Zuggarnitur, wie er betonte, exakt nach Fahrplan unterwegs sei. »Na ja«, protestierte Valentin, »das is ma zu unsicher. Meine Bedingung warat, dass i vorn beim Zugführer in der Lokomotiv sitz, damit i sofort einschreiten könnt, wenn a Gegenzug kummt. Nur dann würd i nach Wien fahrn.«

Karl Valentin

Direktor Markoschek holte nun bei der obersten Bahnbehörde eine Sondergenehmigung ein, die es dem prominenten Fahrgast ermöglichte, sich während der gesamten Fahrt von München nach Wien und retour im Führerstand der Dampflok aufzuhalten.

Jetzt sagte Valentin zu. Und er bestieg im November 1923 gemeinsam mit Liesl Karlstadt das Wagenabteil 1. Klasse. In dem er – ohne seinen Sonderwunsch noch einmal anzuführen – nach Wien reiste.

Er hatte vergessen, wie ängstlich er war.

Ein Amerikaner in Wien

George Gershwin
Wien 1., Kärntner Ring 1,
Hotel Bristol

Im Frühjahr 1928 brach George Gershwin zu einer mehrwöchigen Europareise auf, die ihn – aus New York kommend – nach London, Paris und Berlin führte, ehe er am 27. April in Wien einlangte. Amerikas bedeutendster Komponist wollte in jeder Metropole mit den wichtigsten Musikern seiner Zeit zusammenkommen. In Paris traf er Ravel und Prokofieff und für Wien waren Termine mit Lehár, Kálmán und Alban Berg vereinbart. Gershwin besuchte aber auch Adele Strauß, die 72-jährige Witwe des

George Gershwin

Walzerkönigs, die ihm zu einem horrenden Preis die Originalpartitur der *Fledermaus* zum Verkauf anbot, auf die dieser aber verzichtete. Mit Kálmán und Freunden verbrachte Gershwin einen Abend im *Sacher* und danach im *Café Westminster* auf der Mariahilfer Straße, wo eine 40-Mann-Kapelle dem Amerikaner zu Ehren dessen *Rhapsodie in Blue* spielte.

George Gershwin, der von seinem Bruder Ira begleitet wurde, wohnte im *Bristol*, wo er vormittags und in den späten Nachtstunden an seinem *Amerikaner in Paris* arbeitete. Das *Bristol* hatte auch jetzt, in den zwanziger Jahren, nichts von jenem Charme eingebüßt, den es vor allem der *Sirk-Ecke* im Erdgeschoss verdankte. Hier befand sich der in der Monarchie legendär gewordene eleganteste Korso von Wien, an dem zur Mittagszeit Aristokraten, Politiker, hohe Beamte und Künstler – samt Damenbegleitung – promenierten und miteinander ins Gespräch kamen. Benannt war die *Sirk-Ecke* nach dem Kaufmann August Sirk, der an der Straßenfront des *Bristol* ein Sport- und Lederwarengeschäft betrieb.

Auch ohne Korso sprach sich in Wien jetzt jene Episode herum, die George Gershwin aus Paris mitgebracht hatte. Der geniale Autodidakt war dort mit dem weltberühmten Komponisten Igor Strawinsky zusammengetroffen. »Meister Strawinsky«, soll er zu diesem gesagt haben, »ich kenne Ihre Werke nur aus dem Konzertsaal und ich verehre Sie. Ist es denkbar, dass man bei Ihnen lernt, dass man bei Ihnen Stunden nimmt? So ferne ich mir das überhaupt leisten kann.«

»Wie viel verdienen Sie?«, fragte Strawinsky.

Darauf Gershwin: »Eine Million Dollar im Jahr.«

Da lachte Strawinsky: »Dann, bitte, unterrichten *Sie mich*!«

Mehr als ein Bananenrock

Während Josephine Baker in aller Welt umjubelt wurde, musste sich die schwarze Varietékünstlerin im März 1928 bei ihrem Auftritt im Wiener Johann-Strauß-Theater schwere Ausschreitungen gefallen lassen. Sogar im Parlament kam es wegen des »Sittenverfalls« zu heftigen Diskussionen, und die NSDAP rief zu einer Massenprotestversammlung auf, weil sie in den »unkultivierten Schweinetänzen« ein bedrohliches Zeichen des »Kulturbolschewismus« sah. In der dem Johann-Strauß-Theater benachbarten Paulanerkirche wurde – »als Buße für schwere Verstöße gegen die Moral« – ein Sondergottesdienst abgehalten.

Josephine Baker

Das Panhans am Semmering

Das Publikum ließ sich von dem angeblichen Skandal nicht beirren, der Auftritt des Nacktstars wurde zum Triumph der »göttlichen Josephine«, die bei ihrem legendären Bauchtanz nur ein Röckchen aus Bananenblättern trug und »oben gar nix anhatte«. Dazu sang sie noch, auf einer riesigen Puderquaste sitzend, ihre betörenden Chansons.

Um den politisch motivierten Anfeindungen zu entgehen, zog es Josephine Baker vor, sich nicht in Wien, sondern im *Hotel Panhans* am Semmering einzuquartieren. Die Hotelboys, so wurde vermeldet, waren einen halben Tag damit beschäftigt, die Koffer der 24-jährigen Schönheit auszupacken.

Da muss sie also doch mehr als ihr Bananenröckchen mitgeführt haben.

Ein »Piefke« am Wolfgangsee

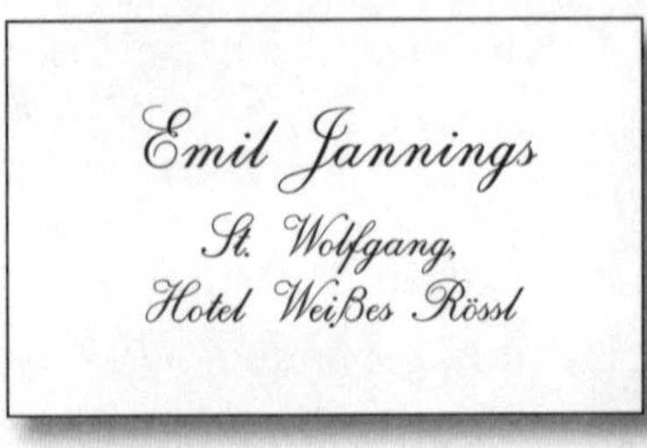

Es war im Sommer 1929, als der Oscar-Preisträger Emil Jannings den Berliner Theaterdirektor Eric Charell zum Mittagessen einlud. Man speiste an diesem strahlenden Sonnentag auf der Terrasse des *Gasthofs Zum Weißen Rössl* am Wolfgangsee, in dessen Nachbarschaft Jannings ein Landhaus hatte. Als der Schauspieler die Speisenkarte studiert hatte, bestellte er beim Kellner nicht einfach wie ein normaler Gast, sondern ebenso »piefkinesisch« wie der deutsche Urlaubsgast Wilhelm Giesecke in dem 1898 uraufgeführten Lustspiel *Im Weißen Rössl*: »Wenn ick Dampfer fahre, will ick Aal jrün essen, det jehört zusammen. Aber so was kenn' die Brüder hier nich'.«

Emil Jannings

Die Terrasse des Weißen Rössl in St. Wolfgang am Wolfgangsee

Charell lachte Tränen, und da er für sein Großes Schauspielhaus im damals »revueverrückten« Berlin eine zugkräftige Ausstattungsoperette suchte, ließ er sich alles Nähere von Jannings schildern, der sich an den Inhalt des Lustspiels noch sehr gut erinnern konnte, weil er darin als sechzehnjähriger Eleve in der Rolle des Giesecke debütiert hatte.

Das Lustspiel der Berliner Schriftsteller Oscar Blumenthal und Gustav Kadelburg war längst in Vergessenheit geraten und sollte erst jetzt, fast drei Jahrzehnte später, durch die kleine komödiantische Szene von Jannings wieder entdeckt werden. »Daraus machen wir eine Operette«, schaltete Eric Charell schnell und beauftragte den Komponisten Ralph Benatzky, das Stück zu vertonen.

Die Uraufführung des *Weißen Rössl* fand am 8. November 1930 im Großen Schauspielhaus in Berlin statt. Das erfolgreichste Singspiel des 20. Jahrhunderts war entstanden, weil Emil Jannings beim Mittagessen am Wolfgangsee einen »Piefke« gespielt hatte …

Das Hotel war schon 1896 im *Baedeker* mit einem Stern versehen und für die »moderaten Preise« (Zimmer 1,20 Gulden, Frühstück 45 Kreuzer) gelobt worden. »Die Herbergen in Salzburg«, hieß es damals noch, »nehmen das Vierfache.«

»Der Tramp« im Luxushotel

Charlie Chaplin
Wien 1., Kärntner Ring 16,
Hotel Imperial

Man empfing ihn wie einen König. Obwohl erst zwei Stunden vor seiner Ankunft bekannt wurde, dass Charlie Chaplin im Rahmen seiner Europatournee auch nach Wien kommen würde, um seinen neuen Film *Lichter der Großstadt* vorzustellen, pilgerten an diesem 17. März 1931 Tausende Menschen zum Franz-Josefs-Bahnhof.

Die Wiener hatten aber auch allen Grund, neugierig zu sein, wie's dem »Tramp« ging. Denn Chaplin war gerade erst von seiner zweiten Frau Lita Grey geschieden worden und befand sich, wie man allerorten hörte, in einer seelischen Krise. Doch davon merkte man nichts, denn Charlie war bester Laune und ließ sich von den Wienern ausgiebig feiern. Vor dem *Imperial* kletterten die Schaulustigen auf Bäume, um den größten Filmstar ihrer Zeit aus der Nähe sehen – und zum ersten Mal auch hören zu können. Denn, obwohl der Tonfilm längst erfunden war, drehte Chaplin seine Filme nach wie vor stumm. Die einzigen Worte, die er in ein Wiener Mikrofon sprach, enttäuschten ein wenig, denn er sagte nur: »Guten Tak! Guten Tak!« Dann drehte er sich um und ging seines Weges.

Charlie Chaplin

Abends besuchte Chaplin die Oper, in der *Jim und Jill* gegeben wurde. Als er seine Loge betrat, setzte im ganzen Haus stürmischer Applaus ein. Am nächsten Tag wurde er am Graben von einer Menschenmenge umringt, die ihn vor einem Grammophongeschäft entdeckt hatte. Eine junge Dame schlich sich in sein Hotelappartement, angeblich, um ihn von ihren schauspielerischen Qualitäten zu überzeugen, danach traf Chaplin noch den Komponisten Oscar Straus und den Erzherzog Leopold.

»So ein Star hat's auch nicht leicht«, kommentierten die zum Südbahnhof geeilten Wiener den hohen Besuch, der sich endlich erschöpft in den Schlafwagen nach Venedig fallen ließ.

Im Zimmer des Kronprinzen

> *Mistinguett*
> *Wien 1., Kärntner Ring 16,*
> *Hotel Imperial*

Und noch ein Aufsehen erregender Auftritt in Wien. Im März 1933 gastierte die Mistinguett im Ronacher. Ganz Wien wartete darauf, die – angeblich auf eine halbe Million Dollar versicherten – Beine des weltberühmten Revuestars zu erspähen. Man freute sich aber auch darüber, dass die Chansonette Humor hatte. Erklärte sie doch in einem Interview: »Ihr könnt lange suchen, bis ihr eine Frau findet, die im selben Jahr geboren ist wie ich und die die Fünfzig noch immer nicht erreicht hat.«

Um es exakt zu sagen: Jeanne-Marie Bourgeois, wie sie mit bürgerlichem Namen hieß, war 1873 in Enghien-les-Bains zur Welt gekommen und damit bereits sechzig Jahre alt, als sie ihr Wiener Publikum durcheinander wirbelte.

Mistinguett

Auch in ihren Memoiren *Toute ma vie* erinnert sich die Varietékünstlerin an ihr Gastspiel an der Donau. Sie beschreibt auch ihr prachtvolles Appartement im *Hotel Imperial.* »Ich nächtigte in demselben Zimmer wie Kronprinz Rudolf. Wahrscheinlich«, setzt sie fort, »wird man einmal unter den Gästen verkünden: ›In diesem Zimmer schliefen Kronprinz und Mistinguett. Aber nacheinander.‹«

Kein Wunder, dass sie ein so nobles Logis bezahlen konnte: Die Mistinguett hatte sich für das Sensationsgastspiel die horrende Gage von 25 000 Schilling* ausgehandelt. Um sie finanzieren zu können, mussten die Eintrittspreise im Ronacher deutlich erhöht werden.

* Entspricht laut *Statistik Austria* im Jahre 2005 einem Betrag von rund 70 000 Euro

Der »Führer« im Männerheim

Demokraten, Diktatoren und ein Kardinal

Büro und Wohnung

Klemens Fürst Metternich
Wien 1., Ballhausplatz 2

Der mächtige Staatskanzler hatte sich eine Welt geschaffen, die ihm einen praktischen Alltag bescherte. Klemens Fürst Metternich wohnte und arbeitete in ein und demselben Haus, dem heutigen Bundeskanzleramt am Wiener Ballhausplatz, weshalb das von Lukas von Hildebrandt errichtete Palais weit reichenden Umbauten unterzogen werden musste, die eine Nutzung als Wohn- und Arbeitsstätte ermöglichten.

Metternichs Anweisungen zufolge waren im Souterrain die Stallungen und Wagenschuppen sowie Küche und Zuckerbäckerei untergebracht; die Beamten der K. k. Geheimen Staatskanzley arbeiteten, meist mehrere in einem Raum zusammengedrängt, im Hochparterre. Von dort führte eine Wendeltreppe in den prunkvollen ersten Stock, den der Staatskanzler für seine Zwecke ausbauen ließ. Hier befanden sich seine Arbeits- und Repräsentationsräume – darunter der *Kongresssaal*, in dem 1815 die Schlussakte des *Wiener Kongresses* unterzeichnet wurde – und auch die Privatgemächer des Fürsten, der nur ein paar Türen durchschreiten musste, um vom Büro in die geschmackvoll und mit wertvollen Kunstwerken bestückte Dienstwohnung zu gelangen. Insgesamt hat er in diesem Haus, jeweils von September bis Mai, in den Jahren von 1810 bis 1848 regiert *und*

Klemens Metternich

logiert. Seine Kinder und sein Bruder, der als Sonderling galt, sowie die Dienerschaft bewohnten den zweiten Stock.

Metternich bewohnte den ersten Stock des Kanzleramtes

Die Sommermonate verbrachte Metternich im familieneigenen Gartenpalais am Rennweg. Darüber hinaus verfügte der dreimal verheiratete Staatskanzler über diverse Privatquartiere, in denen seine zahlreichen Geliebten untergebracht waren.

Der Bürgermeister und die Frauen

Kein anderer Politiker erfreute sich in jenen Tagen derartiger Beliebtheit wie der Wiener Bürgermeister Karl Lueger. Und die Herzen der Frauen flogen ihm ganz besonders zu. Dennoch blieb er Junggeselle, und er führte, laut Friedrich Heer, sogar »das zölibatäre Leben eines Priesters«. Nun, ganz so schlimm war's auch nicht, sind doch zumindest zwei Affären des »Bürgerkaisers« bekannt geworden. Lueger wohnte zeitlebens in gemeinsamem Haushalt mit seinen beiden Schwestern Hildegard und Rosa, die sich rührend seiner annahmen, ihn aber auch von der Außenwelt abschirmten – ganz besonders von den ihn anhimmelnden Wienerinnen. Karl Lueger soll seiner Mutter auf deren Totenbett versprochen haben, seine Schwestern niemals allein zu lassen, was praktisch einem »Eheverbot« gleichkam. Nicht jedoch einem »Beziehungsverbot«.

Der Politiker fühlte sich magisch von den schönen Künsten angezogen, und so ist's kein Zufall, dass seine erste uns namentlich bekannte Geliebte vom Theater kam. Sie hieß Caroline Valerie Loewy und trat als Schauspielerin unter dem Namen Valerie Grey auf. Luegers Beziehung zu einer Jüdin erstaunt umso mehr, als antisemitische Floskeln zu seinem Repertoire gehörten. Immerhin bestätigt die Romanze mit Valerie den bekannten Lueger-Spruch »Wer ein Jud ist, bestimm ich«.

»Der schöne Karl«, wie er genannt wurde, hatte die 35-jährige Offizierstochter noch in seiner Eigenschaft als Rechtsanwalt kennen gelernt, als sie 1880 ein kleines Theater in der Canovagasse gründete und sich wegen der Aufführungsrechte diverser Stücke an ihn wandte. Lueger, damals Wiener Gemeinderat und politisch überaus ambitioniert, fühlte sich von der attraktiven Künstlerin angezogen und nahm bei ihr Rhetorikunterricht (der sich für seine weitere Karriere als förderlich erweisen sollte). Die körperliche Nähe, die sich aus den Sprechübungen ergab, hatte ein fünf Jahre andauerndes Verhältnis zur Folge.

Auch die zweite Verbindung ging er mit einer Künstlerin ein. Marianne Beskiba war Malerin und erhielt 1895 den Auftrag, ein Porträt des damaligen Bürgermeisterkandidaten anzufertigen. Politiker und Malerin entflammten füreinander und blieben bis kurz vor Luegers Tod auf das Innigste verbunden. Der zum Teil erhalten gebliebenen Korrespondenz ist zu entnehmen, dass er sie »süßes Weibi« und sie ihn »Krampus« nannte.

Karl Lueger

Als die Wiener über das Paar zu tuscheln begannen, weil man den inzwischen zum Bürgermeister gewählten Lueger und die um 25 Jahre jüngere Frau bei gemeinsamen Ausflügen beobachten konnte, bekam Lueger Angst, seine weiblichen Verehrerinnen vor den Kopf zu stoßen. Und das, obwohl Frauen damals gar nicht wahlberechtigt waren, aber der Volkstribun wusste, dass sie das Wahlverhalten ihrer Männer entscheidend beeinflussten.

Die Beziehung zu Marianne Beskiba bekam Risse, weil Lueger – wohl aus politischen Gründen – ein ihr gegebenes Eheversprechen nicht einhielt.

Marianne hatte eine dramatische Familiengeschichte. Als ihre Mutter starb, begingen deren drei Schwestern und ein Bruder gemeinschaftlich Selbstmord durch Einnahme von Zyankali – eine vierfache Tragödie, die 1894 in Wien großes Aufsehen erregt hatte. Jahre später unternahm auch sie, die Geliebte des Bürgermeisters, einen Selbstmordversuch, der jedoch missglückte. Marianne Beskiba starb 1934 völlig mittellos und wurde in einem Armengrab der Stadt Wien beigesetzt.

Karl Lueger besaß neben seiner Privatwohnung in der Marokkanergasse auch ein Haus am Josefsplatz in Baden und eine Dienstwohnung im Wiener Rathaus. In dieser starb er 1910 im Alter von 65 Jahren – bis zuletzt von seinen beiden Schwestern umsorgt.

Lueger wohnte in der Marokkanergasse 3

Das Sacher der armen Leute

Adolf Hitler
Wien 20.,
Meldemannstraße 25–27

Es ist ein großer, vierstöckiger Bau in der Wiener Vorstadt Brigittenau, in dem Generationen von Obdachlosen ihr Dasein fristeten. Einer von ihnen war Adolf Hitler, der drei Jahre im Männerheim in der Meldemannstraße wohnte. Hier wurde die geistige Basis für sein späteres Regime gelegt, denn im Lesesaal und in seiner Schlafkabine sog der junge Mann aus Braunau die krausen Schriften auf, die in ihm jenes Gedankengut reifen ließen, das die Welt in die nationalsozialistische Katastrophe stürzte.

Das Motto war damals schon klar und hing in Reimform über dem Eisenbett seiner Schlafkoje: »Ohne Juda, ohne Rom/Wird gebaut Germaniens Dom.«

Als der 20-Jährige am 9. Februar 1910 in der Meldemannstraße einzog, musste ihm das neue Domizil geradezu paradiesisch erscheinen. Tatsächlich war das »Sacher der armen Leute« ein sozialpolitischer Meilenstein. Hitler hatte drei Jahre lang, wie Tausende Zuwanderer, als Bettgeher in schmutzigen Kellern, verwanzten Asylen, auf Parkbänken und Bahnhöfen gehaust. Dagegen bot das neu errichtete Männerheim eine vergleichsweise menschenwürdige Unterkunft: Jeder Bewohner hatte sein eigenes Bett, es gab Duschen, Bäder und eine Küche für Selbstversorger. Allerdings musste der »Luxus« mit 2,50 Kronen*

* Entspricht laut *Statistik Austria* im Jahre 2005 einem Betrag von rund elf Euro

pro Woche bezahlt werden.

Hitler war somit gezwungen, einer mehr oder weniger geregelten Arbeit nachzugehen, um nicht wieder in seine früheren, noch armseligeren Behausungen zurückkehren zu müssen. Dabei kam ihm zugute, dass er über eine zeichnerische Fertigkeit verfügte, die ihn jetzt über Wasser hielt.

Das Männerheim in der Meldemannstraße

In der Meldemannstraße lebten 544 Arbeitslose, Alkoholiker oder auf andere Weise Gestrauchelte. Hitler saß für gewöhnlich im Schreibraum und bemalte zwei bis drei Postkarten pro Tag, die andere Heimbewohner für ihn gegen Provision in Gasthäusern zum Verkauf anboten. Später produzierte er auch größere Aquarelle und Ölbilder, die seine Geschäftspartner für fünf bis zehn Kronen an Tapezierer und Rahmenhandlungen verkauften. Zeitweise fanden seine Bilder, die meist Kirchen und Wiener Wahrzeichen darstellten, recht guten Absatz.

Hitler studierte in der Meldemannstraße aber auch die Schriften seiner »alldeutschen« Idole Lanz von Liebenfels und Georg von Schönerer, aus denen er oft und gerne zitierte – auch vor den jüdischen Mitbewohnern im Männerheim. Mit einigen von ihnen verband ihn eine Art Freundschaft. Wie etwa mit dem Schlosser Simon Robinson, der ihm immer wieder kleine Geldbeträge zusteckte, oder mit dem Hausierer Josef Neumann, der beim Verkauf seiner Bilder behilflich war. Und doch scheute Hitler in endlosen Monologen nicht davor zurück, vor seinen jüdischen Kollegen »den Juden« die Schuld an allem Übel der Welt zu geben, weshalb er sie »nach Palästina schicken« wollte.

»Aber wenn die Juden auswandern«, erwiderte Josef Neumann einmal, »wäre das ein Unglück für Österreich, weil sie ihr ganzes Geld mitnehmen würden.«

»Nein«, widersprach Hitler, »das dürften sie nicht. Das Geld würde beschlagnahmt!«

Hätte man damals seinen Mitbewohnern prophezeit, dass der schmutzig gekleidete Maler, dem die langen, verfilzten Haare über den Hemdkragen hingen, einmal Führer einer großen Nation sein würde, hätten sie wohl nur gelacht. Denn Hitler ging den anderen mit seinen fanatischen Reden über die »jüdische Weltverschwörung«, seinen Schimpfkanonaden auf Kirche und Monarchie nur auf die Nerven. Zuweilen nagelte man ihm während seiner hasserfüllten Ansprachen die Rockschöße an den Sessel, einmal wurde er aus der Küche geworfen und dabei am Kopf verletzt.

Es mag skurril klingen, entspricht aber der Wahrheit: Die Aufenthaltsräume im Männerheim wurden zur Probebühne für spätere Hetzreden, die Hitler vor Hunderttausenden Zuhörern halten sollte.

Im Mai 1913 meldet er sich vom Obdachlosenasyl ab, um nach München zu übersiedeln. Sechs Jahre später wird dort seine politische Karriere beginnen.

Nach dem »Anschluss« an das Deutsche Reich wird die Meldemannstraße zu einem Altersheim umgebaut, die bisherigen Bewohner werden als »Asoziale« in Arbeitslager gesteckt. Hitler war es peinlich, hier gelebt zu haben, weshalb er seinen dreijährigen Aufenthalt durch die Nazipropaganda vertuschen ließ. Für seine Biografie wurde eine Wiener Wohnung erfunden, die er vermutlich nie betreten hat.

Die Ermordung des Ministerpräsidenten

Im *Meissl & Schadn* war gemischtes Publikum anzutreffen. Aristokraten, Kaufleute, Politiker und Künstler schätzten das hoteleigene Restaurant als »Mekka der Rindfleischesser«, und in der *Schwemme* desselben Hauses trafen sich die Kutscher des nahen Fiakerstandplatzes zu Gulasch und Bier. All das wäre vergessen, hätte das mondäne Hotel nicht über Nacht traurige Berühmtheit erlangt. Es wurde im Ersten Weltkrieg zum Schauplatz eines politischen Attentats, dem Österreich-Ungarns Ministerpräsident Karl Graf Stürgkh zum Opfer fiel.

Karl Graf Stürgkh

Am 21. Oktober 1916 betritt der 37-jährige Friedrich Adler – der Sohn des sozialdemokratischen Parteiführers Viktor Adler – den Speisesaal des zwanzig Jahre zuvor errichteten Hotels am Neuen Markt. Er nimmt am Nebentisch des gerade soupierenden 57-jährigen Ministerpräsidenten Platz, bestellt Reibgerstlsuppe, Rindfleisch mit Kohl und zum Nachtisch Zwetschkenkuchen. Um 14.30 Uhr erhebt sich Adler, geht auf den Grafen Stürgkh zu und feuert aus einer Pistole drei Schüsse ab. Der Regierungschef ist auf der Stelle tot, der Attentäter wird vom Oberkellner und einem zufällig anwesenden Offizier bis zum Eintreffen der Polizei festgehalten.

Dr. Friedrich Adler war als Privatdozent für Physik in Zürich tätig, ehe er Abgeordneter der »Linken« im Wiener Parlament wurde, das er aber aus Protest gegen die Kriegspolitik der Regierung bald wieder verließ. Denselben Grund nannte er jetzt auch für die Ermordung des Grafen Stürgkh.

Für Kaiser Franz Joseph war der Tod des Ministerpräsidenten der letzte Schock seines Lebens, er starb vier Wochen später, am 21. November 1916.

Ministerpräsident Stürgkh starb im Meissl & Schadn

Das von einem Sondergericht verhängte Todesurteil für Friedrich Adler wurde zunächst in eine Kerkerstrafe umgewandelt, und nach dem Untergang der Monarchie ging er frei.

Das Hotelrestaurant am Neuen Markt hat auch nach dem Mordanschlag nichts von seiner Anziehungskraft verloren. Der Schauspieler Rudolf Forster erinnerte sich: »Nach den Proben saß man mittags mit Alfred Polgar im *Meißl & Schadn*, delektierte sich an einem Tafelspitz, der gerade dort ein unerreichtes Gericht ist. Wir saßen natürlich nie im ersten Stock, wo die Fremden vor roten Seidentapeten auf blitzweißen Stühlen tafelten, sondern unten in der Schwemme.«

Das *Meissl & Schadn* ist in den letzten Kriegstagen des Jahres 1945 abgebrannt, auf seinem Areal wurde das *Hotel Europe* errichtet.

Die Tragödie einer Familie

Sein Traum, eine Nation zu gründen, in der Juden aus aller Welt vereint leben können, hat sich erfüllt. Aber weder ihm noch irgendeinem Mitglied seiner Familie war es vergönnt, die Gründung des Staates Israel im Jahre 1948 zu erleben. Sowohl Theodor Herzl als auch seine Frau und alle seine Kinder sind in jungen Jahren tragisch verstorben.

Theodor Herzl

Herzl litt an einer Schwächung des Herzmuskels und wurde von seinen Ärzten immer wieder zur Schonung ermahnt. Doch der im Haus Haizingergasse 29 in Wien-Währing lebende Schriftsteller und Journalist war so besessen von seiner Idee eines Judenstaates, dass er allen Warnungen zum Trotz weiterkämpfte und die Welt bereiste, um Staatsmänner und Gönner von seiner Mission zu überzeugen. »Ich schaue dem Tod ruhig ins Auge«, war er sich des Risikos voll bewusst, »umso mehr als ich die letzten Jahre meines Lebens nicht nutzlos verbracht habe.«

Am 21. Juni 1904 trat er seine letzte Reise an. Sie führte ihn von seiner Wiener Wohnung nach Edlach an der Rax, wo er endlich Ruhe und Erholung finden wollte. Doch er starb, nur 44 Jahre alt, am 3. Juli in seinem Zimmer des *Hotels Edlacherhof*.

Seine ebenfalls kränkliche Frau Julie, die noch zu Lebzeiten ihres Mannes eine schwere Lungenentzündung überstanden hatte, starb drei Jahre nach ihm. Im Alter von 39 Jahren.

Herzl war im Hotel Edlacherhof zur Kur

Und auch seine drei Kinder, von denen er gehofft hatte, dass sie einmal sein Werk fortführen würden, durchlitten tragische Schicksale. Herzls älteste Tochter Pauline war geistig behindert und verbrachte viele Jahre in Heilanstalten. Sie starb 1930 in Bordeaux an einer Überdosis Heroin. Herzls einziger Sohn Hans, der den frühen Verlust des Vaters nicht verkraftet hatte, war Patient Sigmund Freuds. Er litt unter einem religiösen Wahn und wechselte ständig die Religionszugehörigkeiten: Zunächst konvertierte er vom Judentum zur Baptistischen Gemeinschaft, später wurde er Katholik, dann Quäker und Unitarier, um schließlich zum protestantischen Bekenntnis zu finden. Kurz nach dem Tod seiner Schwester Pauline beging er Selbstmord.

Herzls jüngere Tochter Trude wanderte von einer Nervenheilanstalt in die andere, ehe sie 1918 Am Steinhof interniert wurde. Von den Nationalsozialisten ins KZ Theresienstadt verschickt, wurde sie am 15. März 1943 ein Opfer des Hungers und der an ihr begangenen Misshandlungen.

Drei Jahre später starb mit Trudes Sohn Stefan der einzige Enkel und letzte Nachkomme Theodor Herzls. Auch er hatte Selbstmord begangen.

Die letzte Neujahrsansprache

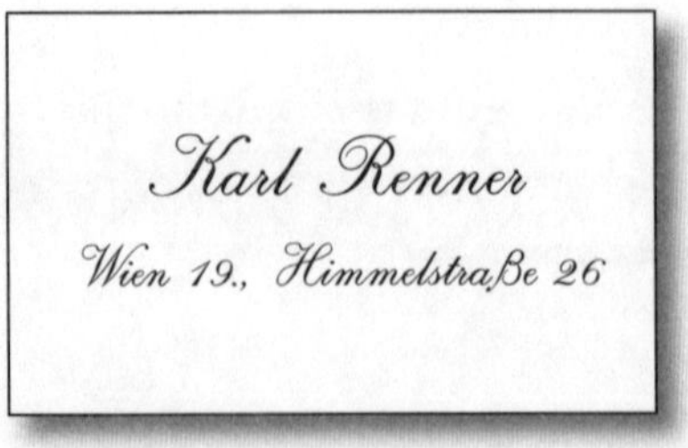

So aufmerksam haben die Österreicher wohl keiner anderen Neujahrsansprache zugehört. Denn als die Stimme Karl Renners am 1. Jänner 1951 im Radio erklang, war der Bundespräsident bereits tot, er war am Silvesterabend 1950 einem Schlaganfall erlegen. Mit Tränen verfolgte die Bevölkerung die kurz davor aufgezeichnete Rede, in der das erste Staatsoberhaupt der Zweiten Republik dazu aufrief, dass »wir Österreicher uns nimmermehr entmutigen lassen. Denn wer gleichsam von den Toten auferstanden – und das ist unsere Republik –, der glaubt an das Leben, vertraut auf die Zukunft und hegt vor allem Zuversicht«.

Karl Renner

Renner hatte den Zweiten Weltkrieg in seinem Haus in Gloggnitz, das er als junger Reichstagsabgeordneter 1910 gekauft hatte, verbracht. Die ersten Monate als Bundespräsident wohnte er in der von den Sowjets beschlagnahmten *Blaimscheinvilla* in der Lainzer Straße 28 in Hietzing, in der am 20. und 27. April 1945 Vertreter der SPÖ, ÖVP und der KPÖ das Konzept für eine österreichische Staatsregierung ausarbeiteten. Später bezog er die Amtsvilla in der Himmelstraße 26. Renner war bis zuletzt sehr aktiv, hatte sich mit seinen achtzig Jahren unermüdlich mit den Besatzungsmächten herumgeschlagen und für den damals schon sehnsüchtig erwarteten Staatsvertrag eingesetzt.

Präsident ohne Hut und Mantel

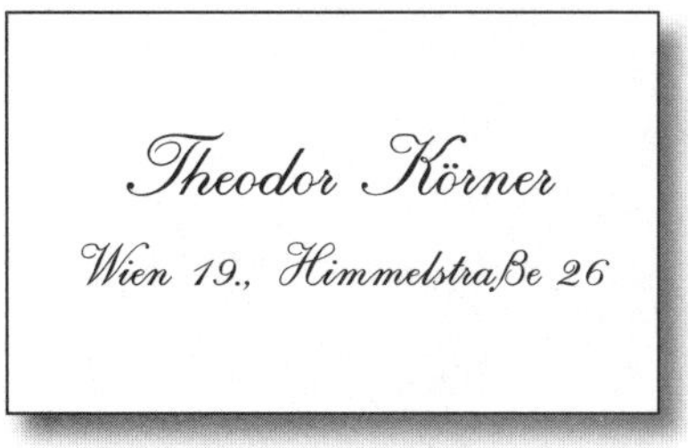
Theodor Körner
Wien 19., Himmelstraße 26

Nach Bekanntwerden des Spionagefalls Redl im Jahre 1913 wurden auch gegen den späteren Bundespräsidenten Theodor Körner, der in der Monarchie Prüfer an der Kriegsschule gewesen war, Erhebungen eingeleitet. Als man nun Oberst Redl des Verrats militärischer und polischer Geheimnisse überführt hatte und dieser auf Befehl des Generalstabschefs Conrad von Hötzendorf Selbstmord verübte, stieß man bei einer Hausdurchsuchung seiner Prager Wohnung auf dessen Korrespondenz mit General Theodor Körner von Siegringen. Aus Redls Briefen an ihn ging hervor, dass er diesen um Zusendung bestimmter Prüfungsfragen »für meinen Neffen«, wie er schrieb, gebeten hatte – wobei der »Neffe« in Wahrheit Redls Geliebter, Leutnant Stefan Horinka, gewesen ist. Der Korrespondenz war zu entnehmen, dass Körner dem Offizierskameraden die gewünschten Fragen tatsächlich zugeschickt hatte.

Theodor Körner

Oberst August von Urbanski, der die Untersuchung in dem Spionagefall leitete, musste nun auch gegen Körner erheben. Doch dieser konnte nachweisen, Redl lediglich Kriegsschulfragen aus dem Vorjahr übermittelt zu haben, was durchaus erlaubt war. Es stellte sich die vollkommene Unschuld Theodor Körners heraus.

Die Präsidentenvilla in der Himmelstraße

Andernfalls wäre seine politische Karriere in der Zweiten Republik nicht denkbar gewesen. Man erzählte, dass Körner noch als Bürgermeister von Wien die täglichen Einkäufe für den von ihm geführten Haushalt besorgte, weiters soll er Kartoffeln geschält und die Fensterscheiben seiner Wohnung selbst geputzt haben. Auch als Staatsoberhaupt jovial und unkompliziert, wurde der lebenslange Junggeselle als »Präsident ohne Hut und Mantel« bezeichnet, weil er auch bei klirrender Kälte nur im schwarzen Anzug anzutreffen war.

Bundespräsident Körner bewohnte, wie schon sein Vorgänger Karl Renner, eine imposante, efeubewachsene Amtsvilla in der Grinzinger Himmelstraße, deren großer Park an das Grundstück des Ehepaares Paula Wessely-Attila Hörbiger grenzte. Körner starb hier im Jänner 1957, als er nach einem Schlaganfall zum ersten Mal ohne fremde Hilfe die Stiegen der Präsidentenvilla zu meistern versuchte.

Ein folgenschwerer Unfall

Franz Kardinal König
Wien 1., Stephansplatz 6,
Erzbischöfliches Palais

Kardinal König bewohnte eine im ersten Stock des *Erzbischöflichen Palais* am Stephansplatz gelegene Wohnung, die nur aus einem Schlaf- und einem Arbeitszimmer bestand und spartanisch eingerichtet war.

Am 12. Februar 1960 verließ der Erzbischof von Wien mit seinem Dienstwagen die Stadt. Zwei Tage später meldeten mehrere Zeitungen voreilig den Tod des Kirchenfürsten. Was war passiert?

König wollte in Begleitung seines Sekretärs Helmut Krätzl zum Begräbnis seines einstigen Studienkollegen Kardinal Stepinac nach Agram fahren. Die Herren übernachteten in Graz und passierten am nächsten Morgen die jugoslawische Grenze. Da sie relativ spät dran waren und das Begräbnis um zehn Uhr Vormittag beginnen sollte, fuhr Königs Chauffeur mit überhöhter Geschwindigkeit. Bis es kurz vor Varaŝdin zur Katastrophe kam. »Der Fahrer überholte gerade einen Radfahrer, als plötzlich ein riesengroßer Lastwagen vor uns aus einer Kurve kam«, erinnerte sich Kardinal König später. »Ich hatte noch Zeit zu sagen: ›Das ist das Ende.‹ Und dann war da nur noch ein großes, schwarzes Loch.«

Franz Kardinal König

Königs 48-jähriger Chauffeur Martin Stadler war auf der Stelle tot, der Wiener Erzbischof lebensgefährlich, sein Sekretär schwer verletzt.

Ein zufällig vorbeikommender Arzt veranlasste den sofortigen Transport der beiden Priester in das Krankenhaus von Varaŝdin. Die medizinischen Untersuchungen ergaben, dass Krätzl mit einem Schädelbasisbruch und mehreren Knochenbrüchen davonkam, der Kardinal jedoch einen Stirnbeinsprung, einen dreifachen Kieferbruch, schwere Kopf- und Lippenverletzungen sowie Quetschungen an der Hüfte erlitten hatte. »Mein Gesicht war eine einzige Wunde«, gab König später zu Protokoll. »Ein Kapuziner erteilte mir die Generalabsolution und sprach mir zu, gut zu sterben.«

Der Hof des Erzbischöflichen Palais

Der Unfall hatte auch kirchenpolitische Folgen. Kardinal König wurde, ehe er transportfähig war und nach Wien gebracht werden konnte, neun Tage lang in Varaŝdin von Ärzten und Schwestern aufopfernd betreut. Während das 55-jährige Kirchenoberhaupt in der kroatischen Stadt ans Bett gefesselt war, reifte in ihm der Entschluss, sich in Zukunft den Problemen des osteuropäischen Raums zuzuwenden. »An der Wand meines Krankenzimmers hing ein Tito-Bild, und ich versuchte redlich zu ergründen, was das für mich bedeuten und was Gott von mir erwarten würde. Und da wurde mir klar, dass ich als Erzbischof von Wien geografisch und historisch gesehen eine schwere Verantwortung zu tragen hatte gegenüber den Ostkirchen, gegenüber den orthodoxen Kirchen, von denen uns ein unglückliches Schisma, das zu verhindern gewesen wäre, seit nahezu tausend Jahren trennt.«

Als König genesen war, begann er – zunächst ohne Absprache mit dem Vatikan – einen Dialog mit Gläubigen und Nichtgläubigen in den kommunistischen Ländern. Unermüdlich bereiste er die Staaten hinter dem Eisernen Vorhang und war damit der erste Bischof, der eine Annäherung suchte, die knapp zwanzig Jahre später mit der Papstwahl des Polen Karol Wojtyla – an der er wohl nicht ganz unbeteiligt war – ihren Höhepunkt fand.

»Ich bin davon überzeugt, dass mein Leben verändert wurde durch die Zeit der unerträglichen Schmerzen, die diesem Unfall folgte«, erklärte Kardinal König. »In solchen Stunden befragt uns Gott, und wir müssen auf ihn hören.«

Nach seinem Rücktritt als Erzbischof von Wien im Jahre 1986 bewohnte Kardinal König ein kleines Appartement im *Altenheim der Barmherzigen Schwestern* in Wien-Gumpendorf, Millergasse 6. Er starb dort am 13. März 2004 im Alter von 98 Jahren.

Die Kukuruz-Wette

Leopold Figl

Rust im Tullnerfeld,
Leopold-Figl-Platz 1

Der frühere Bundeskanzler und Außenminister Leopold Figl wohnte, als die berühmte Kukuruz-Wette lief, in der Peter-Jordan-Straße in Wien. Doch an diesem strahlenden Julitag im Jahre 1960 fuhr er in sein Elternhaus, einem mehr als zweihundert Jahre alten Hof im Dorf Rust im Tullnerfeld, der damals von einem seiner Brüder bewirtschaftet wurde.

Nikita Chruschtschow ist auf Staatsbesuch in Österreich und lässt es sich nicht nehmen, seinen alten Freund Figl – den er bei den Verhandlungen zum österreichischen Staatsvertrag kennen gelernt hat – auf dem Vierkanthof seiner Familie in Rust 37 (am heutigen Leopold-Figl-Platz) zu besuchen. Figl lässt den Tisch decken, Brot, Wein und Geselchtes werden serviert. Beim anschließenden Rundgang durch die Stallungen fragt der Kremlchef, ob das Vieh gesund sei und was die Familie Figl auf dem 35 Hektar großen Grund anbaue.

Leopold Figl

»Zuckerrüben, Weizen, Erdäpfel, Kukuruz«, erklärt Leopold Figl, der damals Präsident des österreichischen Nationalrates war.

»Kukuruz?«

»Ja, Mais, das Land hier ist die ideale Gegend für den Kukuruzanbau.«

»Mag sein«, erwidert Chruschtschow, »aber in unseren Kolchosen wächst mehr Mais. Wollen wir wetten? Ich schicke Ihnen sowjetischen Mais zum Anbau, mit dem Sie den zehnfachen Ertrag haben werden. Wenn das nicht der Fall ist, bekommen Sie von mir eine Sau. Ist der Ertrag mehr als zehnmal so groß, müssen Sie mir ein Schwein geben.«

Figl nimmt die Wette an. Am nächsten Tag liest man in aller Welt von der Kukuruz-Wette des sowjetischen Ministerpräsidenten, und nach einigen Wochen trifft bei Figl tatsächlich per Luftfracht russischer Spitzenmais ein.

Ein Jahr später reist der sowjetische Botschafter Awilow nach Rust im Tullnerfeld, um in Begleitung sowjetischer Agrarexperten den Figl-Hof zu inspizieren. Es stellt sich heraus, dass der Ertrag tatsächlich höher ist als beim »kapitalistischen Mais«, aber von der zehnfachen Menge kann keine Rede sein. Während sich Figl als Sieger sieht und dem gewonnenen Schwein mit Freude entgegensieht, wird das Ergebnis von Seiten der sowjetischen Delegation – vermutlich aus Angst

Der Bauernhof der Familie Figl in Rust im Tullnerfeld

vor einem Donnerwetter aus dem Kreml – nicht akzeptiert. Figl habe damals von Körnermais gesprochen, der einen geringeren Wassergehalt habe und daher leichter sei, wird argumentiert.

Beide Seiten weigern sich, die Sau zu schlachten.

Glücklicherweise war der Staatsvertrag bereits sechs Jahre zuvor unterzeichnet worden. Wer weiß, vielleicht wäre ihm die kleine Episode noch im Weg gestanden.

»Ich bin so einsam wie nie zuvor«

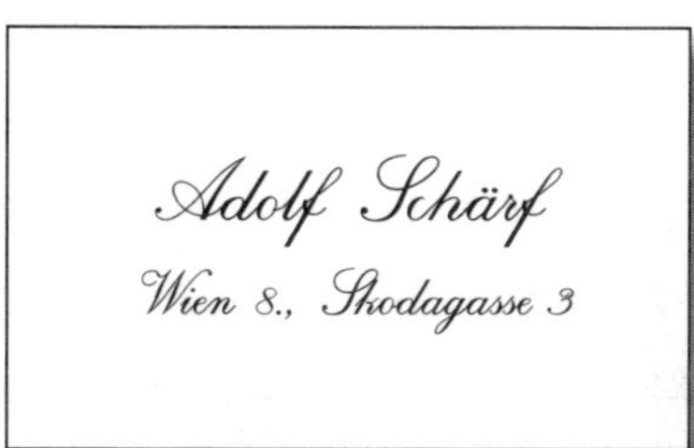

Wie kein anderer litt Adolf Schärf unter der Einsamkeit in der Hofburg, die er in seinen Tagebüchern so beschrieb: »Das neue Amt hat mich aus dem Kreis der Freunde von einst, aus dem intimen Verhältnis zu ihnen, heraus- oder hinaufgehoben. Ich bin so einsam wie nie zuvor.« Schärf war verärgert darüber, nicht mehr Privatmann sein zu können und notierte 1962: »Bei einer Fahrt in die Bundesländer kann ich nicht mehr wie früher nach Herzenslust Halt machen, wo es mir gefällt oder wo ich

Sehenswertes vermute« – zu sehr sei der Bundespräsident ein Gefangener des strengen Protokolls. Adolf Schärf, dessen Frau ein Jahr vor seiner Wahl zum Bundespräsidenten verstorben war, weigerte sich, in eine Dienstvilla zu ziehen und verblieb stattdessen in seiner alten Mietwohnung in der Skodagasse. In seinem Tagebuch begegnet man einem leicht verwundbaren Menschen, der es früher »gewöhnt war, inmitten des politischen Lebens zu stehen und dort zu handeln«, der jetzt aber »keine das Leben ausfüllenden Beschäftigungen« mehr fand. Und immer wieder das Wort »Einsamkeit, Einsamkeit«.

Als Schah Reza Pahlevi von Persien Ende Februar 1965 in Wien erwartet wurde, bestand der Bundespräsident trotz einer schweren Verkühlung darauf, ihn persönlich vom Flughafen Schwechat abzuholen. Als Folge der übergangenen Grippe trat eine dramatische Verschlechterung eines bestehenden Leberschadens auf. Der Schah rief täglich von seinem Skiurlaub in Gastein in der Wiener Privatklinik an, weil er Schärf besuchen wollte. Doch dieser war bereits zu schwach. Er starb am 1. März im 75. Lebensjahr.

ANZUG-PROBE

Teddy Kollek
Wien 3., Landstraßer
Hauptstraße 147

Es ist ein schlichter Altbau im dritten Wiener Gemeindebezirk, in dem der langjährige Bürgermeister von Jerusalem von 1918 bis 1934 gelebt hat. »Eine sehr sentimentale Begegnung«, sagte Teddy Kollek, als er das Haus seiner Kindheit im Frühjahr 1992 noch einmal besuchte. Ein Schild weist auf den inzwischen berühmt gewordenen früheren Bewohner hin. Erinnerungen an das Gymnasium in der Hagenmüllergasse und an die Landwirtschaftsschule am Cobenzl wurden wach. Und er erzählte, wie er seine Frau, die ebenfalls aus Wien stammt, kennen lernte. »Es war sehr kompliziert, weil sie eigentlich einen anderen liebte.«

Mit dem Antisemitismus wurde der junge Mann erstmals konfrontiert, als Plakate auf einem benachbarten Warenhaus darauf hinwiesen, dass an Juden nicht verkauft würde. Das erboste Theodor Kollek dermaßen, dass er in das Geschäft ging, eine geschlagene Stunde lang Anzüge, Hemden und Hüte probierte und sich dann alles einpacken ließ. Als der Kassier die Rechnung präsentierte, sagte er: »Tut mir leid, ich hab vergessen, dass Sie Juden nicht bedienen.« Er grüßte, ließ den Kassier mit einem Berg von Paketen stehen und ging.

Teddy Kolleks Wohnhaus von 1918 bis 1934

1935 nach Palästina übersiedelt, kam er ein Jahr nach Hitlers Einmarsch in offizieller Mission wieder nach Wien, um mit dem damaligen Leiter der Gestapo-Dienststelle für die Auswanderung von Juden zu verhandeln. Er hieß Adolf Eichmann, und es gelang Teddy Kollek, dreitausend KZ-Insassen frei zu bekommen. 24 Jahre später stand er Eichmann noch einmal gegenüber. Kollek hatte die Aufgabe bekommen, den Prozess gegen den für die Judentransporte in die Massenvernichtungslager verantwortlichen SS-Führer vorzubereiten. Eichmann wurde zum Tod verurteilt und hingerichtet.

Wie Kokoschka Österreicher wurde

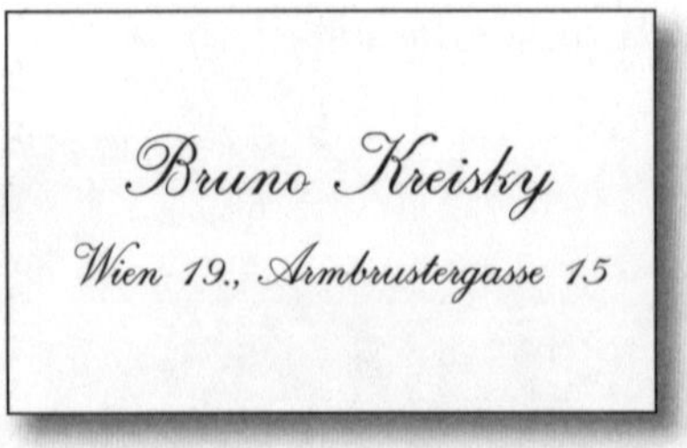
Bruno Kreisky
Wien 19., Armbrustergasse 15

Als man seine Kunst in Wien und Berlin für »entartet« hielt, setzte sich Oskar Kokoschka über Prag nach London ab, womit er in jenen dunklen Tagen die österreichische (bzw. deutsche) Staatsbürgerschaft verloren hatte.

Nach dem Krieg wollte Kokoschka wieder Österreicher werden, doch da teilte man dem inzwischen weltberühmt gewordenen Maler – wie vielen anderen Emigranten – mit, dass dies nicht möglich sei. Der Grund: Zur Wiedererlangung der Staatsbürgerschaft musste man einen ordentlichen Wohnsitz in Österreich haben. Und den hatte Kokoschka nicht. Er weigerte sich auch, eine Wohnung zu mieten oder einen Antrag auf Einbürgerung zu stellen. Erstens, weil er es als unwürdig empfand, um etwas bitten zu müssen, was man ihm 1938 geraubt hatte. Und zweitens, weil er befürchtete, im Falle der Einreichung eines Staatsbürgerschaftsantrags die britische *citizenship* zu verlieren, der er in schweren Zeiten das Überleben verdankt hatte.

Bruno Kreisky

Im Juni 1971 machte der Salzburger Galeriebesitzer Friedrich Welz den damaligen Bundeskanzler Kreisky darauf aufmerksam, dass es eine Schande für Österreich sei, wenn der in Pöchlarn geborene und in Wien aufgewachsene Oskar Kokoschka als Engländer in die

Die Kreisky-Villa in der Armbrustergasse

Kunstgeschichte eingehen würde.

Kreisky sah das ein und suchte nach einem Ausweg. Er fand ihn, indem er die »Lex Kokoschka«, wie er selbst sein Vorgehen nannte, schuf. Und so füllte Bruno Kreisky am 4. März 1974 persönlich einen Meldezettel aus, der auf den Namen Oskar Kokoschka lautete. Als Adresse gab der Regierungschef seine eigene Privatanschrift, die Grinzinger Armbrustergasse Nr. 15, an.

Niemand kontrollierte, ob der Maler die Kreisky-Villa je betreten hatte, die Hauptsache war, dass er in Österreich amtlich gemeldet war. Und wirklich, bereits wenige Tage später konnte Kreisky dem in Villeneuve am Genfer See lebenden Künstler die folgenden Zeilen schicken: »Sehr geehrter Herr Professor! Ich bin glücklich und froh, dass ich Ihnen in der Beilage das Dokument über die Wiederverleihung der österreichischen Staatsbürgerschaft übermitteln kann. Ich würde mich freuen, Sie wieder einmal zu sehen. Hoffentlich kommt es bald dazu. Herzlichst, Ihr Bruno Kreisky.«

Kokoschka war österreichischer Staatsbürger.

Kein Platz für Nymphen

Maler, Bildhauer, Architekten

Ein unkeuscher Brunnen

Georg Raphael Donner

Wien 3., Marokkanergasse 3

Im Jahre 1737 fassten die Wiener Stadtväter den Beschluss, anstelle des alten, auf dem damaligen Mehlmarkt befindlichen Ziehbrunnens eine repräsentative Fontäne zu errichten. Der kaiserliche Kammerbildhauer Georg Raphael Donner erhielt den Auftrag und baute den berühmten *Providentiabrunnen*, der im Volksmund längst *Donnerbrunnen* heißt und sich heute auf dem Neuen Markt befindet. Oder besser gesagt: *wieder* befindet, war er doch für ein paar Jahre aus dem Wiener Stadtbild verschwunden.

Und das aus durchaus kuriosem Grunde: Maria Theresia hatte die so genannte »Keuschheitskommission« ins Leben gerufen, deren Hauptaufgabe es war, untreue Ehemänner auf frischer Tat zu ertappen und Prostituierte einzusperren. Nicht genug damit, versuchten die strengen Sittenwächter auch die Kunst »sauber« zu halten. Und so kam es, dass die kaiserliche Kommission 1771 die von Raphael Donner geschaffenen Nymphen des Brunnens abtragen ließ. Der Grund: Die barbusigen Damen verstießen gegen Anstand und Moral, weshalb der Bildhauer Martin Fischer beauftragt wurde, die aus Bleiguss gefertigten Figuren einzuschmelzen. Fischer erkannte jedoch deren künstlerischen Wert und versteckte die Nymphen im bürgerlichen Zeughaus, wo sie bis zum Jahre 1801 blieben. Erst jetzt – Maria Theresia war seit mehr als zwanzig Jahren tot – durfte das Kunstwerk wiederhergestellt werden. Es zählt heute, wenn die Nymphen auch mittlerweile durch Bronzeabgüsse ersetzt wurden, zu den Sehenswürdigkeiten der Stadt Wien.

Meister Donner war es erspart geblieben, die Demolierung seines Brunnens erleben zu müssen. Er ist 1741 in seiner Wohnung in der Marokkanergasse verstorben.

Casanovas kleiner Bruder

Francesco Casanova

Vorderbrühl, Meiereiwiese

Mit der sagenhaften Leichtlebigkeit seines Bruders kann er es nicht aufnehmen. Aber ein bisschen ein Filou war auch er. Mehr als zwanzig Jahre verbrachte Francesco Casanova, der bedeutendste Schlachtenmaler des 18. Jahrhunderts, in Wien und in der Vorderbrühl bei Mödling.

Das Schauspielerehepaar Gaetano und Zanella Casanova hatte sechs Kinder, von denen zwei berühmt wurden: Giacomo, wie der eine hieß, hat als Frauenheld Geschichte geschrieben. Und Francesco, der um zwei Jahre jüngere Bruder, war ein prominenter Künstler seiner Zeit.

Der 1727 in London zur Welt gekommene »kleine Casanova« war zweimal verheiratet – und bewies schon in der Wahl seiner Frauen, dass er über ähnliche Qualitäten verfügte wie sein großer Bruder. Francescos erste Gemahlin war die Mätresse des Marschalls von Saincy, der sich in großzügiger Weise dafür erkenntlich zeigte, Casanovas Frau auch weiterhin beglücken zu dürfen: Er ließ dem Maler zahlreiche Aufträge zukommen, so dass dieser zu beachtlichem Wohlstand gelangen und –

wie sein Bruder Giacomo in seinen Memoiren schreibt – »ein großes Haus mit Dienerschaft« führen konnte.

Auch Ehefrau Nummer zwei war Mätresse und wurde von ihrem Galan, dem Grafen von Montbarrey, mit einer beachtlichen Mitgift ausgestattet, die Francesco Casanova mit Freuden einstreifte – wofür Madame zwei uneheliche Söhne mit in die Ehe brachte.

Trotz der beiden »guten Partien« litt der Maler – auch darin seinem Bruder wesensverwandt – oft unter finanziellen Nöten. Seine verschwenderische Lebensweise führte dazu, dass der zum »Königlichen Hofmaler« avancierte Künstler 1783 wegen nicht zu bewältigender Schulden Paris verlassen musste. Bruder Giacomo wusste aus eigener Erfahrung, was in einem solchen Fall zu tun war: Er organisierte Francescos Flucht nach Wien – und führte ihn hier in die feine Gesellschaft ein.

Mit Erfolg, denn Casanova wurde zum Lieblingsmaler und Maître de Plaisir des mächtigsten Mannes der Monarchie, des Staatskanzlers Kaunitz. Waren seine »Kolossalschinken« einst in seinem Pariser Atelier entstanden, so wurden sie jetzt auf der Wieden gemalt – aufs Schlachtfeld musste sich der berühmte Schlachtenmaler nie begeben.

Francesco hinterließ zwar (ganz im Gegensatz zu seinem großen Bruder) keinerlei Informationen über die Anzahl seiner Gespielinnen, doch darf vermutet werden, dass auch er – ein Casanova war. Der Maler lebte auch in Wien auf großem Fuß und widmete dem schönen Geschlecht einen beträchtlichen Teil seines Budgets.

Im Jahre 1799 ließ sich Francesco in einer Villa am Fuße der Meiereiwiese in der Vorderbrühl nieder, wo er seinen Lebensabend verbrachte. Der Tod bewahrte ihn – kurz nachdem ein Konkursverfahren über ihn eröffnet wurde – am 8. Juli 1803 vor völliger Armut.

76 Jahre alt geworden, hatte er seinen Bruder um fünf Jahre überlebt.

Vorerst Kulissenmaler

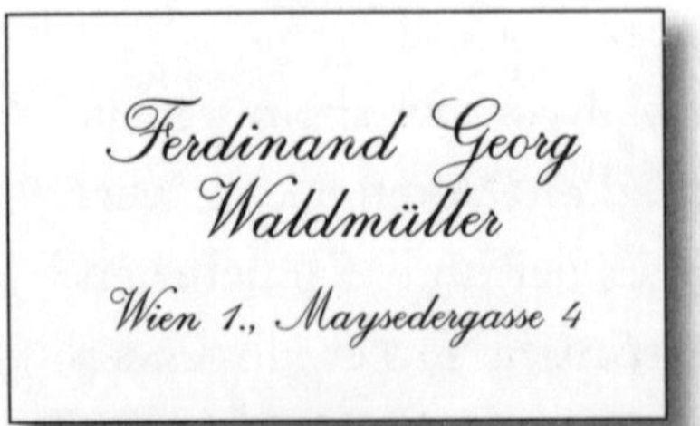

Die Wende zum Erfolg kam, als er 26 Jahre alt war. Bis dahin hatte Ferdinand Georg Waldmüller das Leben eines Tunichtguts geführt, von dem niemand annehmen konnte, dass er einmal zu den bedeutendsten Malern seiner Zeit zählen würde. Der Sohn eines Wiener Bierwirts brannte mit 15 Jahren von zu Hause durch, als die Eltern ihn ins Priesterseminar stecken wollten. Von da an auf sich selbst gestellt, besuchte Waldmüller tagsüber die Kunstakademie und malte nachts Miniaturbilder, die er Zuckerbäckern als Aufkleber für ihre Süßwaren verkaufte. Das warf so wenig ab, dass er sich mit einem Freund das Bett in einem schäbigen Untermietzimmer teilen musste.

F. G. Waldmüller

Am Studium nur wenig interessiert, flog er bald von der Akademie, schloss sich in Agram einer Theatertruppe an und heiratete die Sängerin Katharina Weidner, die ihm zwei Kinder schenkte. Aufgrund der wechselnden Engagements seiner Frau zog die Familie ständig um, lebte in Baden, Brünn und Prag, wo Waldmüller sich als Kulissenmaler verdingte.

Als seine Frau endlich ein festes Engagement am Wiener Kärntnertortheater bekam, schlug auch Ferdinands große Stunde: Ein Offizier bestellte im Jahre 1819 bei ihm das Porträt seiner Mutter, »aber so wie sie wirklich ist«. Und dieses Bild sollte dank seines genialen Strichs den

Ruf Waldmüllers als Porträtmaler begründen. Jetzt ging's Schlag auf Schlag. Der Auftrag, Kaiser Franz I. zu malen, brachte weitere Aufträge aus Adelskreisen, Waldmüller entdeckte aber auch die Welt der armen Leute, ging in den Wienerwald, wo er eine völlig neue Form naturalistischer Landschaftsbilder schuf und wurde zum beliebtesten Maler des Vormärz.

Mit 35 Jahren Professor an jener Akademie, von der er einst geflogen war, lehnten ihn die Kollegen ab, weil sie das Kopieren im Atelier dem Malen in der Natur vorzogen. Sie intrigierten so lange gegen Waldmüller, bis dieser 1857 vom Dienst suspendiert wurde. Der Kaiser rehabilitierte ihn später.

RINGSTRASSEN-PROTEST

Friedrich
von Amerling
Wien 6., Mollardgasse 90

Die Begeisterung der Wiener hielt sich in Grenzen, als Kaiser Franz Joseph 1857 die Schleifung der Stadtmauern verfügte, um so die Erweiterung der Stadt und den Bau der Ringstraße zu ermöglichen. Der Maler Friedrich Amerling, nicht zuletzt als Franz Josephs Hof- und Porträtmaler berühmt geworden, ließ sich 1860 sogar eine Audienz beim Kaiser geben, um ihm eine Bittschrift zu überreichen, die im Namen prominenter Bürger aufgesetzt worden war: »Ew. Majestät beabsichtigen, die Glacis zu verbauen zwecks Errichtung von Wohngebäuden und um dadurch eine Einnahme zu erzielen. Dadurch aber werden der Spekulation und Gewinnsucht die Tore geöffnet! Die Gegenwart ist in ihren Anforderungen zu materiell, als dass ein Architekt ein schönes Werk schaffen könnte. Paläste, Herrenhäuser wie die eines Fürsten Trautson, Liechtenstein, Schönborn, Pallavicini und anderer haben sich aufgehört, mit ihnen die Architekten und alles Edle in der Form.«

Das Amerlingschlössl in der Mollardgasse

Amerling gab auch dann nicht auf, als die Bautätigkeit auf der Ringstraße schon fortgeschritten war. Im Jahre 1879, aus Anlass der Verleihung des Ordens der Eisernen Krone wieder beim Kaiser in Audienz, erklärte der Maler: »Majestät, jetzt wird viel gebaut in Wien. Aber die vielen Baustile auf der Ringstraße gefallen mir nicht. Es ist wie eine steinerne Speisenkarte.«

Der Kaiser zog sich elegant aus der Affäre: »Ich habe darauf keinen Einfluss geübt. Das müssen die Künstler besser verstehen.«

Den Beweis dafür, dass Amerling historische Gebäude gegenüber Neubauten bevorzugte, hat er erbracht. Mit dem Kauf des aus dem 13. Jahrhundert stammenden *Gumpendorfer Schlosses*, das der älteste Herrschaftssitz des heutigen sechsten Bezirkes war, hatte er sich eine unvergleichliche, mit Kunstgegenständen gefüllte historische Wohnstätte geschaffen, in der er am 14. Jänner 1887 gestorben ist. Die letzten Reste des *Amerlingschlössls* in der Mollardgasse wurden nach dem Zweiten Weltkrieg abgetragen.

Blick aus dem Wohnzimmerfenster

Rudolf von Alt
Wien 8., Skodagasse 11

Die Wiener Wohnadressen der Malerdynastie Jakob, Franz und Rudolf Alt spielten für das Entstehen ihres umfangreichen Schaffens eine zentrale Rolle. Das trifft schon auf die erste Adresse des Vaters Jakob Alt zu, der 1810 – als junger Maler aus Frankfurt am Main kommend – nur auf der Durchreise in Wien war, sich hier als Untermieter in der Alservorstadt in seine Zimmerwirtin Maria Anna Schaller verliebte und diese heiratete. Das Paar hatte sieben Kinder und konnte 1871 die Diamantene Hochzeit* feiern.

Rudolf von Alt

Jakob Alt, der seiner jungen Frau zuliebe in Wien blieb und mit ihr eine Wohnung in der Alser Straße 8 bezog, stand nun vor der schwierigen Aufgabe, die Existenz einer schnell wachsenden Familie zu sichern. Da seine Historien- und Landschaftsbilder bald überaus gefragt waren, brachte er es zu relativem Wohlstand. In späteren Jahren nahm er stets, wenn er mit Pinsel und Staffelei unterwegs war, seine Kinder mit.

Davon profitierte im Besonderen Rudolf, der 1812 geborene älteste Sohn, der schon als Zwölfjähriger sein erstes Ölbild *(Der Friedhof von Hallstatt)* anfertigte. Rudolf Alt, der in mehr als tausend Aquarellen das

* für sechzig Ehejahre

Blick aus Rudolf von Alts Atelier in der Skodagasse – am Fenster: die Tochter des Malers

Wiener Stadtbild der Jahrhundertwende und andere Plätze Österreich-Ungarns verewigte, wurde – vom Kaiser in der Adelsstand erhoben – zu einem der angesehensten und populärsten Männer der Monarchie.

Auch an seiner Wohn- und Arbeitsstätte in der Skodagasse wurde Kunstgeschichte geschrieben, zumal Rudolf von Alt in etlichen seiner Studien den Blick aus den Fenstern dieser Adresse festhielt. Seine berühmtesten, von hier aus gemalten Bilder zeigen eine benachbarte Eisengießerei, den *Blick in die Skodagasse* und den *Blick in die Alservorstadt*, auf dem seine Tochter Louise das Treiben im Hof seines Wohnhauses beobachtet.

Rudolf von Alt wurde 94 Jahre alt und arbeitete bis an sein Lebensende. Da ihn zuletzt Gicht und rheumatische Schmerzen quälten, konzentrierte er sich gerade in seinen letzten Jahren auf die Ansichten der Skodagasse und ihrer Umgebung.

Das Architekten-Drama

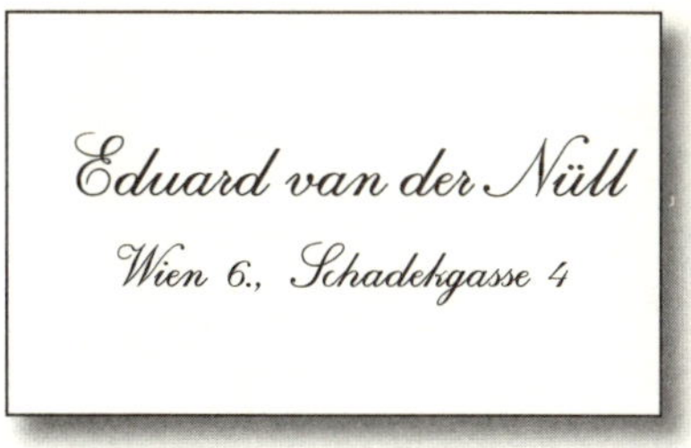
Eduard van der Nüll
Wien 6., Schadekgasse 4

Als die k. u. k. Hofoper am 25. Mai 1869 in Anwesenheit Kaiser Franz Josephs feierlich eröffnet wurde, waren August von Siccardsburg und Eduard van der Nüll, die beiden Schöpfer des Bauwerks, nicht mehr am Leben. Im Jahr davor sind sie buchstäblich an der Errichtung eben dieser Hofoper zugrunde gegangen.

Kritiker hatten das Haus als »Königgrätz der Baukunst« bezeichnet, doch das Schlimmste für die Erbauer war der Kommentar des Kaisers, der die Oper als »versunkene Kiste« bezeichnete. Tatsächlich war das Niveau der Fahrbahn am Opernring – freilich infolge einer Fehlplanung des Hofbauamtes – um einen Meter höher als die Torbögen des noch nicht fertigen Gebäudes.

Eduard van der Nüll

In der Monarchie war jedermann davon überzeugt, dass die beiden Architekten an allem schuld seien. Van der Nüll war den Anfeindungen nicht gewachsen, der 56-jährige, unter Depressionen leidende Wiener erhängte sich am 3. April 1868 gegen sieben Uhr früh in der Villa seines Freundes, des Hofbildhauers August de La Vigne, in der er sein letztes Lebensjahr verbracht hatte.

Knapp zwei Monate nach van der Nüll starb der gleichaltrige Siccardsburg, vom Herzschlag getroffen, über seinem Zeichentisch.

Er hatte den tragischen Tod des Freundes nicht verwinden können.

Der von den Ereignissen erschütterte Kaiser vermied es, seine persönliche Meinung je wieder öffentlich kundzutun. Die ab diesem Zeitpunkt verwendete, berühmt gewordene Floskel »Es war sehr schön, es hat mich sehr gefreut« ist die direkte Folge des Dramas um die beiden Hofopernarchitekten.

Glacéhandschuh ohne Daumen

Der blasse kleine Mann trat immer in operettenhafter Kleidung mit enormen Pumphosen und Röhrenstiefeln auf. Er wurde in Salzburg als Sohn eines Hoflakaien geboren und 1869 vom Kaiser in die Haupt- und Residenzstadt gerufen, die er mit seinen monumentalen Gemälden im Sturm eroberte. Sein auf Staatskosten mit Gobelin- und Samtwänden tapeziertes und schwülstig eingerichtetes Atelier in der ehemaligen *k. k. Kunsterzgießerei* im vierten Bezirk wurde zum Treffpunkt jener Epoche, der er seinen Namen gab. Gäste seiner legendären Atelierfeste waren Richard Wagner, Franz Liszt, Gottfried Semper und Arnold Böcklin, 1872 kam sogar Kaiserin Elisabeth. Makart erfreute sich so großer Popularität, dass sich vor dem Fenster sei-

Hans Makart

nes Stammcafés Trauben gaffender Bewunderer bildeten, die dem Meister zusahen, wenn er dort Schach spielte.

Makarts Wohn- und Sterbehaus in der Gußhausstraße (um 1960)

Wiens Frauen lagen dem vollbärtigen Gnom zu Füßen – und das, obwohl so manchem das Auftreten des Malers eher seltsam erschien. Dies vor allem in seinen beiden letzten Lebensjahren: Einmal verkroch er sich bei einem seiner Feste im Dachfirst, von wo aus man ihn nur mit sanfter Gewalt und mit Hilfe einer Leiter herunterholen konnte. Ein andermal sprang er, ohne schwimmen zu können, voll bekleidet ins tiefe Wasser des Grundlsees, aus dem er nur mit Mühe gerettet werden konnte. Und für seine Schwägerin ließ er zwei Dutzend Glacéhandschuhe anfertigen, die keinen Daumen hatten.

Als Makart 1884 mit nur 44 Jahren gestorben war, wurde sein Leichnam zwei Tage lang in seiner Wohnung öffentlich aufgebahrt. Die Obduktion ergab eine Lungenentzündung als Todesursache, aber auch eine »Entzündung der verdickten Hirnhäute mit Blutaustritt in die Hirnbasis. Chronischer Gehirnprozess. Paralyse«.

Makarts Atelier wurde in den Jahren 1916/17 demoliert, sein Wohn- und Sterbehaus ist erhalten geblieben.

Der Hofmaler will nicht malen

Heinrich von Angeli
Wien 4.,
Johann-Strauß-Gasse 7

Heinrich von Angeli war Hofmaler Kaiser Franz Josephs. Und er hat es dennoch geschafft, einen Auftrag der Kaiserin Elisabeth abzulehnen. Wie es dazu kam, verrät Angeli in seinen (unveröffentlichten) Lebenserinnerungen: »Sisis« Hofdame Ida von Ferenczy war eines Tages in Angelis Atelier auf der Wieden erschienen. »Herr Professor«, teilte sie ihm mit, »Sie werden in den nächsten Tagen die Einladung zu einem Diner erhalten, das Ihre Majestät, die Kaiserin, geben wird. Sie werden dabei ihre Gesichtszüge studieren können, dann wird es Gelegenheit für ein kurzes Gespräch geben, damit Sie Ihre Studien fortsetzen können.«

Heinrich von Angeli

Mit anderen Worten: Die Kaiserin wollte sich vor stundenlangen Sitzungen im Atelier »drücken«.

Doch so ging's nicht bei Angeli. »Sie können Ihrer Majestät sagen«, erwiderte er, »dass ich kein Zauberer bin. Wenn sie mir nicht Modell sitzt, kann ich sie nicht malen.«

Frau von Ferenczy kam noch einmal und sagte, die Kaiserin sei bereit, eine Stunde zu sitzen, mehr nicht!

»Sagen Sie Ihrer Majestät, dass ich es mir vorbehalten muss, wie lange eine Persönlichkeit zu sitzen hat. Auch wenn es die Kaiserin von Österreich ist.«

Ida von Ferenczy entgegnete, dass der bekannte Bildhauer Viktor Tilgner die Kaiserin auch nur kurz gesehen und trotzdem eine Büste von ihr angefertigt hätte.

»No«, sagte Angeli, »und ist die Büste gelungen?«

Als die Hofdame ehrlicherweise verneinen musste, erwiderte Angeli: »Na, sehen Sie, ich will es ihm nicht nachmachen. Es tut mir Leid, dass ich unter diesen Umständen auf die Ehre verzichte, Ihre Majestät zu malen.«

Der Hofmaler Heinrich von Angeli hatte der Kaiserin von Österreich eine Abfuhr erteilt.

FRÜHSTÜCK IM CAFÉ TIVOLI

Er war ein Rebell, der mit seinen Mäzenen stritt und immer wieder Aufträge zurücklegte – selbst dann, wenn er für die Rückzahlung des Vorschusses einen Kredit aufnehmen musste. Ganz untypisch für einen Künstler, verlief Klimts Tag nach einem festen, unverrückbaren, geradezu bürokratischen Zeitplan.

Der Hauptvertreter des Wiener Jugendstils stand sehr früh auf, lief von seiner in der Westbahnstraße gelegenen Wohnung ins *Café Tivoli*. Dort frühstückte er ausgiebig, spazierte durch den *Schönbrunner Schlosspark* in sein Atelier, wo

Gustav Klimt

Klimts Atelier in der Hietzinger Feldmühlgasse

er den Rest des Tages, in eine dunkle Arbeitskutte gehüllt, verbrachte. Er hatte mit vielen seiner Modelle sexuellen Kontakt, ein oder zwei Mädchen warteten fast immer im Vorraum des Ateliers.

Abends kehrte er zurück ins Kaffeehaus, um Freunde zu treffen. Sie beschrieben ihn als »untersetzt und athletisch. Er spricht laut mit starkem Dialekt, treibt gerne Sport, ist Mitglied eines Ruderklubs, geht gerne schwimmen, trainiert mit Gewichten«. Neben vielen Affären hatte er eine feste Beziehung mit der Modeschöpferin Emilie Flöge, für deren eleganten Salon er auch Kleider entwarf.

Klimt hatte in Wien drei Ateliers, das erste in Mariahilf, das zweite auf der Josefstädter Straße, das dritte in der Feldmühlgasse. Im Jahre 2004 konnte auf Betreiben des *Klimt-Vereins* verhindert werden, dass dieses, sein letztes noch bestehendes Atelier von der Republik Österreich an private Interessenten verkauft und zum Spekulationsobjekt wurde. Klimts Freund Egon Schiele hatte diese Gefahr schon 1918 erkannt, als er – kurz vor seinem Tod – über die Feldmühlgasse schrieb: »Nichts sollte weggenommen werden, denn das Gefüge des Klimt-Hauses ist ein Ganzes, ist selbst ein Kunstwerk, welches nicht zerstört werden dürfte. Auch die unfertigen Bilder, die Pinsel, der Maltisch, die Palette sollen unberührt bleiben und als Klimt-Museum zugänglich sein.«

Zurzeit gibt es den Plan, in Klimts Atelier in Hietzing ein Klimt- und Schiele-Museum zu etablieren.

Genie im Gefängnis

Egon Schiele
Wien 13., Hietzinger
Hauptstraße 114

Am 13. April 1912 wird Egon Schiele in Neulengbach, wo er mit seinem damaligen Modell Wally Neuzil ein paar Tage verbringen wollte, verhaftet. Man wirft ihm »Entführung, Verführung einer Minderjährigen und Gefährdung der öffentlichen Moral« vor. Nach zweiwöchiger Untersuchungshaft überstellt man das 22-jährige Genie ins Kreisgericht St. Pölten, wo sich die Anschuldigungen der Entführung und Verführung schnell als haltlos erweisen. Tatsächlich war eine minderjährige Schiele-Verehrerin ohne Wissen ihrer Eltern mit ihm und Wally in der Eisenbahn gereist. Sehr wohl ist hingegen in den Augen des Richters der Tatbestand der »Verbreitung unsittlicher Zeichnungen« gegeben, da in Schieles Wiener Atelier eine erotische Zeichnung an einem für Kinder zugänglichen Ort ausgestellt war.

Egon Schiele

Schiele wird zu drei Tagen Arrest verurteilt, die mit der insgesamt 24-tägigen Untersuchungshaft als verbüßt gelten. Nachdem die Polizei bereits über hundert als »pornografisch« eingestufte Zeichnungen beschlagnahmt hat, verbrennt der Richter am Ende der Verhandlung eine Aktstudie über einer im Gerichtssaal entzündeten Kerze, um damit seine Abscheu vor Schieles Werk auszudrücken.

Durch den Gefängnisaufenthalt schwer traumatisiert, kehrt Schiele in seine Wohnung in der Hietzinger Hauptstraße 114 – nur wenige Schritte von seinem Atelier in der Hietzinger Hauptstraße 101 entfernt – zurück. Er wird sich in den wenigen Jahren, die er noch zu leben hat, nicht mehr von den Ereignissen in Neulengbach und St. Pölten erholen.

Gedenktafel am Haus Hietzinger Hauptstraße 114

Lieber ein armer Mann

Friedrich von Schmidt
Wien 1., Schottenring 7

Sein wichtigstes Gebäude ist das Wiener Rathaus, das – seinen Plänen und dem ursprünglichen Bauauftrag entsprechend – eigentlich vis-à-vis vom Stadtpark stehen sollte. Bürgermeister Cajetan Felder war es, der den Ringstraßenarchitekten Friedrich Schmidt und auch die Mehrheit der Bevölkerung davon überzeugen konnte, dass der ehemalige Exerzier- und Paradeplatz – schon wegen seiner

Friedrich von Schmidt

Nachbarschaft zu Parlament, Universität und Burgtheater – die bessere Lösung sei. Schmidt verfolgte sein architektonisches Werk mit unglaublicher Zähigkeit.

Schmidt wohnte in dem von ihm erbauten »Sühnhaus«

So bemerkte er vor der Schlusssteinlegung des Rathauses am 12. September 1883, dass die steilen Mansardendächer der Seitenpavillons nicht ganz zu seiner Zufriedenheit ausgefallen seien. Da der Gemeinderat die Mittel zu ihrem Umbau nicht bewilligte, ließ sie der Architekt auf seine eigenen Kosten abtragen und erneuern. Im Freundeskreis sagte er damals: »Ich will mein Lebtag ein armer Mann bleiben, wenn mir nur mein Rathaus gelingt. Im Mittelalter mussten die Baumeister im Kampfe mit den Ratsherren die Köpfe lassen! Heutzutage nimmt man mit dem Geldbeutel vorlieb.«

Friedrich von Schmidts elegante Privatwohnung befand sich im *Sühnhaus* am Schottenring, das nach seinen Plänen aus kaiserlichen Privatmitteln an Stelle des abgebrannten Ringtheaters errichtet worden war. Das Wohnhaus wurde 1885 eröffnet und ließ sich trotz relativ niedriger Mieten infolge der makabren Erinnerung anfangs nur schwer vermieten. In den letzten Tagen des Zweiten Weltkriegs durch Bomben schwer beschädigt, musste das Gebäude 1951 abgetragen werden. Heute befindet sich auf dem Areal die Polizeidirektion Wien.

Senftiegel ohne Senf

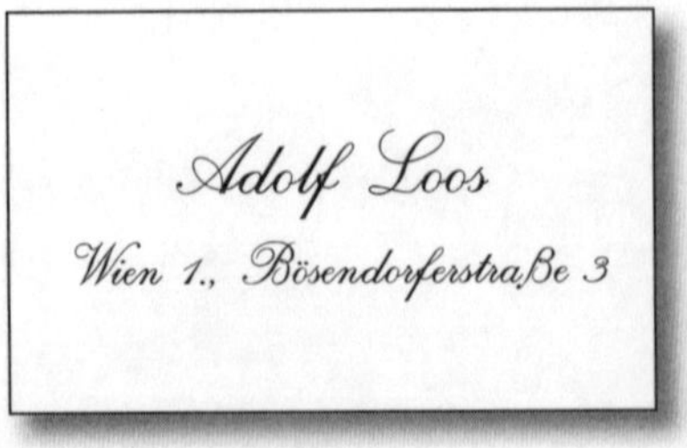

Adolf Loos und seine junge Frau Lina mieteten im Jahre 1902 eine Wohnung im fünften Stock des Hauses Bösendorferstraße 3 (die damals noch Giselastraße hieß). Und der renommierte Architekt begann sie sofort nach seinem persönlichen Geschmack einzurichten, das Wohn- und Kaminzimmer wurde mit dunklem Holz getäfelt und weiß gekalkt, die großen Betten im Schlafzimmer mit weißen Fellen überzogen. Loos kümmerte sich persönlich um Möbel, Stoffe, Vorhänge und war zufrieden, weil er sich als Architekt endlich austoben konnte, ohne von einem Bauherrn eingebremst zu werden. »Wenn man eine Loos-Wohnung betrat, befand man sich plötzlich in einer anderen Welt, jedoch in keiner Wohnung spürte man dies so stark wie in seiner eigenen«, erinnerte sich seine zweite Frau Elsie.

Adolf Loos

Doch die Einrichtung hatte das letzte Geld des 32-jährigen Architekten verschlungen, er und Lina lebten zeitweise von der Hand in den Mund. Eines Tages waren nur noch zwei Kronen da, seine Frau weinte aus Verzweiflung, aber Loos lachte nur, steckte die zwei Kronen ein, ging aus und versprach, etwas zum Essen mitzubringen. Er schlenderte durch die Stadt, ehe er vor der Auslage des Juweliers Förster & Söhne anlangte. Da entdeckte er einen Gegenstand, in den er sich sofort unsterblich verliebte. Ein Senftiegel aus Holz in einem kleinen

Adolf Loos' Wohn- und Kaminzimmer in der Bösendorferstraße

Silbergestell, made in England. Loos betrat das Geschäft und fragte, wie viel der Tiegel kostete.

»Für Sie, Herr Loos, zwei Kronen.«

Adolf Loos legte sein letztes Geld auf den Tisch und steckte den Senftiegel ein. Zu Hause angekommen, bekam Lina einen Wutanfall. Was sollte sie mit einem Senftiegel anfangen, wenn sie keinen Senf, geschweige denn ein Paar Würstel im Haus hatte? »Du bist ein Verschwender, ein Verrückter«, musste er sich sagen lassen. Loos verteidigte sich: »Zwei Kronen kann ich immer finden, aber wo finde ich je wieder einen so bezaubernden Senftiegel?«

»Es ist wirklich sehr schwer, mit einem Genie verheiratet zu sein«, kommentierte seine zweite Frau Elsie diese kleine Episode in ihren Erinnerungen. »Man weiß nie, was im nächsten Moment geschehen wird, es gibt keine sichere Grundlage, auf der man das Leben aufbauen kann. Es gehören sehr gute Nerven und vor allem ein unerschütterlicher Wille dazu, eine solche Ehe aufrecht zu halten.«

Dies ist keiner seiner Frauen gelungen. Die Ehe Nummer eins mit Lina Obertimpfler hielt drei Jahre, die zweite mit Elsie Altmann sieben, die dritte mit Claire Beck wieder drei Jahre. Der Nachweis, ob er mit der Tänzerin Bessie Bruce je verheiratet war, konnte nicht erbracht werden.

Loos behielt die Wohnung in der Bösendorferstraße bis zu seinem Tod im Jahre 1933. Sein Wohn- und Kaminzimmer wurde später im Wien Museum am Karlsplatz aufgebaut.

Der nackte Maler

Am 25. Jänner 1968 begab sich die damalige Wiener Kulturstadträtin Gertrude Sandner in ein in der Gymnasiumstraße gelegenes Studentenheim, um eine Ausstellung des 39-jährigen Malers Hundertwasser zu eröffnen.

So jedenfalls war's geplant. Der Abend begann, wie in solchen Fällen üblich, mit einem Vortrag der Stadträtin zum Thema Kulturpolitik, nahm danach aber einen überraschenden Verlauf. »Dann betrat Herr Hundertwasser das Podium, um über seine künstlerischen Ziele zu informieren«, entnimmt man der Gertrude Fröhlich-Sandner-Biografie *Unsere Gerti.* »Plötzlich hatte er zwei Eier in der Hand. Eiweiß und Dotter hatte er vorher ausgeblasen, die Schalen mit roter und weißer Farbe gefüllt. Er warf die Eier gegen die Decke über den vordersten Sitzreihen, die Farbe spritzte auf die dort Sitzenden, darunter die Kulturstadträtin. Dann zog sich Hundertwasser splitternackt aus und rief dabei: ›Das Gebäude ist zum Kotzen und ihr Studenten müsst in diesem Gefängnis studieren.‹ Als alles vorbei war, zog er sich wieder an und sagte ruhig: ›Damit ist die Ausstellung eröffnet!‹«

Friedensreich Hundertwasser

Der hüllenlose Künstler entfachte einen Sturm der Entrüstung, Hundertwasser wurde in Zeitungskommentaren als geistesgestört

Das Hundertwasser-Atelier in der Spiegelgasse

und/oder kriminell bezeichnet. Es gab eine ernsthafte Diskussion darüber, ob er wegen des Paragrafen 468 (boshafte Sachbeschädigung, bedroht mit Arrest bis zu drei Monaten) oder 516 (Erregung öffentlichen Ärgernisses, bis sechs Monate strenger Arrest) zu belangen sei.

Jahre später erklärte der mittlerweile arrivierte Künstler, dass er '68 nur versucht hätte, seine Kritik an der zeitgenössischen Architektur wirksam auszudrücken.

Dies ist ihm jedenfalls mit nachhaltigem Erfolg gelungen: Die Stadt Wien lud ihn immer wieder ein, seine architektonischen Ideen in diversen Bauwerken umzusetzen. Die berühmtesten von ihm geplanten Wiener Gebäude sind das *Hundertwasserhaus*, das *Kunsthaus* und das *Fernheizwerk Spittelau*.

Hundertwasser hatte, ohne sich je wieder öffentlich entblättern zu müssen, sein Ziel erreicht.

Er selbst musste übrigens nicht in einem seelenlosen Neubau, der ihn »zum Kotzen« angeregt hätte, leben. Hundertwassers 1966 bezogene Atelierwohnung befand sich in einem prachtvollen Gründerzeitbau Ecke Graben/Spiegelgasse, deren Glaskuppel von Otto Wagner stammt.

Nachzutragen wäre noch Gertrude Sandners Reaktion, als des Meisters Hüllen gefallen waren: Sie stand ruhig auf, nahm ihre Handtasche und verließ die Veranstaltung. Bös war sie ihm nie. »Ich hatte eigentlich nur Angst um mein Kleid – wegen der Farbspritzer«, gestand sie.

In Schlössern und Palästen

So wohnten die Fürsten, Grafen und Barone

Der Graf, der wissen wollte, wie spät es ist

Wann immer der ungarische Graf Nádasdy in Wien weilte, pflegte er in seinem Haus Ecke Augustinerstraße/Dorotheergasse zu nächtigen. Er fühlte sich dort sehr wohl und liebte den Blick auf die aus dem 14. Jahrhundert stammende Augustinerkirche. Nur eines störte den reichen Magnaten: Auf dem Turm des Gotteshauses gab es keine Uhr. Der Graf aber wollte, wenn er morgens aufwachte und aus dem Fenster sah, wissen, wie spät es ist. Also entschloss er sich, den Augustinermönchen das Geld zur Errichtung einer Kirchenuhr zu schenken.

Tatsächlich befindet sich heute auf dem Turm der Augustinerkirche eine Uhr. Leider hat die hübsche kleine Geschichte einen tragischen Nachgeschmack: Graf Nádasdy hat die Fertigstellung seiner Uhr nicht mehr erlebt. Er wurde am 30. April 1671 in der unterirdischen Hinrichtungsstätte des Alten Rathauses zu Wien enthauptet, nachdem er mit anderen Rebellen die so genannte »Magnaten-Verschwörung« zur Erlangung der ungarischen Unabhängigkeit vorbereitet hatte.

Kaiser Leopold I. ließ insofern »Gnade« walten, als er es Nádasdy wenigstens ersparte, dass ihm vor der Enthauptung die rechte Hand abgeschlagen wurde, wie das bei der Vollstreckung von Todesurteilen im Falle von Staatsverrat üblich war.

Die von dem ungarischen Aristokraten gestiftete Turmuhr wurde erst vierzig Jahre nach seinem Tod montiert.

Wer kann das bezahlen?

Prinz Eugen
von Savoyen
Wien 1.,
Himmelpfortgasse 4–8

Der Mann hat sich ja wirklich auf vielen Schlachtfeldern bewährt und im Kampf, insbesondere gegen Türken und Franzosen, Aufsehen erregende Siege errungen. Aber wie konnte es sich der ursprünglich mittellose Prinz von Savoyen leisten, einige der prunkvollsten Paläste der Barockzeit für seinen privaten Gebrauch bauen zu lassen? Woher nahm er all das Geld?

Der schmächtige Aristokrat war 1683, nicht ganz zwanzigjährig und hoch verschuldet, von Paris nach Wien gekommen. Als er im Alter von 73 Jahren starb, hinterließ er als größter Bauherr seiner Zeit ein auf zwei Millionen Gulden* geschätztes Vermögen, zu dem neben Bargeld, Juwelen und Kunstwerken auch die folgenden Immobilien zählten:

- Das *Winterpalais* in der Wiener Himmelpfortgasse,
- das *Belvedere* mit dem Unteren und dem Oberen Schloss,
- *Schloss Ráczkeve* auf der Donauinsel Czepel südlich von Budapest sowie die im Marchfeld gelegenen Anwesen,
- *Schlosshof*,
- *Schloss Engelhartstetten* und
- *Schloss Niederweiden*.

Wohl fielen ihm ab 1688 einige von der Familie Savoyen ererbte Güter zu, die ihm monatliche Einkünfte sicherten, aber die bedeu-

* Entspricht im Jahre 2005 einem Betrag von rund 100 Millionen Euro

tendsten Bezüge verdankte er seinem Aufstieg als Feldherr und Diplomat. Er war Oberbefehlshaber der österreichischen Armee, Präsident des Hofkriegsrates, Gouverneur von Mailand und Statthalter der Niederlande. Neben den dafür ausbezahlten Gehältern überließen ihm die Kaiser Leopold I., Joseph I. und Karl VI. in Anerkennung seiner enormen Leistungen – die wesentlich dazu beigetragen hatten, dass Österreich zur europäischen Großmacht wurde – wertvolle Ländereien und andere Zuwendungen.

Prinz Eugen

Die Bautätigkeit des als unhübsch, verschlossen und hochmütig beschriebenen Prinzen, der das gesellschaftliche Leben liebte, begann im Jahre 1695, als er bei Bernhard Fischer von Erlach »eine standesgemäße Wohnung« – ein *Winterpalais* – in der Trabothengasse (der heutigen Himmelpfortgasse) in Auftrag gab, die dann von Lucas von Hildebrandt vollendet wurde. Der riesige Baugrund setzte sich aus vier kleineren Anwesen zusammen, deren Häuser Eugen nach und nach kaufte und abtragen ließ. Die hofseitig gelegenen Zimmer des neuen Palastes wurden als Wohnräume ausgebaut, die an der Gassenfront entstandenen Prunkräume dienten der Repräsentation.

Erstaunlich ist, dass der Prinz nicht nur in Friedensjahren Zeit fand, sich mit Planung und Einrichtung seiner Schlösser zu beschäftigen, er erteilte seinen Baumeistern oft sogar von blutigen Kriegsschauplätzen detaillierte Anweisungen und korrespondierte vom Feldlager aus mit Mittelsmännern, die Kunstwerke, Bücher und Einrichtungsgegenstände anzuschaffen hatten.

Da er kinderlos blieb und auch kein Testament vorlag, wurde seine Nichte Victoria zur Universalerbin. Habgierig und verständnislos, machte sie alles zu Geld, was Eugen mit Liebe, Ausdauer und großer

Die Prunkstiege im Winterpalais des Prinzen Eugen

Sachkenntnis zusammengetragen hatte. Kaiserin Maria Theresia kaufte die Wiener Paläste und die Schlösser im Marchfeld. Eugens Bibliothek und seine Kupferstichsammlung bilden heute noch wesentliche Bestände der *Nationalbibliothek* und der *Albertina*. Und doch konnte die Zerstreuung wertvoller Teile seiner einzigartigen Sammlung nicht verhindert werden.

Im *Winterpalais*, in dem der Prinz in der Nacht vom 20. zum 21. April 1736 an einem Lungenleiden starb, ist seit 1798 das österreichische Finanzministerium untergebracht.

Der Fürst und die kleinen Mädchen

Alois Fürst Kaunitz
Wien 1., Dorotheergasse 11

Einen solchen Kriminalfall hatte es bis dahin in diesen Kreisen nicht gegeben: Am 6. Juli 1822 wurde der 49-jährige Fürst Alois Kaunitz in seinem Palais in der Dorotheergasse verhaftet. Vor Gericht stellte sich heraus, dass der Enkel des einstigen Staatskanzlers Wenzel Kaunitz nicht weniger als zweihundert unmündige Mädchen verführt, missbraucht und geschändet hatte.

Im Theater an der Wien gab es in jenen Tagen ein Kinderballett, das einen hervorragenden Ruf genoss, aber auch von abartig veranlagten Herren aufgesucht wurde. Allen voran: Alois Fürst Kaunitz, der einige Jahre österreichischer Botschafter am Hof des Papstes war, ehe er 1819 als »untragbar« vom Dienst suspendiert und in die Heimat rückbeordert wurde. Hier begannen dann die Ballettbesuche des dreifachen Familienvaters im Theater an der Wien.

Der Prozess gegen Kaunitz wurde lange hinausgezögert, da Mitglieder des Hochadels geschont wurden. Als aber die krankhaften Leidenschaften des Fürsten in Wien die Runde machten, und »um die Zahl der ohnehin sehr vielen unglücklichen Mädchen nicht zu vermehren«, erwies sich das Einschreiten der Behörde als unumgänglich. Kaunitz war meist an die Mütter und Väter der elf- bis vierzehnjährigen Kinder herangetreten, um mit ihnen einen regelrechten Vertrag abzuschließen, in dem er sich verpflichtete »für die Jungfernschaft Ihrer Tochter« eine bestimmte Summe zu zahlen. Die Armut im biedermeierlichen

Das Kaunitz-Palais in der Dorotheergasse

Wien war so groß, dass dieses schmutzige Geschäft mit Wissen der Eltern blühte.

Auch später berühmt gewordene Namen finden sich in den Listen der Opfer. Die Tänzerin Fanny Elßler, damals elfjährige Elevin am Kärntnertortheater, hatte Kaunitz »nur geküsst«, ihre 14-jährige Schwester Therese wurde von ihm aber »fleischlich gebraucht«. Auch mit den Eltern der elfjährigen Louise Gleich – der späteren Frau Ferdinand Raimunds – hatte Kaunitz eine Vereinbarung getroffen, die jedoch nicht wirksam wurde, da sich die Mutter in letzter Minute weigerte, ihre Tochter zur Erfüllung des »Vertrags« freizugeben.

Der auf drei Monate anberaumte Prozess wurde, trotz der erdrückenden Beweise, zur Farce. Kaunitz gab an, die Mädchen »vor dem 14. Lebensjahre berührt, aber nicht gebraucht« zu haben. Dies wurde vom Gericht akzeptiert, obwohl elfjährige Mädchen angaben, vom Fürsten entjungfert worden zu sein. Die Aussagen eines Aristokraten zählten jedoch mehr als die der einfachen Kinder.

Schließlich wurde die Untersuchung aus Mangel an Beweisen, unter der Bedingung, dass Kaunitz Wien verließ, ad acta gelegt. Er begab sich auf sein Landgut bei Brünn, um dort sein Unwesen fortzusetzen, wie einem örtlichen Polizeibericht aus dem Jahre 1823 zu entnehmen ist: »Eine im Kaunitzschen Dienste gestandene frühere Magd ist in Untersuchung, da sie dem Fürsten Mädchen, die Jungfrauen sein mussten, zugeführt hatte …«

Alois Kaunitz starb 1848 im Alter von 75 Jahren in Paris als unbescholtener Mann.

Sein Palais in der Dorotheergasse war, als Kaunitz ins Exil ging, an die Bankiersfamilie Eskeles verkauft worden, es stand im 19. Jahrhundert im Mittelpunkt großer gesellschaftlicher Veranstaltungen. 1934 sollte es zum Wohnsitz für Engelbert Dollfuß werden, doch hat man nach dessen Ermordung für seinen Nachfolger keine Residenz benötigt, da Kurt Schuschnigg eine Wohnung im *Oberen Belvedere* besaß. 1936 wurde im jetzigen *Palais Eskeles* die Kunstabteilung des *Wiener Dorotheums* untergebracht, seit 1992 beherbergt es das *Jüdische Museum der Stadt Wien*.

Zu schwach für den Militärdienst

Joseph Wenzel Radetzky, der einer alten aristokratischen Familie entstammte, hatte eine schwere Kindheit. Seine Mutter starb bei seiner Geburt, sein Vater, als er sechs war. Der Fünfzehnjährige lebte kurz bei seinem Großvater in Prag, nach dessen Tod er unter die Vormundschaft eines Onkels gelangte, der – wie Radetzky notierte – »40 000 Gulden meines Vermögens durchbrachte«. In seiner Not unternahm Radetzky den Versuch, in die *Theresianische Militärakademie* aufgenommen zu werden. Er scheiterte dort jedoch am ärztlichen Befund, demzufolge »der junge Graf zu schwach ist,

Graf Radetzky

Josef Pargfrieders Schloss Kleinwetzdorf in Niederösterreich

um die Beschwerden des Militärdienstes auch nur einige Jahre ertragen zu können«.

Da haben sich die Herren Militärärzte aber gründlich geirrt. Radetzky hat die Beschwerden des Militärdienstes länger ertragen als irgendein anderer Soldat, nämlich 72 Jahre – so lange währte die Dienstzeit des bis zum Feldmarschall aufgestiegenen Offiziers. Selbst im hohen Alter ein glänzender Reiter, führte Radetzky die kaiserliche Armee mit über achtzig Jahren in die siegreichen Schlachten bei Santa Lucia, Vicenza, Custoza und Novara.

Aber auch danach war er noch immer nicht »zu schwach für den Militärdienst«, blieb er doch bis Februar 1857 Armeekommandant und Generalgouverneur von Lombardei-Venetien. Mit neunzig bat Joseph Wenzel Graf Radetzky von Radetz endlich um die Versetzung in den dauernden Ruhestand. Kaiser Franz Joseph stimmte dem Ansuchen unter der Bedingung zu, dass er sich auch weiterhin seines Rates erfreuen dürfte.

Zeitweise wohnte Radetzky – dem auch ein Appartement im *Amalientrakt* der Wiener Hofburg zur Verfügung stand – als Gast des Schuhfabrikanten Josef Pargfrieder im niederösterreichischen Schloss Kleinwetzdorf, auf dessen Heldenfriedhof er nach seinem Tod im Jänner 1858 seine letzte Ruhe fand.

MUTTER UND KRONPRINZ

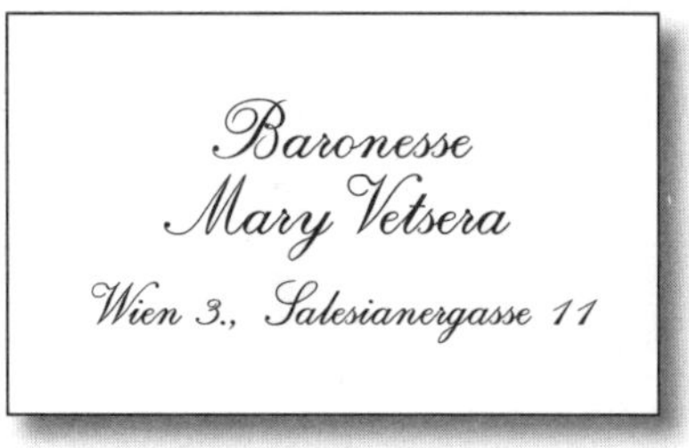

Während die siebzehnjährige Baronesse Mary Vetsera im Sohn des Kaisers die große Liebe ihres Lebens sah, war sie für ihn eine Zufallsbekanntschaft, eine von vielen Frauen, mit denen er eine Affäre hatte. Die Wahl, gemeinsam zu sterben, war zufällig auf sie gefallen, Mary war nicht die Einzige, die er fragte, ob sie ihn nach Mayerling begleiten wollte.

Mary Vetsera

Mary war nicht einmal die einzige Vetsera, die Rudolf verfallen war. Jahre vor seiner Liebschaft mit der kleinen Baronesse hatte er auch ein stürmisches Verhältnis mit ihrer Mutter: Helene Freifrau von Vetsera, deren Mann als Berufsdiplomat selten in Wien weilte, war elf Jahre älter als Rudolf und soll – sehr vehement – die Initiative zu ihrer Beziehung mit dem Kronprinzen ergriffen haben. Marys Mutter wird als »kleine, zierliche Person mit unvergesslich blaugrauen Augen und schönen langen Wimpern« beschrieben. Die südländische Schönheit, deren Vorfahren aus Italien, Griechenland und England stammten, gehörte jenem Frauentyp an, den Rudolf auch später bevorzugte.

Mary war, als ihre Mutter und der Kronprinz liiert waren, sechs Jahre alt. Sie lebte seit dem Jahre 1880 mit ihren Eltern und drei

Das Palais Vetsera in der Salesianergasse

Geschwistern in dem für jährlich 3417 Gulden* gemieteten kleinen Palais in der Salesianergasse. Das 1794 erbaute, einstöckige Gebäude hieß – nach seinem Eigentümer – *Palais Salm*, wurde aber wohl infolge des zu so trauriger Berühmtheit gelangten Namens immer nur *Palais Vetsera* genannt.

Das Leben der Familie Vetsera in der Salesianergasse war von Anfang an unter keinem guten Stern gestanden, kam doch schon kurz nachdem sie das Haus mit dem kleinen Vorgarten bezogen hatte, Marys ältester Bruder Ladislaus beim Brand des Ringtheaters ums Leben. Am Morgen des 28. Jänner 1889 verließ Mary dann das Palais, um zu Fuß den Weg in die Hofburg anzutreten, von wo sie durch Rudolfs Leibfiaker Bratfisch nach Mayerling gebracht wurde. Helene Vetsera hat auch ihre beiden anderen Kinder überlebt.

Nach der Tragödie im Jagdschloss des Kronprinzen änderte sich das Leben in der Salesianergasse grundlegend. Während man hier bis dahin – meist um »gute Partien« für die beiden Vetsera-Töchter an Land zu ziehen – aufwändige Feste gab, zwangen die Schatten von Mayerling nun zu gespenstischer Stille. Wenige Jahre nach Marys Tod

* Entspricht laut *Statistik Austria* im Jahre 2005 einem Betrag von rund 36 000 Euro

musste die inzwischen verwitwete Helene Vetsera das Palais aus Kostengründen aufgeben und in eine Mietwohnung ziehen. 1902 wurde das Palais von der amerikanischen und 1911 von der japanischen Gesandtschaft bezogen. Als man 1916 die heutige Neulinggasse verlängerte, wurde das *Palais Vetsera* abgetragen.

Der erlösende Brief

Sie dachte schon, ihr Leben als »alte Jungfrau« fristen zu müssen. Denn Bertha von Suttner hatte, obwohl sie eine charmante und geistreiche junge Frau war, kein Glück bei Männern. Als Tochter des Grafen Franz Joseph Kinsky, der knapp vor ihrer Geburt im Alter von 76 Jahren gestorben war, bei ihrer Mutter in Prag aufgewachsen, machten die ihrer Gesellschaftsschicht angehörenden heiratsfähigen Männer einen großen Bogen um sie, da sie einen unverzeihlichen »Geburtsfehler« hatte: Ihre Mutter hieß mit Mädchennamen Körner und war »keine Geborene«, wie solche Familienverhältnisse in der Umgangssprache der österreichischen Aristokratie abfällig genannt wurden. Bertha Kinsky konnte deshalb nicht jene 16 blaublütigen Ahnen aufbringen, die notwendig waren, um der ersten Gesellschaft anzugehören und am Wiener Hof zugelassen zu sein.

Und der »zweiten Gesellschaft« wollte sie nicht angehören, dafür war Bertha Kinsky viel zu streng erzogen worden. Ringstraßenbarone und andere Edelmänner bekundeten ihr Interesse, machten sich aber immer dann, wenn es »ernst« wurde, aus dem Staub. Ein angeblicher Millionär erwies sich als Hochstapler und ein versponnener Prinz zu Sayn-Wittgenstein, der als Sänger weltberühmt werden und alle Konventionen außer Acht lassen wollte, starb kurz vor der geplanten Verlobung an einer Herzattacke.

Bertha von Suttner

Bertha war bereits dreißig und hatte trotz großer Sehnsucht nach wahrer Liebe diese mehr oder weniger aufgegeben, als sie eine Stelle als Erzieherin bei der Familie Suttner auf *Schloss Harmannsdorf* bei Eggenburg im Waldviertel antrat. Der Baron Suttner und seine Frau hatten vier Töchter und einen Sohn namens Arthur, der Bertha bald seine Liebe gestand, die diese auch erwiderte. Seine fast erwachsenen Schwestern erwiesen sich als loyal und hielten die romantische Liaison den Eltern gegenüber geheim. Als Arthurs Mutter der Beziehung nach drei Jahren auf die Spur kam, flog die Erzieherin jedoch in hohem Bogen aus dem Haus. Eine arme, um sieben Jahre ältere Gouvernante ohne einwandfreien Stammbaum, das kam für ihren Sohn nicht in Frage.

Der Hinauswurf sollte sich insofern als wichtig für Berthas Biografie erweisen, als sie jetzt eine Stelle als Sekretärin des Dynamitfabrikanten Alfred Nobel in Paris antrat. Sie blieb zwar – weil die Sehnsucht nach Arthur zu groß war – nur kurz in seinen Diensten, hatte damit aber den Kontakt zu jenem Mann hergestellt, der den ihr später verliehenen Friedenspreis stiften sollte.

Zurück in Wien, traf sie Arthur von Suttner wieder. Sie schworen einander ewige Liebe, heirateten heimlich und brachen mit seinen Eltern. Arthur hatte mit diesem Schritt auf alle Annehmlichkeiten seiner Herkunft – vor allem auf die finanziellen – verzichtet.

Auch die Wahl des gemeinsamen Exils war für Berthas weiteren Lebensweg von Bedeutung. Sie und ihr Mann ließen sich im Kaukasus nieder, wo sie die Auswirkungen des Russisch-Türkischen Krieges miterlebten. Das Blutvergießen war es, das Bertha von Suttner inspirierte, fortan für Frieden und Abrüstung zu werben.

Das Paar war insgesamt neun Jahre auf der Flucht, bis 1885 endlich der erlösende Brief von Suttners Eltern einlangte, mit dem sie Sohn und Schwiegertochter verziehen. Die beiden kehrten zurück und ließen sich auf dem Suttnerschen *Schloss Harmannsdorf* nieder, auf dem Bertha in den folgenden Jahren ihren Roman *Die Waffen nieder* schrieb. Nun traf sie auch Alfred Nobel wieder, den sie von ihren pazifistischen Ideen überzeugen konnte.

Das Suttner-Schloss Harmannsdorf bei Eggenburg

Arthur von Suttner starb 1902 – drei Jahre vor der Verleihung des Friedensnobelpreises an seine Frau. Sie starb am 21. Juni 1914, sieben Tage vor den Schüssen von Sarajewo, die den Ersten Weltkrieg auslösen sollten.

Das im 13. Jahrhundert erstmals erwähnte und von den Kuenringern gegründete *Gut Harmannsdorf* war 1841 samt dem damals tausend Hektar großen Anwesen durch Heirat in den Besitz der Familie Suttner gelangt. Die von einem Wassergraben umgebene Burg musste nach Arthur von Suttners Tod zwangsversteigert werden und gehört heute dem Tierarzt Erich Glawischnig, der hier mit seiner Frau Veronika eine Bernhardinerzucht betreibt. *Schloss Harmannsdorf* ist auch Sitz des internationalen *Bertha-von-Suttner-Vereins*.

»In einem Zustand der Angst«

Von Kabarettisten und anderen ernsten Menschen

DER ZWEITE PLATZ FÜR DAS ERSTE LIED

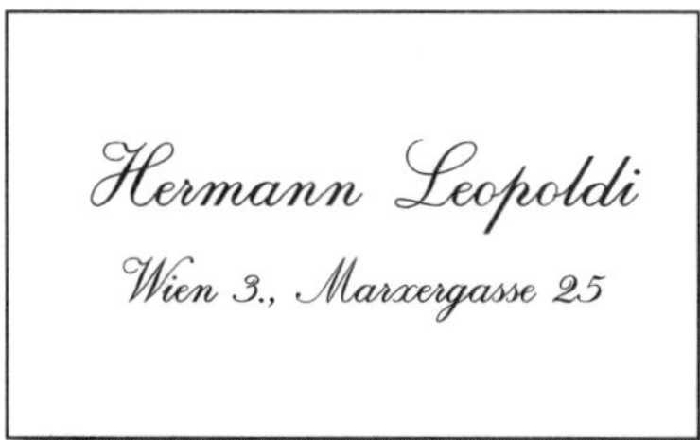

Die Wiener Journalisten- und Schriftstellervereinigung *Concordia* veranstaltete im Jahre 1929 ein »Preisausschreiben für das beste Wienerlied«, bei dem schon Wochen vorher gemunkelt wurde, dass das Lied *Im Roten Hirschen* – Musik: Richard Fall, Worte: Fritz Löhner-Beda – den ersten Preis gewinnen würde.

Als die ganz offensichtlich geplante »Schiebung« dem Klavierhumoristen Hermann Leopoldi zu Ohren kam, forderte dieser seinen Freund Peter Herz auf, den Text für ein Wienerlied zu schreiben, das er dann vertonen würde. Leopoldi empfand es als Herausforderung, trotz der fixen Ankündigung, doch noch einen Sieg davonzutragen.

Hermann Leopoldi

Und Peter Herz lieferte einen Volltreffer: »In einem kleinen Café in Hernals«, lauteten die ersten Zeilen, »spielt's Grammophon mit leisem Ton an Englisch Waltz! Dort genügen zwei Mocca allein, um ein paar Stunden so glücklich zu sein ...« Leopoldi fand die dazupassende Melodie – und reichte das Lied bei der *Concordia* ein, deren Funktionäre bald zu der Überzeugung gelangten, ein neues Siegerlied in Händen zu halten. Leopoldi freute sich über das gelungene Werk und setzte sich bei der erstbesten Gelegenheit ans Klavier seines Stammcafés *Bodega* auf der

Ringstraße, um einigen Freunden das *Kleine Café* vorzuspielen, wie er das immer mit seinen Neuschöpfungen tat, um die Wirkung bei Außenstehenden zu erkunden.

Tage später fand in *Weigl's Dreherpark* in Schönbrunn die Schlussveranstaltung des *Concordia*-Wettbewerbs statt. Die berühmte Operettensängerin Betty Fischer trug das *Kleine Café* unter dem Jubel des Publikums vor. Allen Anwesenden und vor allem den Jurymitgliedern war klar, dass dieses Lied den ersten Platz und das damit in Verbindung stehende Preisgeld in Höhe von 3000 Schilling* gewinnen würde.

Doch plötzlich ging ein Raunen durch den Saal. Ein Kaffeehausgast hatte Anzeige erstattet, weil das Lied – entgegen den Satzungen der *Concordia* – bereits einmal »öffentlich vorgetragen worden« sei, womit die Probe in der *Bodega* gemeint war.

Und somit wurde besiegelt, was ohnehin von Anfang an feststand: Das Lied *Im Roten Hirschen* gewann den ersten Platz samt Preisgeld.

Kein Mensch hat seither je wieder auch nur einen Ton vom *Roten Hirschen* gehört. Hermann Leopoldis *Kleines Café* kennt man jedoch in aller Welt – auch in den USA, wo es unter dem Titel *In a little Café down the Street* ein Schlager wurde.

Leopoldi hatte eine Wohnung in der Marxergasse, aus der er im April 1938 abgeholt und nach Dachau deportiert wurde. Danach im KZ Buchenwald interniert, gelang ihm dennoch die Emigration in die USA. Er kehrte nach dem Krieg heim und ließ sich mit seiner Partnerin Helly Möslein in der Diesterweggasse 8 in Penzing nieder, wo er bis zu seinem Tod im Juni 1959 wohnte.

---

* Entspricht laut *Statistik Austria* im Jahre 2005 einem Betrag von rund 8000 Euro

Drei Ehen mit einer Frau

Karl Farkas hat in seinem Leben dreimal geheiratet – und immer dieselbe Frau. Sie hieß Anny Han und war, als die beiden einander 1922 kennen lernten, eine junge Schauspielerin. Farkas inszenierte damals in den Wiener Kammerspielen die Komödie *Konsul Max*, in der sie eine kleine Rolle hatte. Als Anny Han ihn während der Proben um einen freien Tag bat, an dem sie einen Film drehen sollte, lehnte er ab. Es kam zum Streit, der schließlich in einer großen Versöhnung endete. Heirat: 17. Juli 1924. Das war das erste Mal.

Anny und Karl Farkas vor ihrem Landhaus

Da Anny römisch-katholisch war und Wert auf eine kirchliche Trauung legte, wurde diese in der Zeit des »Ständestaates« nachgeholt. Die Zeremonie fand am 27. Februar 1934 in der Pfarre St. Rochus auf der Landstraße statt. Das war die Hochzeit Nummer zwei.

Während der Kabarettist nach dem »Anschluss« an Hitler-Deutschland über die Tschechoslowakei und

Frankreich die Flucht nach Amerika gelang, blieb seiner Frau nichts anderes übrig, als in Europa zu bleiben, da ihrem geistig behinderten Sohn Robert die Einreise in die USA verwehrt wurde. Frau Farkas verbrachte die Kriegsjahre bei ihren Eltern in der Kleinstadt Bresnice in dem von den Nazis besetzten Protektorat Böhmen. Da man ihr und ihrem Kind dort »aufgrund der aufrechten Ehe mit einem Juden« große Schwierigkeiten machte, wurde am 4. Februar 1944 beim Bezirksgericht Budweis die Scheidung vollzogen.

Nach dem Krieg kehrten Karl und Anny Farkas nach Wien zurück, wo sie am 28. November 1946 am Standesamt Innere Stadt neuerlich heirateten. Zum dritten Mal.

Während das Ehepaar in der Zwischenkriegszeit in einer geräumigen Wohnung in der Ungargasse 59a gelebt hatte, siedelte es sich jetzt in einer in der amerikanischen Zone gelegenen, schmucklosen Mietwohnung in der Neustiftgasse 67 an, die Farkas als »kurzfristige Übergangslösung« betrachtete. Doch er blieb dort bis an sein Lebensende im Jahre 1971.

Die Wochenenden und Sommermonate, die im Kabarett Simpl spielfrei waren, verbrachten Farkas und seine Frau in ihrem Landhaus in Edlach an der Rax, das sie bereits 1928 erworben hatten.

Der Herr in der zweiten Reihe

Helmut Qualtinger
Wien 19., Daringergasse 12–20

Als Helmut Qualtinger Ende der fünfziger Jahre die ersten Versuche unternahm, von der Kleinkunst wegzukommen, trat er im Kleinen Theater im Konzerthaus in Carl Sternheims Drama *Die Hose* auf. Da er das Kabarett auch hier nicht ganz verleugnen konnte, nahm er sich vor, die Figur des Herrn Stenglhöh in Bewegung, Diktion, Maske und Kostüm so zu spielen, dass sie dem damaligen Burgtheaterstar Werner Krauß bis ins kleinste Detail ähnelte. Und er tat das, wie der Regisseur Michael Kehlmann bekundet, auf einzigartige Weise. Die hinreißende Parodie sprach sich bald bis in die Künstlergarderoben des benachbarten Akademietheaters herum, und so erschien eines Abends der dort auftretende Werner Krauß im Kleinen Theater, kaufte sich eine Karte, setzte sich in die zweite Reihe und sah sich die Vorstellung an.

Helmut Qualtinger

Qualtinger erkannte den Gast erst, als er nach ein paar Sätzen das berühmte, unverwechselbare Lachen des Herrn in der zweiten Reihe gehört hatte. Da lachte er von der Bühne zurück, genauso wie Werner Krauß im Zuschauerraum lachte. »Helmut spielte die Rolle zu Ende«, erinnert sich Regisseur Kehlmann, »er spielte sie besser denn je. Krauß applaudierte frenetisch und kam später noch zweimal, um sich die Vorstellung wieder anzusehen, Helmut persönlich kennen zu lernen und sich für dieses Denkmal seiner selbst herzlich zu bedanken.«

Qualtinger bezog in diesen Tagen mit Ehefrau Leomare und Sohn Christian eine Wohnung in einem Gemeindebau in der Grinzinger Daringergasse, der heute den Namen *Helmut-Qualtinger-Hof* trägt. Die letzten elf Jahre seines Lebens verbrachte Qualtinger mit seiner zweiten Frau Vera Borek im *Heiligenkreuzer Hof* in der Schönlaterngasse.

»Aber der Nowak«

Hugo Wiener und seine Frau Cissy Kraner verbrachten die Sommerferien des Jahres 1954 in Pörtschach am Wörthersee. Im selben Hotel wohnte eine junge Schauspielerin, die mit einem Fabrikanten namens Nowak verheiratet war. Sie sagte nie »mein Mann«, wenn sie von diesem sprach, sondern immer »der Nowak«. Einmal meinte sie: »Ich hätte ja schon längst in der Gosse geendet, aber der Nowak lässt mich nicht verkommen.« Hugo Wiener und Cissy Kraner schauten einander an und wussten: »Das ist eine gute Zeile!«

Hugo Wiener

Und was für eine! Wiener fragte die junge Frau, ob sie etwas dagegen hätte, wenn er den Satz für ein Chanson verwenden würde und als diese damit einverstanden war, hatte er Text und Musik in einem Vormittag in seiner Wohnung im vierten Bezirk niedergeschrieben.

Vierzig Jahre lang kannte das Kabarettduo keinen Auftritt ohne »den Nowak«, der in jedem Programm vom Publikum verlangt wurde. Das Chanson gab's bald auch auf Englisch (*Mister Matico wouldn't understand it*), Holländisch und wurde auf Schwedisch von Zarah Leander gesungen.

Aus einem Urlaubsgespräch war ein Kabarettklassiker entstanden.

Hugo Wieners Wohnhaus in der Kleinschmidgasse

AN JENEM TAG

Bis zur Mitte der siebziger Jahre lebte der Schauspieler und Kabarettist Maxi Böhm mit seiner Frau Huberta und seinen Kindern Max, Michael und Christa am Brahmsplatz 4 auf der Wieden. Das schräg gegenüber vom Theater in der Josefstadt gelegene Haus Josefstädter Straße 9, in das er danach übersiedelte, sollte seine letzte Adresse werden.

Selten hat jemand kurz vor seinem Tod so präzise angekündigt, am Ende seiner Kräfte angelangt zu sein. »Sehr geehrter Herr Professor!«, schrieb Böhm am 23. November 1982 an den Regisseur Hans Jaray, mit

Max Böhm

dem er gerade die Rolle des Theaterdirektors Striese in der Komödie *Raub der Sabinerinnen* im Theater in der Josefstadt probierte. »Ich glaube, es ist wichtig, Sie über meinen Zustand zu informieren. Ich war schon ein paar Mal, seit wir probieren, versucht, Sie zu ersuchen, mich umzubesetzen: Ich werde jetzt 67 Jahre alt und mir wird das Pensum einfach zu viel. Jeden Abend diese schwere Vorstellung, die meinen hundertprozentigen Einsatz verlangt, und am Tag die Proben, die mir nicht Freude auf den Striese machen, sondern mich in eine Art Psychose gebracht haben: Seit elf Tagen lebe ich nur von Haferschleim ... Ich bin auch deshalb in einem Zustand der Angst, weil wir in der nächsten Woche Fernsehaufzeichnungen in den Kammerspielen haben und ich nicht mehr durchhalten kann! Ich bitte Sie hiermit sehr herzlich um Verständnis für meine spezielle Situation. Danke Ihr M. B.«

Doch der Theaterbetrieb kennt kein Verständnis für eine »spezielle Situation«, Proben, Vorstellungen, Aufzeichnungen – alles lief weiter, wie geplant. Böhm, der ganz offensichtlich am Ende seiner Kräfte angelangt war, hatte drei Jahre zuvor seine Tochter Christine bei einem Badeunfall und zwei Jahre zuvor seinen Sohn Max, der freiwillig aus dem Leben geschieden war, verloren.

Das Haus in der Josefstadt, in dem Max Böhm 1982 starb

Proben, Vorstellungen, Aufzeichnung. Und dann die Premiere des *Raubs der Sabinerinnen*, ein paar Wochen, nachdem er den verzweifelten Aufschrei an seinen Regisseur abgeschickt hatte.

Vier Tage später, am 26. Dezember 1982, um 12.30 Uhr, hört Max Böhms Herz zu schlagen auf. Der Schauspieler und Kabarettist bricht in seiner Wohnung in der Josefstädter Straße tot zusammen.

Tage zuvor trat er noch in der Revue *Schau'n Sie sich das an* in den Wiener Kammerspielen auf, in der er ein (selbst verfasstes) Gedicht über seinen Tod vortrug:

»An jenem Tag, der einmal kommen muss, wird selbstverständlich alles weitergeh'n wie bisher, als wäre nichts Besonderes vorgefallen. Nur das Theatergebäude, in welchem ich mich als Komiker verkleidet hatte, wird einen schwarzen Stoff in den Wind hängen … An den Fingern einer einzigen Hand wird man sie abzählen können, die ehrlich um mich trauern, denen der Verlust wirklich weh tut … An jenem Tag.«

Gleich bei der Strudlhofstiege

Dichter, Denker und Librettisten

Hofrat Grillparzer fällt von der Leiter

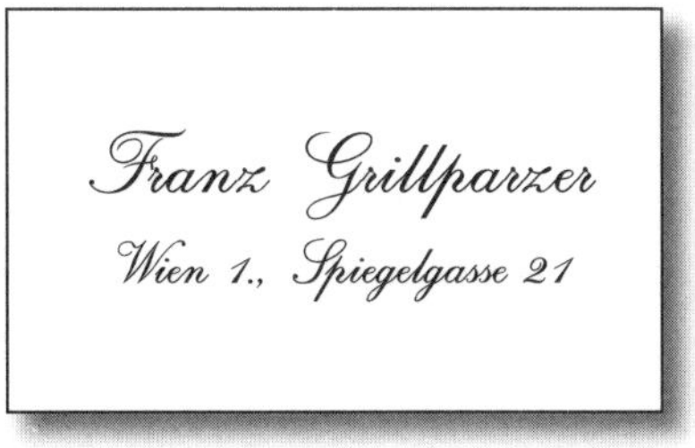

Er war Österreichs bedeutendster Dramatiker, und er war auch ein Beamter, wie's im Buche steht. 43 Jahre – von 1813 bis 1856 – bewährte sich Franz Grillparzer als treuer Diener seiner Herren. Üblicherweise musste ein Staatsbeamter damals, ehe er das erste Salär bekam, zwölf Jahre als unbezahlter Praktikant tätig sein. Bei Grillparzer ging's schneller, seine erste Gehaltszahlung wurde ihm schon nach vier Jahren ausgefolgt. Als kleiner Beamter in der Hofkammer feierte er seine frühen schriftstellerischen Erfolge, später im Finanzministerium war er bereits ein berühmter Dichter.

Dass sich der Umfang seiner Amtsgeschäfte in Grenzen hielt, wird durch Grillparzers Tagebucheintragungen belegt. »18. Februar 1829: Zwei Stunden im Bureau. Vor Tisch: Besuch bei Fröhlichs, nach Tisch: Besuch bei Daffinger.« Und am nächsten Tag: »12 Uhr Mittag ins Bureau. Keine Arbeit vorgefunden.«

Bereits Direktor des *Hofkammerarchivs*, notierte Hofrat Grillparzer: »Ich will die Amtsstunden halten, will fleißig sein, aber ich nehme mir zugleich vor, jeden Tag im Amtslokale etwas Poetisches zu arbeiten«, und tatsächlich entstanden in dieser Zeit einige seiner bedeutendsten Werke.

Einmal sollte sich sein sonst so ruhiger Posten als lebensgefährlich erweisen. Grillparzer schildert den Vorfall am 7. April 1832: »Gestern Mittags, wo ich allein im Archiv war und ein Dokument aus einem Faszikel in der obersten Reihe der Akten hart am Plafond herausnehmen wollte, fiel ich, aus dem Gleichgewichte gebracht, von der obersten Sprosse der Leiter und stürzte die ganze Höhe des Archivsaales, also mindestens 5 Klafter* hoch herunter, ohne mich, was einem Wunder gleicht, außer einigen Hautabschindungen und Quetschungen sonst irgend bedeutend zu beschädigen. Beim Falle und während desselben stellte ich die ruhigsten Betrachtungen an. Ich konnte verloren seyn und fasse auch nicht, wodurch mir's erspart wurde.«

Franz Grillparzer

Grillparzer hat, wie manch anderer Großer, ständig seine Unterkünfte gewechselt. Musste er in seiner Jugend mit der früh verwitweten Mutter aus finanziellen Gründen von einer armseligen Behausung in die nächste ziehen, so waren es später seine innere Unruhe, seine Unausgeglichenheit und seine schweren Depressionen, die die vielen Übersiedlungen bedingten. Vor dem 1823 erfolgten Umzug aus dem Haus Dorotheergasse 6 in eine in der Ballgasse gelegene Wohnung schreibt er: »Ist's nicht sonderbar? Der einzige Grund, warum ich meine gegenwärtige Wohnung aufgekündigt habe, ist, weil ein im nächst-daranstoßenden Zimmer stehendes Klavier mich, so oft darauf gespielt wurde, sehr störte. Jetzt, da ich weiß, dass ich diese Unbequemlichkeit bald los seyn werde, stört mich das Spielen des Klaviers gar nicht mehr, und ich könnte während desselben die tiefsinnigsten Arbeiten machen, ohne irgend zerstreut zu werden.«

Doch es war zu spät, um bleiben zu können, die alte Wohnung in der Dorotheergasse – in der er trotz nachbarlichen Klaviergeklimpers sein

* Altes Längenmaß, entspricht einer Höhe von ca. 9,5 Metern

Grillparzers Arbeitszimmer im Hofkammerarchiv

Trauerspiel *König Ottokars Glück und Ende* geschaffen hatte – war bereits gekündigt und die neue angemietet. In der Ballgasse blieb er drei Jahre, um dann als »Untermieter ohne Dienerschaft« in diversen Wohnungen zu logieren. Erst 1849 fand die Odyssee des inzwischen 58 Jahre alt gewordenen Dichters ein Ende, als er sich bei den Schwestern Fröhlich in der Spiegelgasse 21 einmietete. Katharina und Anna Fröhlich betreuten ihn dann in ihrer im vierten Stock gelegenen Wohnung bis zu seinem Tod, wobei »Kathi« – die er viel früher schon im Salon des Bankiers Geymüller kennengelernt hatte – als seine »ewige Braut« in die Literaturgeschichte einging. Grillparzer starb 81-jährig am 21. Jänner 1872 in der Wohnung der Schwestern Fröhlich. Er hinterließ ihnen seinen ganzen Besitz; Katharina übergab den literarischen Nachlass der Stadt Wien.

In zwei seiner zahllosen Unterkünfte hatte Grillparzer Schreckliches miterleben müssen: Während er 1817 im *Schottenhof* auf der Freyung an seiner Tragödie *Sappho* schrieb, nahm sich sein jüngster Bruder Adolf im Nebenzimmer das Leben. Zwei Jahre später erhängte sich seine mit ihm im gemeinsamen Haushalt in der Judengasse lebende Mutter.

Ohne Schirm und Überzieher

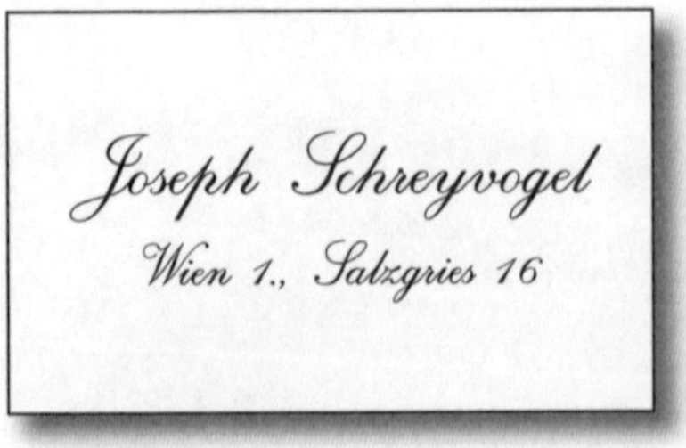

Dem Dramaturgen und Schriftsteller Joseph Schreyvogel ist es zu danken, dass das Burgtheater zur ersten Bühne des deutschen Sprachraums wurde. Er gehörte der »Burg« als Hoftheatersekretär von 1814 bis 1832 an, entdeckte Grillparzer für das Haus und erneuerte die Dramen Shakespeares, Goethes, Schillers und Calderóns. Sein erzwungener Abgang vom Burgtheater hatte dramatische Folgen.

Joseph Schreyvogel

Ottokar Graf Czernin – der offizielle, jedoch ahnungslose Burgtheaterdirektor – hatte Schreyvogel aufgefordert, einer jungen Schauspielerin eine bestimmte Rolle zu übertragen. Als Schreyvogel, der die Dame für minder begabt hielt, diesen Vorschlag zurückwies, verfügte Czernin die sofortige Entlassung des 64-jährigen Dramaturgen.

Nach einer zeitgenössischen Schilderung soll sich nun die folgende Szene ereignet haben: »Gebrochen wankte Schreyvogel die Treppe des Burgtheaters hinab – es war ein nasskalter Frühlingstag, es regnete in Strömen und Schreyvogel fiel ein, dass er seinen Überzieher und seinen Regenschirm oben gelassen hatte. Er stieg nochmals die Treppe hinauf, und als er die Türe jenes Amtszimmers öffnete, in welchem er durch volle achtzehn Jahre zum Ruhme des Burgtheaters und seines Vaterlandes gewirkt hatte, entspann sich an diesem 26. Mai 1832 in der

Kanzlei das folgende Gespräch zwischen ihm und einem Hofbeamten: ›Was wünschen Sie, Herr Schreyvogel?‹

›Meinen Schirm und Überzieher.‹

›Die sollen Ihnen nachgeschickt werden, falls sie sich vorfinden sollten.‹

›Drüben in der Ecke sind sie.‹

›Das kann ich glauben oder nicht.‹

›Fragen Sie den Diener. Ich werde mich auf den Tod erkälten.‹

›Daran liegt uns nichts.‹

Schreyvogel wurde nicht eingelassen, er ging ohne Schirm und Mantel heim und zog sich eine schwere Verkühlung zu. Als er sich, erschöpft von Fieber und Aufregung, nach einiger Zeit vom Krankenlager erhob, war er nur noch ein Schatten seiner selbst.«

Joseph Schreyvogel fiel, geschwächt wie er war, zwei Monate nach dem »Hinauswurf« in seiner Wohnung am Salzgries der Cholera zum Opfer.

Die Geschichte einer Liebe

Ferdinand Raimund
Gutenstein, Pernitz 72

Das Schlamassel seines Liebeslebens könnte aus einem Stück von Ferdinand Raimund stammen, es ist aber traurige Realität. Der Künstler hatte im Jahre 1819 die Wiener Kaffeesiedertochter Toni Wagner kennen gelernt und sich in sie verliebt. Sie erwiderte seine Zuneigung, doch ihr Vater wollte »mit dem Gesindel vom Theater« nichts zu tun haben und verweigerte die Einwilligung zur Heirat, ja er verbot

Ferdinand Raimund

Raimund sogar, je wieder sein Haus zu betreten.

Tief getroffen, erkrankte der 29-jährige, ohnehin zur Schwermut neigende Schauspieler aus Gram ernsthaft. In dieser Situation nahm sich die Soubrette Louise Gleich – die er selbst ans Leopoldstädter Theater gebracht hatte – des unglücklich Verliebten an. Als Louise als Folge allzu intensiver »Krankenpflege« ein Kind erwartete, blieb Raimund in seiner Verzweiflung nichts anderes übrig, als einer Verehelichung mit der Frau, die er nicht liebte, zuzustimmen. Am Hochzeitsmorgen kam es zum Krach, im Zuge dessen Louise dem Verlobten in den Finger biss. Ferdinand Raimund lief davon und ließ die Hochzeit platzen.

Nun setzte Louises Vater – der bekannte Theaterdichter Josef Alois Gleich – alle Hebel in Bewegung, den Bräutigam zu einem neuen Termin zu bewegen. Kaum war der Hintergrund der »verhinderten Hochzeit« publik, hatte Wien einen Skandal, der dazu führte, dass Raimund auf der Bühne ausgepfiffen wurde. Er beugte sich dem Druck des Publikums und heiratete Louise Gleich am 8. April 1820. Diese brachte im Oktober eine Tochter zur Welt, die nach wenigen Wochen starb.

Raimund, der sich zur Ehe erpresst fühlte, war unglücklich, es gab ständig Streit, der sogar in Tätlichkeiten ausartete. Der Trennung von Tisch und Bett folgte schließlich die Scheidung.

Doch Ferdinand Raimund hat seine Verbindung mit der geliebten Toni nicht abreißen lassen. Am 11. September 1821 schreibt er ihr: »Gute, brave Toni! Die ersten Strahlen der heutigen Sonne finden mich wach, und was kann mein erster Gedanke sein? Du! Mein Leben, mein Alles!« – Er schwört ihr ewige Treue und bittet sie, zu ihm zurückzukehren.

Tatsächlich finden die Liebenden zueinander, ohne aber nach der damaligen Gesetzeslage – da Raimund geschieden ist – heiraten zu können. Ihre Treffen sind heimlich, denn Tonis Vater lehnt nach wie vor jeden Kontakt mit dem dichtenden Schauspieler ab. Erst nach neun Jahren – Raimund ist inzwischen auch als Schriftsteller ein berühmter und wohlhabender Mann – erlaubt Ignaz Wagner, dass seine Tochter und Raimund eine gemeinsame Wohnung beziehen.

In der Zeit ihrer heimlichen Liebe hatten sich die beiden oft in der Gemeinde Gutenstein im südlichen Niederösterreich getroffen. 1834 kaufte Raimund dort eine Villa, in der sie nun gemeinsam lebten. Hier sollte seine Toni auch Zeugin jener Tragödie werden, die den Tod des Dramatikers zur Folge hatte: Sein Hund verletzt ihn im Sommer 1836 an der Hand, Raimund fürchtet, an Tollwut zu erkranken, will zu seinem Arzt nach Wien fahren. Er lässt in Gutenstein die Pferde anspannen. Unterwegs geraten er und Toni in ein Unwetter, worauf sie beschließen, im *Gasthof Zum goldenen Hirschen* in Pottenstein zu nächtigen. Raimund schickt Toni um frisches Wasser in den Schankraum und jagt sich während ihrer kurzen Abwesenheit im Zimmer eine Kugel in den Kopf.

Die Raimund-Villa in Gutenstein

Sein grösster Feind

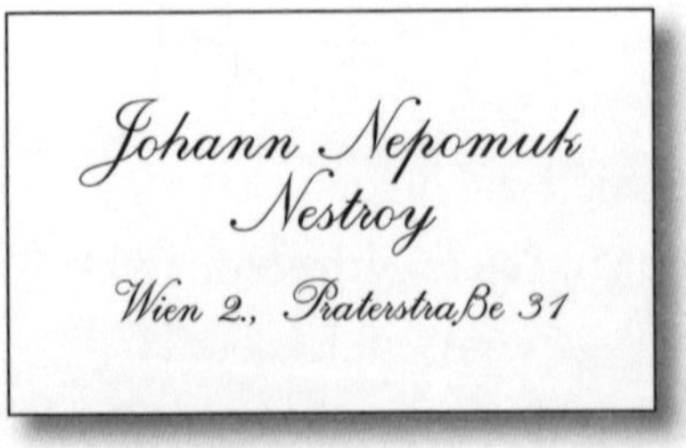

Die zeitgenössische Kritik hat ihn wahrlich nicht geschont. Auch wenn seine Stücke vom Publikum bejubelt wurden – viele Rezensenten verrissen Nestroy in Grund und Boden. Das hatte mehrere Gründe: Der eine war, dass er sich weigerte, den Kunstrichtern für eine gute Besprechung Bestechungsgelder zu zahlen – was damals durchaus üblich war. Der andere war Neid und Eifersucht, da sich viele Kritiker – mit weit geringerem Erfolg – ebenfalls als Theaterschriftsteller versuchten. Dazu kam, dass sich Nestroy im Vormärz politisch »nicht korrekt« verhielt (und für manche Pointe sogar ins Gefängnis ging).

Johann Nepomuk Nestroy

Sein schlimmster Gegner unter den Wiener Kritikern war der ob seiner scharfen Formulierungen gefürchtete Moritz Gottlieb Saphir, der in der *Theaterzeitung* und im *Humorist* ein Forum für seine Bösartigkeiten fand und es zeitweise als Aufgabe sah, Nestroy künstlerisch zu zerstören. Nach der Uraufführung der Posse *Lady und Schneider* im Februar 1849 am Carltheater – in dessen Gebäude auf der Praterstraße der Dichter eine Dienstwohnung hatte –, schrieb Saphir, es wäre »an der Zeit gewesen, dass Nestroy bewiesen hätte, er habe Talent, aber nein, er zeigt uns selbst, welch ein schwankendes, schwaches, ausgeblasenes Rohr er ist«.

Nestroy hatte eine Dienstwohnung im Carltheater

Nun riss dem gequälten Theaterautor die Geduld und er antwortete seinem Rezensenten in einem offenen Brief: »Herr M. G. Saphir! Ich habe bisher Ihre fortwährend gegen mich gerichteten, teils mit Ihrem, teils mit dem Namen Ihrer Handlanger untersudelten Schmähungen keiner Beachtung gewürdigt; da nun aber mein, auf diese Nichtachtung basierendes Stillschweigen, die Öffentlichkeit leicht auf die Meinung bringen könnte, ich schwiege aus anderen Gründen – etwa, weil ich Sie als Literaten oder als Kritiker, oder gar als Mensch (o Gott!!) oder als irgend sonst etwas respektiere – so sehe ich mich zur Beseitigung solch heilloser Irrtümer genötigt, das Stillschweigen aufzugeben und in einfacher, klarer, deutscher Sprache Ihnen für die elende, lächerlich-bärbeißige, niedergrimmige Gehässigkeit, die Sie gegen mich entwickeln, meine unbegrenzte Verachtung auszusprechen.«

Saphirs Kritiken und Nestroys wütende Reaktion wären insofern nicht weiter erwähnenswert, als bedeutende Dichter zu allen Zeiten auf verständnislose oder bösartige Rezensenten stießen und sich über diese begreiflicherweise erregten. Das Interessante am Kampf zwischen Nestroy und Saphir ist sein mehr als ungewöhnliches Ende: Nestroy wurde, als sich der Kritiker zurückzog, zum Wohltäter des Mannes, der ihn mit blankem Hass verfolgt hatte. In seinen späten Jahren verarmt, wurde Saphir vom wohlhabenden Nestroy durch ansehnliche Geldbeträge unterstützt.

Der Dichter hat dem Mann, der ihn vernichten wollte, das Überleben gesichert.

Er hat damit auch wahr gemacht, was er in seiner Posse *Zu ebener Erde und im ersten Stock* anregte: »Wenn die reichen Leut nit wieder reiche einladeten, sondern arme Leut, dann hätten alle genug zu essen.«

»Beweise meiner Dankbarkeit«

Wiens führender Theaterkritiker war hingerissen. Fräulein Ennöckl zählte für ihn zu den »Vertreterinnen der feinen Komik« und zu den »Perlen des Leopoldstädter Theaters«, sie war »eine talentvolle Schauspielerin, die sich mit jedem Tage mehr entwickelt«. Adolf Bäuerle war immer voll des Lobes, wenn Katharina Ennöckl in einer neuen Rolle zu bewundern war. Und sie war nicht die Einzige, deren mannigfache Talente er in seiner einflussreichen *Wiener Theaterzeitung* zu preisen wusste. Herr Bäuerle war ein Freund schöner Frauen, und nicht wenige von ihnen wussten, wie man sich für seine Zuneigung zu bedanken hat.

Der Kritiker und Volksdichter war seit 1807 mit der um fünf Jahre älteren Maria Egger verheiratet, die ihm fünf Kinder schenkte. Bäuerle freilich dürfte sowohl vor als auch während dieser Ehe mit Katharina Ennöckl intim bekannt gewesen sein, jedenfalls erhielt sie in vielen seiner Stücke die weibliche Hauptrolle und in seinen Kritiken durchwegs vorteilhafte Erwähnung. Auch lässt der Bühnendichter Karl Friedrich Hensler in Briefen an Bäuerle jeweils Grüße »an die Gemahlin wie an Demoiselle Ennöckl« ausrichten. Als seine erste Frau im November 1828 starb, ließ er das übliche Trauerjahr verstreichen, um danach Katharina zum Traualtar zu führen.

Adolf Bäuerle hat das Wiener Theaterleben mehr als fünf Jahrzehnte diktiert, seine Kritiken haben Karrieren ermöglicht und vernichtet. Und sein Biograf Gerhard Magenheim weist nach, dass er sich bei der Verteilung seiner Gunst als höchst eigennützig erwies.

Adolf Bäuerle

Bäuerles Beziehung mit der 19-jährigen Charlotte Pfeiffer hatte bereits 1819, also noch während seiner ersten Ehe begonnen. Die Schauspielerin, die auch Stücke schrieb, bleibt dem ihr wohlgesinnten Rezensenten, wie dem Briefwechsel zu entnehmen ist, auch nach ihrer Verehelichung mit dem Schriftsteller Christian Birch zugetan und auch Bäuerles zweite Heirat ändert nichts an ihrer Hingabe. »Ich bitte Sie, *alle* meine Briefe zu zerreißen«, schrieb Charlotte Birch-Pfeiffer, wie sie sich mittlerweile nennt, an Bäuerle. Doch er hat sie aufgehoben.

Wie auch jene der Schauspielerin Emilie Horn, die ihm 1826 schreibt: »Sie können viel beitragen, mein nächstes Ziel, nach dem ich strebe, zu erreichen. Urteilen Herr von Bäuerle milde mit einer jungen Anfängerin, die sich gewiss dankbar zeigen wird.«

Bäuerle urteilte milde und Emilie zeigte sich dankbar.

Ebenso wie Julie Walla, mit der auch Ferdinand Raimund zarte Bande geknüpft hatte, und die von dem Journalisten Ferdinand von Seyfried als »eine der schönsten, aber auch leichtsinnigsten und liederlichsten Schauspielerinnen, die Wien je gesehen« hat, bezeichnet wurde. Sie meldete sich, gerade in Budapest weilend, brieflich bei Bäuerle: »Samstag komme ich nach Wien, wo ich im Stande bin, meine warme Dankerkenntlichkeit abzustatten.«

Adolf Bäuerles Empfänglichkeit für weibliche Reize war in Theaterkreisen bekannt. 1845 erhielt er von der Schauspielerin Minona Frieb-Blumauer das folgende Schreiben: »Ich bitte Sie, noch einmal recht freundlich mir durch Ihre gütige Protection Gelegenheit zur Auszeichnung zu verschaffen, wonach ich gewiss nicht säumen werde, Ihnen die triftigsten Beweise meiner Dankbarkeit zu geben.«

Bäuerle nützte seine Allmacht fast bis ans Ende seiner Tage. Er stirbt am 20. September 1859 im Alter von 73 Jahren.

Die Entdeckung eines Genies

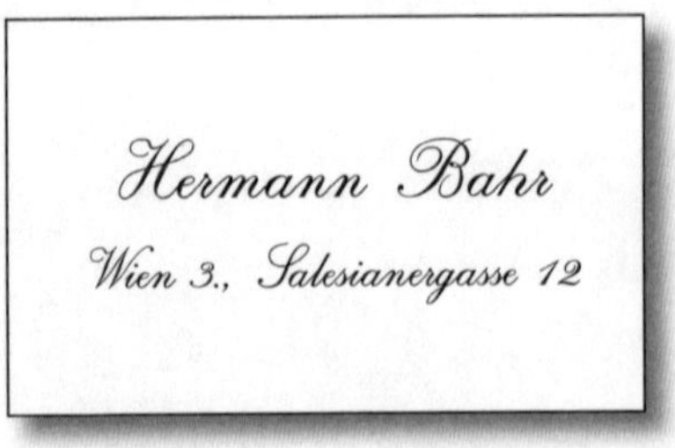
Hermann Bahr
Wien 3., Salesianergasse 12

Der in seiner Literaturzeitschrift um die Förderung des Nachwuchses bemühte Dichter, Essayist und Kulturkritiker Hermann Bahr erhielt eines Tages die Zuschrift eines Unbekannten, der sich »Loris« nannte. In dem Kuvert lag ein Aufsatz, den Hermann Bahr so beurteilte: »Nie habe ich jemals unter den Beiträgen aus aller Welt eine Arbeit empfangen, die in so beschwingter, adeliger Sprache solchen gedanklichen Reichtum mit leichter Hand hinstreute.«

»Wer ist ›Loris‹, wer ist dieser Unbekannte?«, wollte Hermann Bahr wissen. Ein weiser, alter Mann – das schien ihm sicher – ein Mann jedenfalls, der in Wien lebte, und von dem er aus unverständlichen

Gründen noch nie gehört hatte. Bahr fand heraus, wie der Unbekannte hieß und lud ihn – man schrieb das Jahr 1891 – zu einer Besprechung ins *Café Griensteidl* am Michaelerplatz.

Hermann Bahr

»Plötzlich«, erinnerte sich Bahr später, »kam mit leichten, raschen Schritten, ein schlanker, noch unbärtiger Gymnasiast mit kurzen Knabenhosen an den Tisch, verbeugte sich und sagte mit einer hohen, noch nicht ganz mutierten Stimme knapp und entschieden: »Hofmannsthal. Ich bin Loris.«

Bahr sah in das Gesicht eines Siebzehnjährigen und war sprachlos über die Jugend des Dichters. Er hatte ein neues Talent entdeckt.

WENN MAN NICHT MEHR AUSSTEIGEN KANN

Mehr als dreißig Sommer seines Lebens hat der in Wien-Rodaun lebende Hugo von Hofmannsthal im Ausseerland verbracht. »Für mich sind diese Monate das Kostbarste vom ganzen Jahr«, sagte der Dichter, der hier die Textbücher zum *Rosenkavalier*, zu *Ariadne auf Naxos* und zur *Frau ohne Schatten* schrieb, aber auch die Entwürfe zum *Schwierigen* und zu *Jedermann*. Während Wiens Schauspielprominenz die Theaterferien üblicherweise am nahen Grundlsee verbrachte, fühlten sich viele Dichter und Komponisten in Alt- oder Bad Aussee zu Hause. In seiner Erzählung *Das Dorf*

Hugo von Hofmannsthal

im Gebirge schildert Hofmannsthal die Anfänge des Ausseer Fremdenverkehrs, als in den Bauernhäusern während der Sommermonate »die besten Stuben geräumt und an die ›Herrschaften‹ aus der Stadt vermietet wurden, während sich die Hausleute in Sommerhäuschen oder Dachkammern zurückzogen«.

Eine kleine Geschichte lädt nicht nur zum Schmunzeln ein, sie zeigt auch, wer aller nach Aussee kam: Einmal unternahmen Hofmannsthal, Schnitzler, Richard Beer-Hofmann und Theodor Herzl eine gemeinsame Bootspartie. In der Mitte des Sees zog Herzl das Manuskript eines eben fertig gestellten Dramas aus der Tasche, um den Freunden daraus vorzulesen. Da beklagte sich Schnitzler: »Ausgerechnet jetzt, wo man nicht mehr aussteigen kann!«

Die erste »Fackel«

Schon die erste Nummer war eine Sensation. Das rote Heftchen, das sich *Die Fackel* nannte, war nach seinem Erscheinen am 1. April 1899 sofort vergriffen und musste mehrmals nachgedruckt werden. »Soweit das Auge reichte, alles – rot«, hinterließ ein Zeitzeuge, »so einen Tag hat Wien noch nicht erlebt. Auf den Straßen, auf der Tramway, im Stadtpark, alle Menschen lesen aus dem roten Heft. Und dieses ganze Heft war von einem einzigen Menschen geschrieben.«

Karl Kraus, dieser »einzige Mensch«, konnte nicht ahnen, was er sich mit der Neugründung seiner kulturkritischen Zeitschrift angetan hatte. Der erst 25-jährige Journalist, der wie kein anderer Intoleranz, Geistlosigkeit und den Missbrauch des Wortes bekämpfte, wurde selbst heftig angefeindet – einmal sogar gewaltsam.

Schon in den ersten Ausgaben des neuen Blattes unterstellte er den in der Wiener Tagespresse schreibenden »journalistischen Schmarotzern«, sie würden »der Regierung und dem Capitalismus jedwede Schweinerei nachsehen«. Er zog gegen Schnitzler, Hofmannsthal und Hermann Bahr zu Felde und nannte Kulturkritiker »korrupt«, da sie sich mit Theaterdirektoren verbrüdert hätten. Karl Kraus, der bei Gründung der *Fackel* noch in der elterlichen Wohnung in der Elisabethstraße lebte, sollte die Auswirkungen seiner Unnachgiebigkeit am eigenen Leib zu spüren bekommen. In der Nacht vom 10. auf den 11. Mai 1899 wird er im Kaffeehaus überfallen und blutig geschlagen. Wie sich herausstellen sollte, hatten mehrere Theaterkritiker einen gerichtlich entmündigten Stückeschreiber, in dem sich – so Karl Kraus – »Schwachsinn und Körperkraft glücklich gepaart fanden«, zu diesem tätlichen Angriff angestiftet. »Herr Kraus«, meinte einer von ihnen, »wird seine Schreibweise ändern müssen, wenn er Wert darauf legt, das erste Quartal seiner *Fackel* zu überleben.«

Karl Kraus

Nachdem er es überlebt hatte, gab Kraus in Heft 9 den folgenden Rechenschaftsbericht über das erste Quartal der Zeitschrift: »Anonyme Schmähbriefe: 236. Anonyme Drohbriefe: 83. Überfälle: 1.«

Insgesamt hat er – ohne je seine Angriffslust zu verlieren – 922 Ausgaben der *Fackel* herausgebracht, deren letzte wenige Wochen vor seinem Tod am 12. Juli 1936 erschien.

Tantiemen für die Dirne?

Niemand wird ernsthaft bezweifeln können, dass Felix Salten Autor der *Josefine Mutzenbacher* ist. Doch die Tatsache, dass es zur Jahrhundertwende unmöglich war, sich als Schöpfer der brillant geschriebenen, aber zutiefst pornografischen *Lebensgeschichte einer wienerischen Dirne* zu bekennen, ist seinen Erben auf den Kopf gefallen. Sie bekommen keinen Cent an Tantiemen.

Die pikanten Abenteuer der Ottakringer Prostituierten waren 1906 ohne Nennung eines Autors erstmals gedruckt worden. Achtzig Jahre später ging Lea Wyler, die in Zürich lebende Enkelin Felix Saltens, vor Gericht, um Beweise der Urheberschaft ihres Großvaters vorzulegen und damit einen Anteil am Gewinn in Millionenhöhe einzuklagen. Immerhin waren seit Wiederentdeckung der Mutzenbacher Mitte der sechziger Jahre weit mehr als 250 000 Exemplare verkauft worden, dazu kamen Gewinne aus Übersetzungen und einer Verfilmung.

Felix Salten

Die *Mutzenbacher*-Verleger Rogner & Bernhard zweifelten gar nicht daran, dass Salten der Autor war, sie führten aber an, dass er – weil er seinerzeit seinen Namen nicht nennen wollte – »für alle Zeiten jeden Anspruch auf Honorierung des Werkes verwirkt« hätte.

Der Eingang zu Saltens Wohnhaus

Literaturforscher vermuten, dass sich Salten von einem Freudenmädchen dessen wahre Lebensgeschichte erzählen ließ und diese dann in eine literarische Form brachte. Die Schilderungen seien so lebensnah, dass sie direkt aus dem Milieu stammen müssten.

Als Zeitzeuge befragt, erklärte der Wiener Theaterkritiker Franz Tassié – der Salten noch persönlich gekannt hatte –, warum dieser ungenannt bleiben musste: »Das Buch war ein Skandal und konnte nach seinem Erscheinen nur unter dem Verkaufspult erworben werden. Hätte sich Salten als Autor bekannt, wäre er geächtet und aus der Wiener Gesellschaft verstoßen worden.«

Doch es half alles nichts, das Bundesgericht in Karlsruhe entschied für den Verlag und gegen die Nachfahren des 1945 in Zürich verstorbenen Felix Salten – und das, obwohl seine Urheberschaft als sicher gilt.

Der Dichter hatte mehrere Wohnsitze in Wien. Im Jahre 1906, als die Lebensbeichte der Josefine Mutzenbacher erschien, wohnte er in der Porzellangasse, wo das Buch wohl auch entstanden ist.

Die wahre Identität der Josefine Mutzenbacher konnte nie geklärt werden. Man weiß, wann sie geboren wurde – nämlich 1852 –, aber nicht wie sie hieß und wann sie starb.

Und auch nicht, ob *sie* irgendwelche Tantiemen bekommen hat.

Schnorrer Ges. m. b. H.

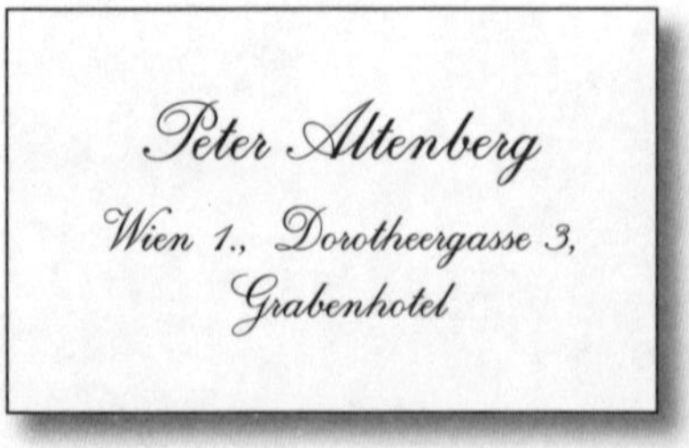

Peter Altenberg galt sein Leben lang als »armer Literat«, der auf die Unterstützung reicher Freunde und Gönner angewiesen war. Obwohl er permanent ein Zimmer im relativ feudalen *Grabenhotel* bewohnte, pflegte Richard Engländer – wie er eigentlich hieß – seinen Ruf, ein mittelloser Künstler zu sein, insofern, als er zahllose Menschen anschnorrte, sei es persönlich im *Café Central* oder als Briefschreiber.

Einer seiner berühmten »Schnorrbriefe« war an den Berliner Kritiker Alfred Kerr gerichtet: »Lieber Herr Doktor! Ich wende mich vertrauensvollst an Sie, da ich keinen Besseren, Verständnisvolleren wüsste, auf der ganzen Welt. Ich lebe in schlimmen bedrängten ökonomischen Verhältnissen und ich werde am 9. März 1909 fünfzig Jahre alt. Können Sie für mich eine Sammlung veranstalten? In Wien hat vor drei Jahren, als mein Bruder, der mich bis dahin erhalten hatte, zu Grund ging in seinem Geschäfte, eine Sammlung keinerlei Resultat erzielt, und ich lebe seitdem von monatlichen Gnadenbeiträgen einiger anonymer Verehrer. Ich denke mir zum Beispiel folgende Annonce in allen deutschen Zeitungen: ›Ich sammle für eine Ehrengabe zum 50. Geburtstage Peter Altenbergs.‹«

Peter Altenberg

Viele der »Angeschnorrten« wunderten sich, wie Altenberg es sich leisten konnte, ab 1913 das Zimmer 51 im fünften Stock des *Grabenhotels* in der Dorotheergasse permanent mieten zu können. Er hatte darin 33 japanische Tonvasen aufgestellt und die Wände mit Bildern von jungen Mädchen sowie mit Porträts von Schubert, Beethoven, Tolstoi, Wagner und Goethe zugepflastert. »Wenn ich denke, wer dieses geliebte Kabinett einmal in Bausch und Bogen erben wird«, sagte er einmal, »da freut mich das ganze Sterben nicht!«

Peter Altenberg hatte ein Zimmer im Wiener Grabenhotel

Als Altenberg, »Besitzer eines amtlichen Hausiererscheins und Verkäufer ägyptischer Zigaretten«, am 8. Jänner 1919 tatsächlich verstorben war, wunderten sich die »Angeschnorrten« noch mehr. Fand sich doch in seinem Nachlass ein Vermögen von 100 000 Kronen*, das er in seinem Testament der *Kinder-, Schutz- und Rettungsgesellschaft* vermacht hatte.

* Entspricht im Jahre 2005 laut *Statistik Austria* einem Betrag von rund 400 000 Euro

Der, die, das Debakel

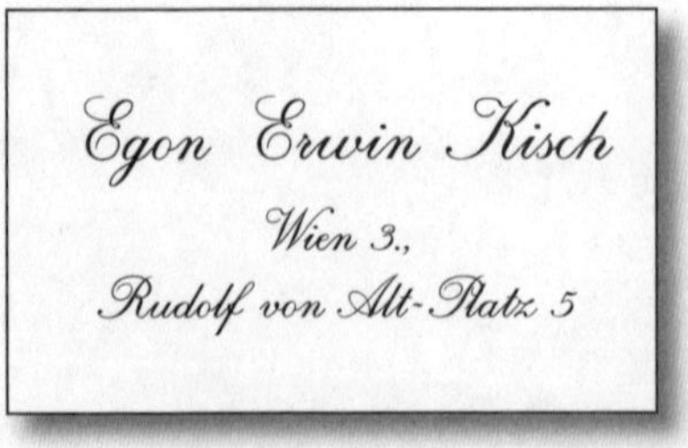
Egon Erwin Kisch
Wien 3.,
Rudolf von Alt-Platz 5

»Der rasende Reporter« Egon Erwin Kisch lebte in den letzten Jahren der österreichisch-ungarischen Monarchie in Wien-Landstraße, wo er »oft in die Kaffeehäuser des dritten Bezirks kam«, wie er in einem Feuilleton schrieb. An den Stammtischen der Cafés traf er immer wieder den als geistreich bekannten Journalisten A. K.* in Gesellschaft von Freunden und Kollegen. Und von so einem Treffen handelt die folgende Geschichte.

Kisch betritt das Lokal, setzt sich an einen leeren Tisch und weiß, dass A. K. jetzt seinem Publikum zuflüstert: »Das ist der Schriftsteller Kisch. Er ist sehr reich, aber ein derartiger Trottel, dass man ihm spielend leicht das Geld herausziehen kann.«

Kisch schreibt an seinem Tisch ein paar Zeilen, steht auf, nähert sich A. K. und fragt ihn, ob es besser sei »ein *großes* Débâcle« zu schreiben oder »ein *großer* Débâcle«.

A. K. antwortet, es sei richtiger »ein großes Débâcle« zu schreiben, obwohl ja männlicher und sächlicher Artikel im Französischen gleich seien.

»Wenn es gleich ist«, erwidert Kisch, »kann ich auch ›eine *große* Débâcle‹ schreiben, nicht wahr?«

»Nein«, sagt A. K., »es heißt ja ›*le* débâcle‹ und nicht ›*la* débâcle‹.«

Die Tischnachbarn mischen sich in das Gespräch ein und geben dem

* möglicherweise Anton Kuh

Egon Erwin Kisch

als überaus gebildet geltenden A. K. Recht. Für Kisch haben sie nur ein mildes Lächeln übrig.

Zu guter Letzt bringt A. K. noch ein nahezu unschlagbares Argument vor: »Lieber Herr Kisch, ein berühmter Roman von Zola heißt *Le débâcle*.«

Doch Kisch gibt sich nicht geschlagen: »Dann hat Zola sich eben geirrt.«

»Aber Herr Kisch, ein Romanschriftsteller vom Range eines Zola wird sich doch nicht im Titel eines Buches irren!«

Egon Erwin Kisch bleibt hartnäckig, er glaubt sich sogar daran erinnern zu können, einmal die zweite Auflage des Werks in Händen gehalten zu haben, und diese hätte *La débâcle* geheißen. »Ich möchte wetten«, sagt er noch, »dass ich den Titel so gesehen habe.«

»Gut, gut«, rufen ihm die Anwesenden zu, »wetten wir.«

Alle wetten gegen Kisch, zehn Kronen, zwanzig Kronen, fünfzig Kronen. Man einigt sich darauf, im Konversationslexikon nachzusehen. Sollte Zolas Roman als *La débâcle* angeführt sein, gehöre das Geld Kisch, stehe dort *Le débâcle*, hätte er an alle Anwesenden zu zahlen.

Meyers Konversationslexikon, Band W bis Z, wird besorgt. Neben »Zola, Emile, französischer Schriftsteller«, findet sich die Auflistung seiner Romane. Und da steht es auch schon, schwarz auf weiß: *La débâcle*. Die Verlierer, inklusive A. K., zahlen missmutig und gehen ihrer Wege.

Egon Erwin Kisch steckt sein Geld ein und verlässt, um ein gutes Stück reicher, das Kaffeehaus.

»An der nächsten Ecke«, wird er sich später erinnern, »hatte ich kaum fünf Minuten zu warten, schon kam A. K. herbeigestürmt, um die Hälfte des Gewinns in Empfang zu nehmen.«

A. K. eilt ins nächste Café, wohin Kisch ihm eine Viertelstunde später folgt. »So haben wir ein halbes Jahr ganz gut gelebt, der dritte Bezirk Wiens hat viele Kaffeehäuser, die alle A. K.'s Gesellschaft schätzen und auf seine Sprachkenntnisse schwören.«

Ein Schriftsteller wird ermordet

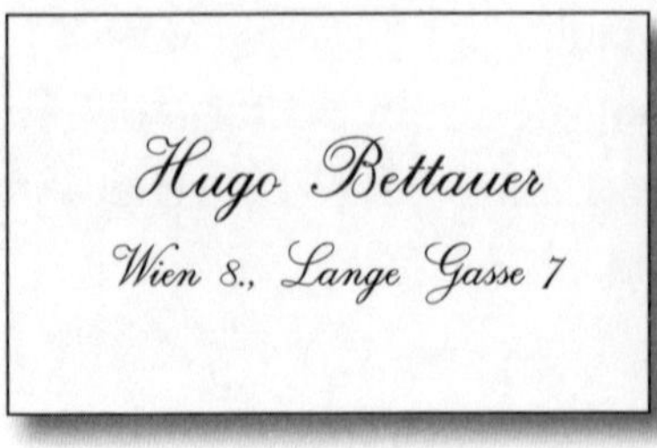

Man schreibt den 10. März 1925, als der 46-jährige Hugo Bettauer vor der Redaktion von Bettauers *Wochenschrift* in der Wiener Lange Gasse eintrifft. Dort lauert ihm der Nationalsozialist Otto Rothstock auf und schießt den jüdischen Publizisten mit fünf Revolverkugeln nieder. Hugo Bettauer erliegt kurz darauf im Allgemeinen Krankenhaus seinen Verletzungen.

Der Journalist hatte ein aufregendes Leben geführt. Geboren als Sohn eines Börsenarrangeurs in Wien, machte er sich als Autor von Fortsetzungsromanen einen Namen, wurde »Salonredakteur« der *Neuen Freien Presse*, freundete sich mit Stefan Zweig an und erlangte Berühmtheit, als er Anfang der zwanziger Jahre als erster Reporter über erotische Themen schrieb.

Bedeutung erlangte er als Autor des Buches *Die Stadt ohne Juden*, das 1924 mit Hans Moser verfilmt wurde. Prophetisch sah er darin die Nazizeit voraus: Juden mussten in Bettauers Roman die Stadt verlassen. In Kinovorstellungen in Wien und Wiener Neustadt wurden Stinkbomben geworfen, und auch in Berlin gab es Krawalle. Eine in New

Hugo Bettauer

York vorgesehene Premiere wurde abgesagt, da der Film »die Empfindlichkeit der Rassen herausfordern« würde.

Die Stadt ohne Juden war für den Täter der Anlass, Bettauer zu ermorden. Otto Rothstock wurde freigesprochen (!), da ein Psychiater bei ihm »Jugendirrsinn« diagnostizierte.

Kurz vor Bettauers Tod verfilmte G. W. Pabst dessen zweiten großen Roman, *Die freudlose Gasse*, in dem das Elend der Inflationszeit in Wien geschildert wird. Die Hauptrolle spielte eine junge Schwedin, die durch diesen Film entdeckt wurde.

Ihr Name war Greta Garbo. Bettauer hat von ihrer Weltkarriere nicht mehr erfahren.

DIE STRÜMPFE DES HERZOGS VON ANJOULIN

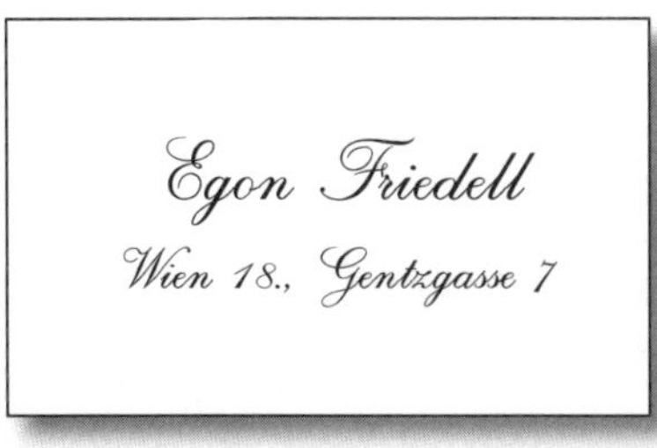

Egon Friedell, der ebenso vielseitige wie witzige Autor der dreibändigen *Kulturgeschichte der Neuzeit*, war – von Max Reinhardt entdeckt – auch als Schauspieler tätig. Einmal trat er in einer Nachmittagsvorstellung des Josefstädter Theaters in der Rolle des Hofmarschalls von Kalb in Schillers *Kabale und Liebe* auf. Der »lachende Philosoph«, wie Friedell genannt wurde, kam wie so oft etwas zu spät ins Theater und ließ, um seinen ersten Auftritt nicht zu gefährden, seine privaten schwarzen Strümpfe an.

Egon Friedell

Als er in seine Garderobe zurückkehrte, stellte ihn der Dienst habende Dramaturg zur Rede, der eigentlich Dozent für vergleichende Literaturwissenschaften war, in seinem angestammten Beruf aber keine Beschäftigung gefunden hatte. »Herr Doktor Friedell«, rügte der gelehrte Mann, »Sie als Kulturhistoriker müssten eigentlich wissen, dass man im Rokoko zu Kniehosen nur weiße Strümpfe getragen hat!«

»Na, und was ist mit den berühmten Strümpfen des Herzogs von Anjoulin?«, erwiderte Friedell überlegen.

»An den Herzog von Anjoulin habe ich allerdings im Augenblick nicht gedacht«, räumte der Dozent, peinlich berührt, ein.

»Tja, als Dramaturg muss man nicht alles wissen«, fand Friedell tröstende Worte, um dann fortzusetzen: »Nur zu Ihrer Orientierung, Herr Kollege: Einen Herzog von Anjoulin hat es niemals gegeben, aber ich trage Ihnen diesen kleinen Regiefehler nicht nach.«

Ein Klingelzeichen bereitete auf den nächsten Akt vor. Friedell betrat die Bühne, neuerlich mit schwarzen Strümpfen – wie der Herzog von Anjoulin sie getragen hätte, wäre er je am Leben gewesen.

Als Gestapo-Beamte am 16. März 1938 gegen 21.30 Uhr an der Tür seiner im dritten Stock gelegenen Wohnung in der Gentzgasse 7 läuteten, nahm Friedell sich durch einen Sprung aus dem Schlafzimmerfenster das Leben.

Das Wohnhaus von Egon Friedell in der Gentzgasse

Der Dichter und die Polizei

Arthur Schnitzler sitzt auf der Veranda seiner Villa in der Sternwartestraße und schreibt. Gedanken an seine im selben Jahr erscheinende *Traumnovelle* mochten ihm durch den Kopf gegangen sein, als er plötzlich durch eine höchst profane Lärmentwicklung aufgeschreckt wird. Aus dem Hof des Nebenhauses ist lautes Teppichklopfen vernehmbar. Seit längerem schon fühlte sich der Dichter durch Geräusche aus der Nachbarschaft belästigt, jetzt aber reißt ihm die Geduld. Schnitzler unterbricht seine Arbeit, um einen Brief aufzusetzen, den er an das Polizeikommissariat in Wien 18 richtet.

Arthur Schnitzler

»Im Cottage«, beginnt sein mit 12. Juni 1926 datiertes Schreiben, »besteht seit jeher die Unzukömmlichkeit, dass die verschiedenen Hausbewohner zu jeder beliebigen Tageszeit Teppiche und auch Möbel ausklopfen. Da eine polizeiliche Verordnung nicht zu existieren scheint, die das Teppichklopfen und dergleichen auf bestimmte Tagesstunden beschränkt, habe ich zu wiederholtem Male, wenn die Sache für mich (der ich in den Nachmittags- und Abendstunden, im Sommer natürlich bei offenem Fenster, zu arbeiten pflege) allzu unerträglich wurde, in den betreffenden Häusern um Abstellung des lästigen Geräusches ersuchen lassen, ein Ersuchen dem meistens Folge geleistet wurde.«

Prinzipiell sei dies auch bei der Bewohnerin seines Nachbarhauses, Sternwartestraße 73, der Fall gewesen, »aber nur dann, wenn die Hausbesitzerin selbst in Wien anwesend war. Wenn sie jedoch fort ist, lässt sich der im Hause wohnende Hausbesorger auch durch wiederholtes höfliches Ersuchen absolut nicht bestimmen, das Klopfen in den Vormittagsstunden zu beenden. Er erklärt meiner Hausgehilfin vielmehr, dass er klopfen könne, wann er wolle und ich habe den Eindruck, dass drüben (aus dem Justament eines Wiener Hausmeistergemütes heraus) die Klopferei öfter, ausdauernder und energischer betrieben wird, als es für die Teppiche und Möbel dringend notwendig ist.«

Schnitzlers Villa in der Sternwartestraße

Schnitzler sah keinen anderen Ausweg, »als die Intervention des Polizeikommissariates anzurufen, in dessen Machtsphäre es wohl liegen dürfte, diesem Unfug, der mich in der Ausübung meines Berufes empfindlich zu stören geeignet ist, vielleicht einfach durch eine Mahnung ein rasches Ende zu machen.«

Gleichzeitig regt er an, »ob nicht überhaupt eine Verordnung erlassen werden könne, die das Klopfen im Cottage (wie in anderen Bezirken) auf die Vormittagsstunden beschränkt. Ob es genügen wird, einfach an das Anstandsgefühl der höchst verschiedenartigen Parteien, Hausbesorger und des Dienstpersonals zu appellieren, scheint mir nach meinen Erfahrungen recht zweifelhaft.«

Wie schafft man's nur, nebst solchem Ärger große Literatur zu schreiben? Immerhin waren hier seit dem Jahre 1910, in dem er das Haus von der Schauspielerin Hedwig Bleibtreu um 95 000 Kronen* erworben hatte, zahlreiche seiner Romane, Dramen, Novellen und Erzählungen entstanden.

Schnitzler starb in diesem Haus am 21. Oktober 1931.

»Ich bin ein Kind der Josefstadt«

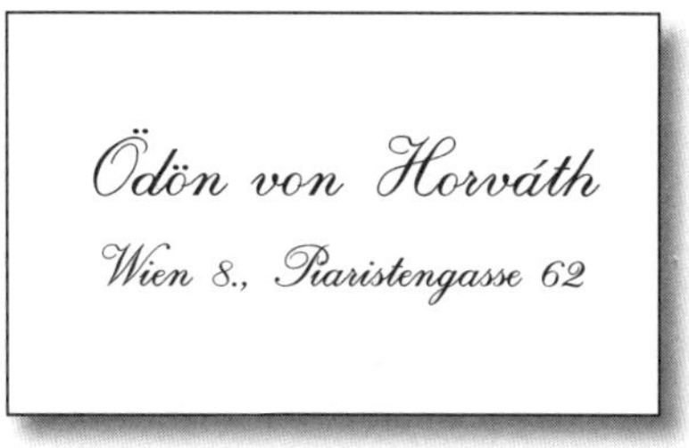

Ich bin ein Kind der Josefstadt«, sagt die Marianne in Ödön von Horváths *Geschichten aus dem Wienerwald*. Dass der Dichter sein berühmtestes Volksstück im achten Wiener Gemeindebezirk spielen lässt, ist kein Zufall, hat er doch hier eine Zeit lang gelebt und sich den Stadtteil sehr genau angesehen. Entscheidend für die Wahl des Ortes, an dem sich die Fleischhauerei des Herrn Oskar, das Geschäft des Zauberkönigs, die Puppenklinik und die Tabak-Trafik befinden, war ein mehrwöchiger Aufenthalt Horváths in der Wohnung seines Onkels in der Piaristengasse 62. Der Onkel, Josef Prehnal, war ein ehemaliger k. u. k. Leutnant, der dem Dichter als Vorbild für die Figur des Rittmeisters diente. Aber auch andere Personen und Häuser beflügelten bei diesem Wien-Aufenthalt im Herbst 1919 die Fantasie des Dichters. So gab es damals in der Josefstädter Straße 9 ein Geschäft für Zauber- und Faschingsartikel, dessen Atmosphäre

* Entspricht laut *Statistik Austria* im Jahre 2005 einem Betrag von rund 435 000 Euro

Horváth die Inspiration für die Figur des Zauberkönigs lieferte. Eine besondere Rolle spielt die Lange Gasse, in der – ganz untypisch für den städtischen Bereich – nach dem Ersten Weltkrieg viele einstöckige Häuser aus der Zeit des Spätbarock und des Biedermeier standen und zum Teil heute noch stehen. Im Haus Nr. 29 waren zu Horváths Zeiten eine Greißlerei und andere kleine Gewerbebetriebe untergebracht, die er in den Mittelpunkt der Handlung rückte. An diesem Haus befindet sich heute eine Tafel, die auf die Ursprünge des 1931 in Berlin uraufgeführten Stücks hinweist.

Ödön von Horváth

Almas Hochwürden

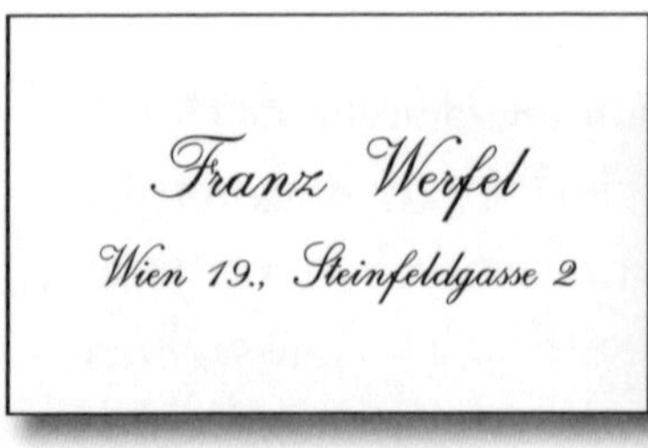

Die Namen der Ehemänner und Liebhaber der Alma Mahler-Werfel sind hinlänglich bekannt, finden sich doch Gustav Klimt, Gustav Mahler, Oskar Kokoschka, Walter Gropius und Franz Werfel in allen Biografien der weltberühmten Muse.

Wer aber war Johannes Hollnsteiner?

Ja, auch er gehörte in diese Riege. Hollnsteiner war katholischer Priester und ein enger Vertrauter des Wiener Erzbischofs Kardinal Innitzer. Und er hatte während Almas Ehe mit Werfel eine mehrere Monate dauernde Affäre mit der Vielgeliebten.

Franz Werfel

Werfel arbeitete in den Jahren 1932/33 an seinem großen historischen Roman *Die vierzig Tage des Musa Dagh*, in dem er den vom jungtürkischen Regime begangenen Völkermord an den christlichen Armeniern beschreibt. Das Ehepaar hatte eben eine von Josef Hoffmann erbaute Villa auf der Hohen Warte – genaue Adresse: Steinfeldgasse 2 – gekauft, in der Alma große Gesellschaften gab. In ihrem Salon traf sich die geistige und kulturelle Elite Wiens, von Ödön von Horváth über Zuckmayer bis Bruno Walter.

Werfel kann in diesem Haus nicht arbeiten. Alma hat ihm im Dachgeschoß ein geräumiges Atelier eingerichtet, aber dem Dichter ist die dreistöckige, pompös möblierte Villa mit ihren 28, teils marmorverkleideten Zimmern zu groß, zu kalt, zu unpersönlich. Er zieht sich deshalb in Almas Sommerhaus in Breitenstein am Semmering zurück und verbringt mehrere Monate im italienischen Santa Margherita Ligure, um in Ruhe an seinem Buch schreiben zu können.

Franz Werfels Villa auf der Hohen Warte

Lange merkt er nicht, dass Alma seine Abwesenheit für intime Begegnungen mit dem Theologieprofessor Hollnsteiner nützt. Werfel hat nichts anderes als seinen Roman im Kopf und ist in seiner kindlichen Naivität erfreut, dass der hochwürdige Herr sich um seine Frau kümmert. Auch als der Dichter dann während eines Wien-Aufenthalts der Beziehung seiner 54-jährigen Gemahlin mit dem 38-jährigen Geistlichen auf die Spur kommt, zeigt er keinerlei Eifersucht, sondern freut sich, »Almas erotische Träume verwirklicht zu sehen«.

Prophetisch

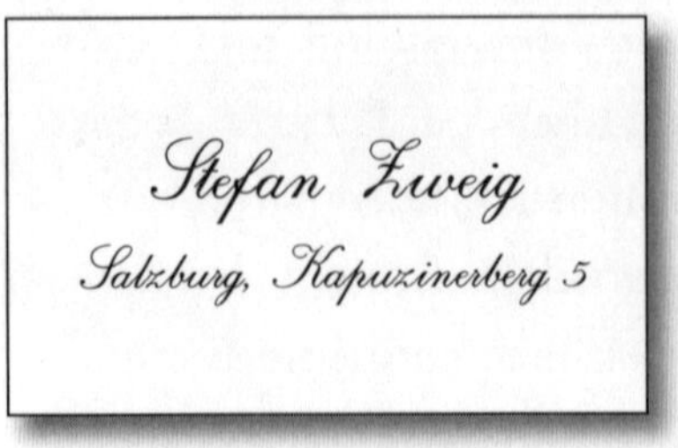

Im Jahre 1917 erwarb Stefan Zweig das aus dem 18. Jahrhundert stammende *Paschinger Schlössl* am Salzburger Kapuzinerberg. Der in Wien geborene Schriftsteller ließ es aufwändig renovieren und bezog es danach mit seiner ersten Frau Friederike. Das lang gestreckte Gebäude mit dem kleinen Turm wurde zu einem Schmuckstück der Stadt, dessen Glanzpunkt zweifellos die von ihm erworbene Einrichtung von Beethovens letzter Wohnung – inklusive seines mächtigen Schreibtischs, eines Pults und einer Violine – war.

»Etwas Merkwürdiges hatte sich in aller Stille ereignet«, beschrieb Zweig seine ersten Eindrücke in dem neuen Heim, »die Stadt Salzburg mit ihren 40 000 Einwohnern, die ich mir gerade um ihrer romantischen Abgelegenheit willen gewählt, hatte sich erstaunlich verwandelt: Sie war im Sommer zur künstlerischen Hauptstadt nicht nur Europas, sondern der ganzen Welt geworden.«

Im Frühjahr 1934 erlebte Zweig in seinem Schlössl einen seltsamen Überfall, als es von der Polizei gestürmt und aus nicht nachvollziehbaren Gründen nach Waffen durchsucht wurde. »Mein Haus gefiel mir nicht mehr seit jenem amtlichen Besuch«, erinnerte sich der Dichter später, »und ein bestimmtes Gefühl sagte mir, dass solche Episoden nur schüchternes Vorspiel viel weiter reichender Eingriffe waren.« Der Polizeieinsatz veranlasste Zweig, seine Koffer zu packen, nach England zu fahren und nie wieder in seine Heimat zurückzukehren. Denn er sah jetzt, prophetisch wie kaum ein anderer, die Machtübernahme der Nationalsozialisten auf Österreich zukommen.

Stefan Zweig

Als Carl Zuckmayer wenige Monate nach Zweigs Ausreise London besuchte, traf er mit dem Freund zusammen, der ihn beschwor, nicht wieder nach Österreich zu fahren, sondern seine Familie nachkommen zu lassen und im sicheren Großbritannien zu bleiben. Zuckmayer fand es unbegreiflich, dass der um fünfzehn Jahre Ältere jetzt, da der Bürgerkrieg vorbei war und keine unmittelbare Gefahr zu drohen schien, nicht wieder in sein geliebtes Heim in Salzburg zurückkehren wollte.

Stefan Zweig hatte jedoch seine weltberühmte Autografen-Sammlung bereits nach London kommen lassen und auch sein gesamtes Vermögen aus Österreich abgezogen. »Ich könnte dort nicht mehr schlafen«, sagte er, »ich habe nachts, von der deutschen Grenze her, immer das Rollen von Panzern gehört.« Schließlich warnte er Zuckmayer eindringlich, fast verzweifelt: »Du gehst in eine Falle zurück, die früher oder später zuschnappt. Es kann gar nicht anders kommen. Warum willst du nicht jetzt, wo du dein Hab und Gut noch mitnehmen könntest, ins Ausland gehen, statt auf die Flucht zu warten – falls sie dir dann noch glückt?«

Zuckmayer schenkte Stefan Zweig keinen Glauben, er kehrte nach Wien und Henndorf zurück, wo er damals lebte.

Stefan Zweigs Haus am Salzburger Kapuzinerberg

Vier Jahre später war Zuckmayer tatsächlich auf der Flucht. Ohne sein Hab und Gut mitnehmen zu können – wie Stefan Zweig es vorhergesagt hatte.

Und in noch einem Satz erwies er sich als prophetisch. Als die beiden Dichter einander einige Jahre später in New York wieder sahen, erklärte Zweig: »Wie auch immer der Krieg ausgeht – es kommt eine Welt, in die wir nicht mehr hineingehören.«

Und in einer Welt, in die er nicht hineingehörte, wollte er nicht leben. Stefan Zweig beging 1942 in Brasilien Selbstmord.

Immer nur Lächeln

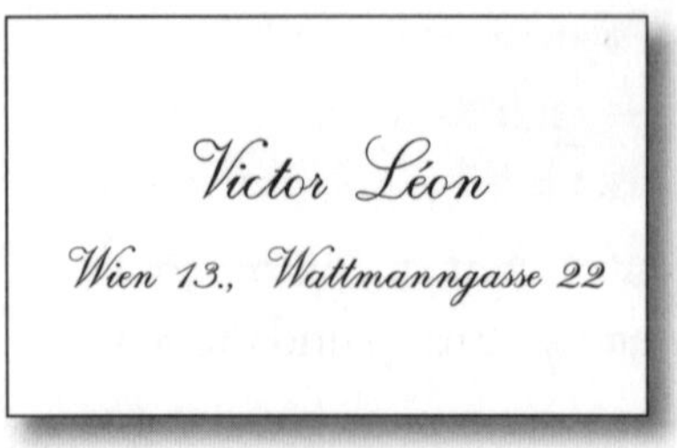

Victor Léon war einer der erfolgreichsten Librettisten der Silbernen Operettenzeit. Er erfand die Handlungen zu *Wiener Blut*, *Opernball*, zum *Fidelen Bauern* und zur *Lustigen Witwe*. Nur bei der Grundhandlung zu Lehárs *Das Land des Lächelns* musste er nicht viel erfinden: Die Wienerin, die einen Chinesen liebte – das war in Wirklichkeit seine eigene Frau.

Es war in den letzten Jahren der Monarchie, als in der eleganten Hietzinger Villa der Familie Léon »ein chinesischer Prinz verkehrte, der fließend Deutsch sprach. Sein Name war Prinz Sukong«, schreibt Franz Marischka, der Enkel von Victor Léon, in seinen Lebenserinnerungen. »Der Prinz war schrecklich verliebt in meine Großmama Ottilie. Zahlreiche Fotos mit den glühendsten Liebesbeteuerungen belegen das. Aber auch meine Großmama scheint seine Gefühle erwidert zu haben.«

Victor Léon

»Behalt das Bild ein wenig lieb, wenn ich einst fern von Dir bin, als Zeichen meiner innigen Liebe«, schrieb der Prinz am 1. Mai 1914 an Ottilie Léon, um den Brief mit dem Vers zu beenden: »Allein nach Dir und Deinem Wesen drängt, mein Leben nur an Deinem Leben hängt.«

Auch Ottilies Antwort kam in Reimform: »Immer nur lächeln und immer vergnügt, immer zufrieden, wie's immer sich fügt, lächeln trotz Weh und tausend Schmerzen, doch wie es da drin aussieht, geht niemand was an.«

Frau Léon konnte nicht ahnen, dass sie mit diesen Zeilen Operettengeschichte schreiben sollte, denn ihr Mann verwendete sie später für das Auftrittslied des Prinzen Sou-Chong, das zu einem der größten Operettenschlager aller Zeiten wurde.

Überhaupt schien Victor Léon der Flirt seiner Frau weniger zu stören als anzuregen. »Mein Großvater war selbst kein Kostverächter«, erzählt Franz Marischka. »Er erfuhr durch den Prinzen alle Sitten und Gebräuche des damaligen China. So auch von der Zeremonie, bei der ein Ministerpräsident zu seiner Ernennung mit einer gelben Jacke bekleidet wird.«

Die Lehár-Operette wurde 1923 unter dem Titel *Die gelbe Jacke* im Theater an der Wien uraufgeführt, konnte aber nicht an den Jahrhunderttriumph der *Lustigen Witwe* anschließen.

Als man fünf Jahre später eine Rolle für Richard Tauber suchte, schufen Fritz Löhner-Beda und Ludwig Herzer ein neues Buch, das auf Léons Handlung basierte. Und nun kam der Welterfolg. Denn aus der *Gelben Jacke* und ihrem etwas holprigen Happyend wurde *Das Land des Lächelns* – und damit die letzte große Operette des 20. Jahrhunderts. Die Lovestory des in Österreich akkreditierten Gesandten Sou-Chong und der Wienerin Lisa.

Die in Wirklichkeit Ottilie hieß.

Das Leben ist lebenswert

Neben dem *Land des Lächelns* hat Fritz Löhner-Beda auch die Texte zu den Lehár-Operetten *Friederike* und *Giuditta* geschrieben. *Dein ist mein ganzes Herz*, *Schön ist die Welt* oder *Freunde, das Leben ist lebenswert* zählten zu seinen populärsten Liedzeilen, von ihm stammen aber auch Schlagertexte wie *Ausgerechnet Bananen* und *Was machst du mit dem Knie, lieber Hans*. Der Autor war dank seiner Erfolge wohlhabend und konnte aus dem Erlös seiner Tantiemen die ehemalige *Schratt-Villa* in Bad Ischl

Fritz Löhner-Beda

erwerben und bewohnen.

Löhner-Beda wird nach dem »Anschluss« verhaftet und am 1. April 1938 mit dem berüchtigten »Prominententransport« nach Dachau deportiert. Über Buchenwald, wo er seine ebenfalls jüdischen Freunde Fritz Grünbaum und Hermann Leopoldi trifft, gelangt er schließlich am 17. Oktober 1942 ins KZ Auschwitz. Und während Löhner-Beda in dem Todeslager sitzt und von Tag zu Tag schwächer wird, werden seine Texte zu Lehárs Musik nach wie vor an den großen Bühnen im Deutschen Reich aufgeführt. Nur der Name des Textdichters wird auf Plakaten und in den Programmheften verschwiegen.

Löhner-Beda besaß die Schratt-Villa in Bad Ischl

Am Abend des 4. Dezember 1942 läuft im Deutschen Reichsrundfunk Lehárs Operette *Giuditta*, gespielt vom Großen Wiener Rundfunkorchester unter der Leitung des Komponisten. Fritz Löhner-Bedas Worte, *Freunde, das Leben ist lebenswert*, werden an diesem Abend zu seinem Abgesang.

Der Librettist wird in der Stunde, in der Hunderttausende Menschen die Radioübertragung hören, in Auschwitz erschlagen.

Unfall oder Selbstmord?

Die Sowjets hatten Wien bereits erreicht und Hitlerdeutschland stand vor der Kapitulation, als Josef Weinheber starb. Der 53-jährige vom braunen Gedankengut verblendete Dichter wurde am 8. April 1945 in seinem Haus in Kirchstetten bei St. Pölten tot aufgefunden. Mit einer Überdosis Morphium.

Es gibt zwei Versionen, die darüber Auskunft geben wollen, wie er ums Leben kam. Für die Version Selbstmord sprechen Depressionen, spricht ein Brief, den er fünf Tage vor seinem Tod an seine Ziehmutter Maria Grill geschrieben hat: »Wir werden uns in diesem Leben nicht mehr sehen. Ich danke Dir für alles Gute, das Du an mir getan hast. Ich kann Dir wahrscheinlich kein Lebenszeichen mehr geben, weil ich Stunde für Stunde damit rechne, dass wir von der Außenwelt abgeschnitten werden. Leb also wohl, Dein Weinheber.«

Josef Weinheber

Seine Witwe Hedwig beschrieb die letzten Tage hingegen so: »Er litt schon seit Jahren unsäglich an dem, was er kommen sah, war an schwere Schlafmittel gewöhnt und musste die Dosis immer wieder verstärken. In der Nacht zum 8. April wirkte auch das nicht mehr, er war am Morgen todmüde, aber ruhig. Da muss es geschehen sein. Er wollte schlafen, musste schlafen. Jetzt aber war die Dosis zu groß, die in der Nacht zu klein gewesen war. Er schlief ein, aber er wachte nicht mehr auf.«

Weinhebers Wohn- und Sterbehaus in Kirchstetten

War es Selbstmord, wie es der Brief an die Ziehmutter vermuten lässt, oder war es ein Unfall, wovon die Witwe überzeugt war?

Fest steht, dass der trinkfeste Dichter von den Nazis hofiert und zu ihrem Paradeliteraten ernannt worden war. Ab 1931 NSDAP-Mitglied, schrieb er Huldigungsgedichte wie *Dem Führer* und *Ode an die Straßen Adolf Hitlers*. Als ihm seine Verblendung bewusst wurde, fand er keinen Ausweg mehr.

Weinhebers Sohn Christian lebt im Haus des Dichters in Kirchstetten. Auch er will nicht an die Unfallversion glauben. »Der Brief an seine Ziehmutter ist eindeutig. Es war Selbstmord, er war gesundheitlich schwer angeschlagen und hatte Angst vor den herannahenden Russen.«

Christian Weinheber-Janota entstammt der Verbindung des Dichters mit der Germanistikstudentin Gerda Janota, die sich bei einer Autorenlesung in Linz in Weinheber verliebt und ihm 1941 den unehelichen Sohn geschenkt hatte.

Ein schlagkräftiger Dichter

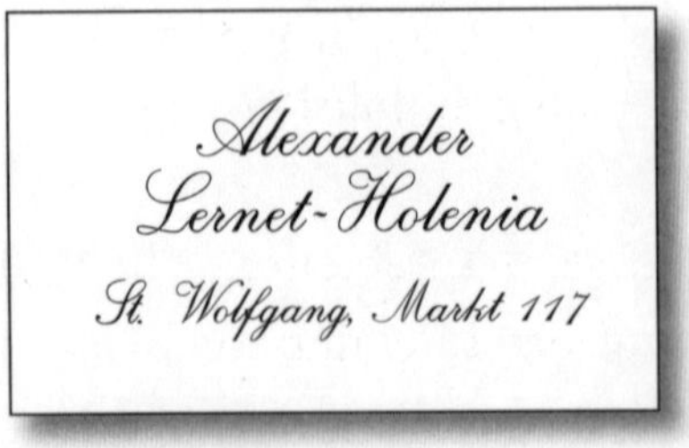

Seine Zornesausbrüche sind legendär und sorgten für viele Schlagzeilen. Die berühmteste Affäre des aufbrausenden Dichters betraf einen Autofahrer, der seinen Wagen an einer Baustelle im Ortsgebiet von St. Wolfgang geparkt hatte, wodurch sich Alexander Lernet-Holenia beim Versuch, eine Fahrbahnenge zu passieren, gestört fühlte. Der Dichter und ehemalige k. u. k. Offizier ging auf den »Verbrecher« zu und verpasste ihm eine schallende Ohrfeige, die ein gerichtliches Nachspiel hatte: Lernet-Holenia wurde zur Zahlung einer Geldstrafe in Höhe von eintausend Schilling verurteilt.

Alexander Lernet-Holenia

Ein andermal fühlte sich der durch die Komödie *Ollapodrida* bekannt gewordene Autor von einem über die Straße laufenden Kind gestört. Als er es anbrüllte, stellte ihn ein Passant, der Zeuge des Vorfalls geworden war, zur Rede. Auch dieser Herr bekam die Schlagkraft des Dramatikers zu spüren.

Einen großen Sieg errang Lernet-Holenia, als man ihn in St. Wolfgang wegen Schnellfahrens »geblitzt« hatte. Nach Zustellung der Strafverfügung erhob er Einspruch – mit der Begründung, sich in seinen Persönlichkeitsrechten eingeschränkt zu fühlen: »Sie hätten mich ja auch fotografieren können, wenn ich mit einer Geliebten unterwegs gewesen wäre«, protestierte er. Dem Verfahren folgte eine »Lex Lernet«: Seit damals müssen Radarkontrollen auf Österreichs Straßen durch Warntafeln angekündigt werden.

Den Ausgang des letzten Verfahrens seines Lebens hat Lernet-Holenia nicht mehr erlebt. Als ein benachbarter Gastronom seine Hotelterrasse ausbauen wollte, erklärte der Dichter, dass nach deren Fertigstellung der Blick von seinem Wohnhaus zum Wolfgangsee eingeschränkt sei. Er ging zu Gericht – verschied aber im Juli 1976, noch ehe dem Hotelier Recht gegeben wurde.

»Vom Lernet-Holenia«, hieß es noch zu seinen Lebzeiten, »liest man im Kleinen Bezirksgericht mehr als auf der Literaturseite!« In Wien hatte er seit 1952 eine »Ehrenwohnung« im *Michaelertrakt* der Hofburg.

»Servus, Melzer!«

Heimito von Doderer
Wien 9., Währinger Straße 50

Er ist zwar im dritten Bezirk aufgewachsen, hat aber die paar Stufen, die die Strudlhofgasse mit der tiefer gelegenen Liechtensteinstraße verbinden, schon in seiner Kindheit gekannt. Während des Zweiten Weltkriegs begann Heimito von Doderer den Roman zu schreiben, der der Strudlhofstiege zu literarischen Ehren verhalf. Der Dichter sah in der vielfach gewundenen Treppenanlage »die Umwege, die unser Leben nimmt«. Im Mittelpunkt des Romans *Die Strudlhofstiege* steht ein Offizier namens Melzer, der sich in die schöne Mary K. verliebt, deren Verbindung am gesellschaftlichen Druck in der zu Ende gehenden Monarchie scheitert. Jahre später trifft Melzer die Freundin wieder, als er am Fuße der Strudlhofstiege zufällig Zeuge eines Straßenbahnunfalls wird, bei dem Mary ein Bein verliert.

Heimito von Doderer

Durch die Veröffentlichung des Romans im Jahre 1951 gelangte die Stiege zu weltweiter Berühmtheit, Touristen aus aller Herren Länder pilgerten zu der Treppe. Auch Doderer, der seit 1956 auf der Währinger Straße wohnte, spazierte immer wieder zu »seinen« Stufen, an deren unterster er oft stehen blieb, das Leben und Treiben der sich dort aufhaltenden Menschen beobachtete und dann mit seiner rauchig-heiseren Stimme »Servus, Melzer!« hinauf rief.

Doderers in einen schäbigen Hinterhof blickende Wohnung bestand aus zwei Zimmern und einem Raum, in dem Küche und Bad untergebracht waren. Aber sie lag ganz nahe jener Stiege, die dem Dichter zu seinem späten Durchbruch verholfen hatte.

Auf Wohnungssuche

Friedrich Torberg
Breitenfurt bei Wien,
Schlossallee 10

Am 27. Jänner 1964 teilte Friedrich Torberg seiner in Israel lebenden Schwester Ilse in einem Brief mit, dass er nach Breitenfurt bei Wien übersiedelt sei. Er hätte seine bisherige Wohnung in zentraler Lage, Wien 4., Brucknerstraße 2, aufgegeben, weil das Mietshaus neue Besitzer bekam und diese ihn »draußen haben wollten«. Zwar hätte Torberg »mietergeschützt, wie ich bin, nicht hinaus müssen«, doch boten ihm die Hausherren eine Ablösesumme in Höhe von 200 000 Schilling, die ihm verlockend erschien.

Die Annahme des Geldes entpuppte sich als schwerer Fehler. »Ich hätte den Käufern sagen müssen: ›Meine Herren, entweder Sie verschaffen mir eine gleichwertige Wohnung in gleichwertiger Lage, oder Sie zahlen mir eine halbe Million Ablöse, damit ich mir eine solche Wohnung verschaffen kann, oder ich verweise Sie auf das noch immer nicht gänzlich erforschte Gebiet des Arschleckens und bleibe in der Brucknerstraße‹. Das hätte ich sagen müssen, habe es aber, geblendet von den 200 000 Schilling, nicht gesagt – und als ich draufkam, dass ich der Hereingelegte bin, war es schon zu spät.«

Dem prominenten Schriftsteller erging es somit nicht anders als vielen Herbergssuchenden. Er studierte Inserate, kontaktierte Immobilienbüros, besichtigte ein Dutzend Wohnungen »und musste entdecken, dass ich im Laufe der Jahre doch ein recht heikler Patron geworden bin: die Wohnung sollte ›draußen‹ sein, und wenn schon draußen, dann auch wirklich ›im Grünen‹, einerseits vollkommen ruhig und anderseits nicht zu entlegen, auch nicht höher als im 1. Stock (weil ich kein bedeutender Stiegensteiger mehr bin), sie sollte ganz bestimmte Stückeln spielen, auf die ich nicht mehr verzichten will – und was soll ich Dir sagen: die einzige Wohnung, die als solche in Betracht gekommen wäre, lag pünktlich in einer Gegend, die ich nicht schmecken kann, nämlich zwischen Hietzing und Lainz.«

Torberg suchte nach einer anderen Lösung. »Unter diesen Umständen begann ein Floh, den mir irgendjemand ins Ohr gesetzt hatte, immer mehr an Raum zu gewinnen. Der Floh hieß Fertigteilhaus. Ich ließ mir also, nachdem ich auf einer diesbezüglichen Ausstellung das Modell gesehen und für gut befunden hatte, einen Kostenvoranschlag machen. Er belief sich für das sog. ›schlüsselfertige‹ Haus auf rund

Friedrich Torberg im Garten seines Fertigteilhauses in Breitenfurt

300 000 Schilling. Und jetzt beginnt die Machlojke* im Sinne von Katastrophe.«

Ausgerechnet der große Sprachkünstler war Opfer eines sprachlichen Missverständnisses geworden. »Ich hatte mir unter ›schlüsselfertig‹ ein Haus vorgestellt, in das man dann nur noch die Möbel hineinzustellen braucht, alles andre ist schon da. Ka Spur. Es ist nichts da, kein Wasserhahn, keine Abortmuschel, keine Badewanne – nur die dazugehörigen Abflusslöcher, ebenso wie die Löcher für die elektrischen Kontakte, die Heizkörper, etc. Alles, was zu diesen Löchern gehört, muss man erst kaufen und installieren lassen, selbstverständlich nachdem man beim Wasserwerk, beim Elektrizitätswerk und bei vielen

* Machlojke = jiddisch: Betrug, Schwindel, Schacher

anderen Werken dafür gezahlt hat, dass man die solcherart installierten Installationen auch tatsächlich gebrauchen darf. Kurz und klein: bevor man überhaupt mitn Wohnen anfangen kann, hat das Haus die runde halbe Million gekostet, die man als Ablöse hätte bekommen müssen, aber nicht bekommen hat, so dass man mit einer Schuldenlast von 200 000 Schilling zu wohnen anfängt.«

Als besondere Pikanterie empfand es Torberg, »dass der Grund, auf dem das Haus steht, gar nicht mir gehört, weil ich das Geld zum Ankauf eines Grundstückes a priori und selbst bei allergrößter Schuldenbereitschaft nicht hätte aufbringen können«. Da erwies sich als günstig, dass sein Freund Gerhard Bronner ihm den Obstgarten seines Anwesens in Breitenfurt zur Verfügung stellte, um darin sein Fertigteilhaus aufzustellen.

Torberg nahm das Angebot an und wohnte von da ab im Eigentumshaus auf fremdem Grund, womit er sich »in der originellen Lage befand, zwar ein Dach überm Kopf, aber keinen Boden unter den Füßen zu haben«.

Spione, schöne Frauen, Scharfrichter ...

... und all jene, die in kein anderes Kapitel passen

Der arme Schlucker

Philipp Schlucker
Alland 65, Am Weißenweg

Arme Schlucker« gibt's viele, aber nur einen, der sich diesen Titel redlich verdient und auch tatsächlich so geheißen hat. Philipp Schlucker war ein Maurergeselle aus Alland bei Wien. Er hat keine Schule besucht, konnte weder lesen noch schreiben. Und doch bekam er den Auftrag, eine Mauer um den Lainzer Tiergarten zu errichten. Sie misst 22 Kilometer, hat sieben Tore und ist so gut gebaut, dass sie nach mehr als zweihundert Jahren immer noch fast unverändert dasteht. Dennoch war es gerade dieses Bauwerk, das Herrn Schluckers Schicksal besiegelte.

Philipp Schlucker

Als Kaiser Josef II. die Errichtung eines Schutzwalls um das kaiserliche Rotwild- und Wildschwein-Jagdrevier zu Lainz ausschrieb, bot Herr Schlucker an, die Mauer um 32 000 Gulden* aufzustellen, was einem Fünftel jener Summe entsprach, die andere Handwerker verlangten.

Der offensichtliche Rechenfehler verschaffte Herrn Schlucker den Auftrag. Und trieb ihn nach fünfjähriger Bauzeit im Jahre 1787 in den Ruin. Bald wurde er von seinen »unterlegenen« Kollegen, aber auch von

* Entspricht im Jahre 2005 einem Betrag von rund 500 000 Euro

Schluckers Gasthaus in Alland

vielen anderen Wienern als »armer Schlucker« verspottet, ein Ausdruck, der heute noch gebräuchlich ist.

Die Geschichte nahm dann aber doch eine gute Wendung. Kaiser Josef war mit der Ausführung der Mauer so zufrieden, dass er dem ehrlichen Maurer in seinem Heimatort Alland ein Grundstück schenkte. Auf dieses baute sich der arme Schlucker einen Gasthof, mit dem er zu guter Letzt doch sein Auslangen fand.

Philipp Schlucker starb 1820 im Alter von 72 Jahren. Als gar nicht so armer Schlucker wie es die inzwischen populär gewordene Redensart vermuten lässt.

Fannys Liebschaften

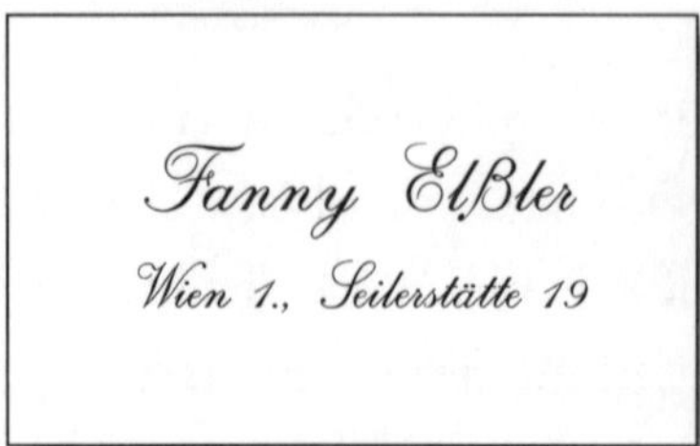

Sie war die berühmteste Tänzerin ihrer Zeit, ihr Stil begründete den Weltruf des Wiener Balletts und versetzte ihre Zeitgenossen in einen wahren Tanztaumel. Einige Herren freilich entzückte sie darüber hinaus auf ganz andere Weise.

Fanny Elßler, die nie verheiratet war, bevorzugte ein Leben in Freiheit. Und das war damals, im biedermeierlichen Wien, sehr ungewöhnlich.

Fanny Elßler

Sie hatte zwei »ledige Kinder«, einer der Väter war der Tänzer Anton Stuhlmüller, der andere angeblich Napoleons Sohn, der Herzog von Reichstadt. Über ihre Beziehung zum Herzog gibt es keine andere Quelle als die Aussage einer Freundin Fanny Elßlers, die sich oft in deren Wohnung auf der Seilerstätte aufhielt, sie aber immer dann verlassen musste, wenn der hohe Herr eintraf. Nachgewiesen ist hingegen eine andere Liaison: »Ich bin berauscht von der Seligkeit, die Du himmlisches Wesen mich in Deinen Augen und an Deiner Brust in vollen Zügen trinken ließest«, schrieb Metternichs 66-jähriger Berater Friedrich von Gentz an die 19-jährige Primaballerina.

»Die romantische Liebe bei Greisen«, kommentierte der entsetzte Metternich die Affäre seines engsten Mitarbeiters, »nützt den Geist bald ab und führt das Ende herbei.«

Fanny Elßlers Salon auf der Seilerstätte

Gentz wurde 68 Jahre alt und kritzelte drei Minuten vor seinem Tode mit zittriger Hand das Wort »Fanny« auf ein Blatt Papier.

Genie im Armenhaus

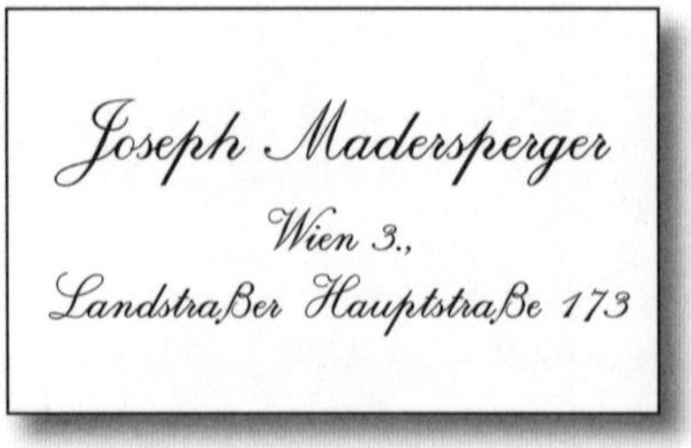

Der Tiroler Joseph Madersperger war nicht der erste Schneider, den der Gedanke faszinierte, die »nähende Hand des Menschen« durch eine Maschine zu ersetzen. Doch alle Versuche kluger Handwerksleute in England, Frankreich und Amerika waren bisher gescheitert. Denn keiner kam daran vorbei, dass die Nähnadel nach jedem Stich »umgedreht« werden müsse. Und dazu war keine Maschine fähig, das konnte nur die menschliche Hand.

Es bedurfte Maderspergers Genie, das Problem zu lösen. Und wie so oft in der Geschichte des technischen Fortschritts, führte ein ganz einfacher Gedanke zur Lösung des Problems: Joseph Madersperger verlegte das Öhr in die Nadelspitze, die sich um die eigene Achse drehen ließ. Als »künstliche Nähhand« meldete der einfallsreiche Schneider aus Kufstein seine fußbetriebene Konstruktion in Wien zum Patent an.

Joseph Madersperger

Und damit begann das Drama des Erfinders. Denn als armer Gewandschneider konnte der 47-Jährige den Patentschutz seiner Erfindung nur für drei Jahre bezahlen. Danach waren seine Rechte an der Nähmaschine erloschen. Andere nahmen sie auf – und wurden damit reich.

Obwohl er also praktisch keinerlei wirtschaftlichen Nutzen zog, arbeitete Madersperger bis ans Ende seines Lebens daran, seine Erfindung in vielen Details zu verfeinern. 1840 legte er ein bereits einwandfrei funktionierendes Modell vor, dessen Bauweise der heutigen Nähmaschine ähnelt.

Madersperger steckte sein gesamtes Hab und Gut in die Entwicklung der Nähmaschine und ging schließlich daran zugrunde. Im September 1850 musste sich der 82-jährige Erfinder gemeinsam mit seiner Frau als Obdachloser im Versorgungshaus von St. Marx auf der Landstraße einquartieren, wo er einen Monat später starb.

DER KAISER UND DAS MÄDCHEN

Anna Nahowski
Wien 13., Maxingstraße 46

Es gehörte zu Kaiser Franz Josephs Gewohnheiten, in den frühen Morgenstunden einen Spaziergang durch den *Schönbrunner Schlosspark* zu unternehmen. Und dabei geschah es mehrmals, dass er einem bildhübschen Mädchen begegnete. Anna war, obwohl gerade erst fünfzehn Jahre alt, auf Wunsch ihrer Mutter seit einigen Monaten mit dem Seidenfabrikanten Johann Heuduk verheiratet, der sich jedoch kaum um seine junge Frau kümmerte.

Den 24. Juni 1875 bezeichnete Anna als den glücklichsten Tag ihres Lebens, denn da sprach sie der um dreißig Jahre ältere Monarch zum ersten Mal an. Franz Joseph trug Generalsuniform, salutierte und sagte: »Sie gehen aber fleißig spazieren.« Die Worte hat sie, wie viele Details der nun folgenden Begegnungen, feinsäuberlich in ihr Tagebuch notiert.

Anna Nahowski

Die nächste Eintragung findet sich zwei Tage später. »Schönes Mädchen, Frau oder Kind, was Sie sind«, sagte der Kaiser, »geben Sie mir einen Kuss. Er beugte sich herab, hob meinen Kopf empor, und ich habe ihn wahrhaftig geküsst.«

Dass Franz Joseph zu diesem Zeitpunkt seit über zwanzig Jahren mit der meist auf Reisen befindlichen »Sisi« verheiratet war, findet in dem Tagebuch keine Erwähnung.

Drei Jahre vergehen. Da ist Annas Mann endlich auf Reisen. Nun fragt der Kaiser, ob er sie in ihrer Wohnung in Mariahilf besuchen dürfe. Sein Begehr ist eindeutig.

Ein paar Tage später ist's so weit, in diesem Herbst 1878. Anna empfängt Seine Majestät zu Bette. Von nun an erfolgen seine Besuche regelmäßig. Ihre Ehe wird immer quälender, die Scheidung folgt. Sie heiratet aber überraschenderweise kurz danach den Beamten der k. u. k. Südbahnen Franz Nahowski. Der Kaiser hatte sein Einverständnis dazu gegeben.

Im Mai 1880 wird Herr Nahowski, wohl »auf Befehl von ganz oben«, zu den Staatsbahnen nach Galizien versetzt. Anna bleibt in Wien, der Kaiser beteuert ihr seine Liebe. Da ihm die oftmalige Anreise nach Mariahilf zu mühsam wird, übergibt er der Geliebten ein Kuvert, in dem sich 50 000 Gulden* befinden. Anna kauft mit dem Geld die vis-à-vis von *Schönbrunn* gelegene Villa in der Maxingstraße 46.

Franz Joseph, dessen Nachbarin sie jetzt ist, kommt meist vor fünf Uhr früh und wird mit Kaffee und Kipferl verwöhnt.

Am 29. Juli 1885 bringt Anna ein Mädchen namens Helene zur

* Entspricht laut *Statistik Austria* im Jahre 2005 einem Betrag von rund 480 000 Euro

Welt, das später den Komponisten Alban Berg heiraten sollte. Von Helene wird angenommen, dass sie das Kind des Kaisers ist, ebenso wie der vier Jahre später geborene Knabe Franz Joseph. Doch der hundertprozentige Nachweis für des Kaisers Vaterschaft ist in den Tagebüchern nicht zu finden.

Ende des Jahres 1886 kommt es zur Krise. Ganz Wien spricht davon, dass der 56-jährige Monarch die Schauspielerin Katharina Schratt verehrt. Anna spioniert ihm nach, überrascht die beiden im *Schönbrunner Park*, stellt ihn zur Rede, doch Franz Joseph leugnet.

Die jetzt immer seltener werdenden Besuche des Kaisers erfolgen mitunter auch gegen Annas Wunsch. »Mit einer raschen Bewegung hat er mich erfasst und hielt mich fest. Jeder Versuch, mich freizumachen, war umsonst. Er zog mich mit Gewalt nach meinem Bett, mein zorniges Gesicht mit Küssen bedeckend.«

Anna Nahowskis Haus in der Maxingstraße

Bald danach, das würdelose Ende. Im Frühjahr 1889 – wenige Wochen nach Mayerling – bittet Friedrich von Mayr, der Generaldirektor des Kaiserlichen Familienfonds, die Nahowski in sein Büro in der Hofburg. Nicht der Kaiser teilt ihr mit, dass es »aus« sei, sondern ein Beamter. Anna ist verbittert, will den Geliebten sprechen, wird aber nicht vorgelassen. Sie begegnet ihm nie wieder, wird im Auftrag des Kaisers mit einer großzügigen Summe abgefunden. Anna Nahowski bestätigt am 14. März 1889 schriftlich den Erhalt des Geldes und verpflichtet sich, über die Begegnungen mit Seiner Majestät niemals Auskunft zu geben.

Sie stirbt 1931 im Alter von 71 Jahren in Wien – nicht ohne die Tagebücher vorher ihrer Tochter Helene übergeben zu haben. Diese vertraut sie der in der Österreichischen Nationalbibliothek befindlichen *Alban-Berg-Stiftung* an.

Anna Nahowskis Erinnerungen wurden am 1. September 1986 der Öffentlichkeit übergeben. Über die Echtheit der Schilderungen besteht kein Zweifel.

Der freundliche Scharfrichter

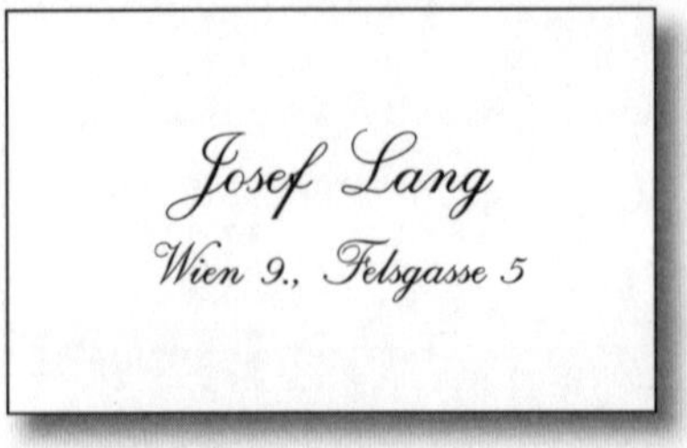

Josef Lang war ein gemütlich wirkender Wiener, der im Vorort Simmering ein kleines Kaffeehaus betrieb. Zu seinen Stammgästen zählte der damalige Scharfrichter Karl Selinger, der den kräftigen Cafétier eines Tages fragte, ob er ihm nicht hin und wieder bei den Hinrichtungen im k. k. Landesgericht als Gehilfe zur Seite stehen wollte. Lang überlegte nicht lange und sagte zu. Vorerst hielt er seine neue Profession geheim und erzählte seiner Frau, wann immer er frühmorgens den Dienst »am Henker« antrat, er fahre aufs Land, um Wein einzukaufen.

Der in Wien »Onkel Karl« genannte Scharfrichter Selinger war mit Langs Hilfstätigkeit sehr zufrieden, da dieser sich als zuverlässig erwies, während frühere, weniger robuste Gehilfen den Exekutionen unentschuldigt fernblieben oder während der »Arbeit« das Bewusstsein verloren. Lang aber behielt bei sämtlichen Hinrichtungen die Nerven.

Als Scharfrichter Karl Selinger im Jahre 1899 starb, fand sich vorerst kein Nachfolger. Zwar gab es achtzehn Bewerber für den begehrten Staatsposten mit Pensionsberechtigung, doch erwies sich nach genauerer Prüfung durch die Behörde der bisherige Gehilfe des Prager Scharfrichters Wohlschläger als einzig ernst zu nehmender Kandidat. Er wurde aber vom Präsidium des k. k. Landesgerichts abgelehnt, da er an der kurz zuvor durchgeführten Hinrichtung der Kindesmörderin Juliane Hummel beteiligt gewesen war, die eine dreiviertel Stunde unter schrecklichen Schmerzen litt, ehe sie sterben konnte. Laut Gesetz musste der Tod am Galgen innerhalb einer Minute eintreten.

Josef Lang

Man wusste zwar, dass Selingers für das Henkergewerbe überaus befähigter Assistent Josef Lang hieß, doch seine Daten waren – wir befinden uns in Wien – unauffindbar. Als man herausfand, dass in *Lehmann's Wohnungsanzeiger* rund zweihundert Leute mit Namen »Lang, Josef« verzeichnet waren, wurde ein Polizeirat beauftragt, den Richtigen zu suchen. »Lang«, sagte der Beamte, als er nach ausgiebigen Recherchen endlich in der Simmeringer Felsgasse Nr. 5 den Betreffenden gefunden hatte, »wir brauchen einen tüchtigen Menschen, der das Herz auf dem rechten Fleck hat.«

Und Josef Lang, so wird berichtet, hatte es.

Er musste jetzt, das verlangte die hohe Gerichtsbarkeit, sein Kaffeehaus verkaufen und legte am Morgen des 27. Februar 1900 den Diensteid ab. Zu Mittag ging er nach Hause und erzählte seiner verblüfften Frau die berufliche Veränderung vom Gastronomen zum Henker.

Der letzte Scharfrichter der k. k. Monarchie hatte in den nächsten

Jahren zwar mehrere hundert Todesurteile zu vollstrecken, doch sein Biograf Oskar Schalk errechnete, dass Lang »als Hauptmann der Freiwilligen Feuerwehr in Simmering vielleicht ebenso vielen Leuten das Leben gerettet hat, als er es in Ausübung seines verrufenen Amtes nehmen musste«.

Josef Lang wird in der Biografie als »gemütlicher und trinkfester Wiener Spezi« beschrieben, »den seine Freunde nicht missen wollen. Wenn er kommt und singt und pascht und seine Hallodri treibt, geht ein frischer Zug durch die Gesellschaft und der fesche Alte versteht es gar wohl, im Trinken und im Erfinden heiterkeitserweckender Späße seinen Mann zu stehen«.

Ein wirklich netter Scharfrichter.

»Neben dem Kanapee liegt der Herr Oberst«

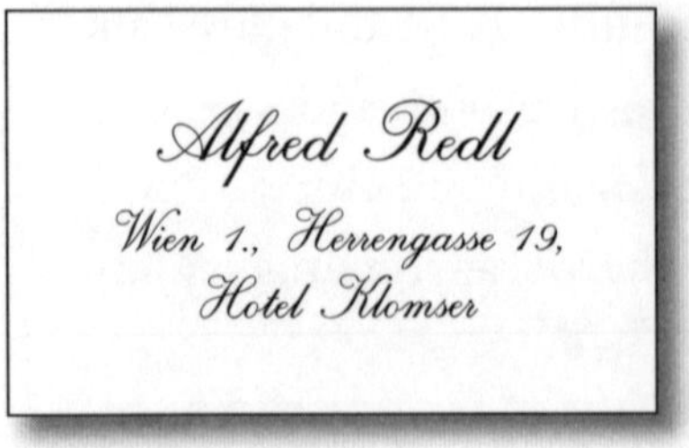

Eigentlich hätte es seinen Vorgesetzten in der k. u. k. Armee auffallen müssen, dass Alfred Redl auf großem Fuß lebte. Denn Österreich-Ungarns Offiziere hatten ein bescheidenes Salär, mit dem sie im Normalfall ein eher karges Leben fristeten. Ganz anders der langjährige Chef des k. u. k. Nachrichtendienstes Alfred Redl, der – aus ärmlichen Verhältnissen stammend – in einer luxuriösen Wohnung lebte, ausgedehnte Reisen unternahm, ein eigenes Reitgut und ein teures Automobil mit Privatchauffeur hatte.

Oberst Redl war 1912 aus seiner geräumigen Mietwohnung in der Wickenburggasse 10 ausgezogen und nach Prag übersiedelt, wohin man ihn als Generalstabschef des VIII. Korps berufen hatte. Wann immer er nun in Wien war – sei es dienstlich, sei es, um seinen Geliebten Stefan Horinka zu treffen –, nächtigte er im gutbürgerlichen *Hotel Klomser*.

Das Ecke Herrengasse/Bankgasse gelegene Gebäude hatte sich einst im Besitz der Witwe des Feldmarschalls Batthyány befunden, die man in Wien die »schöne Lori« nannte. Sie soll die einzige Frau gewesen sein, die sich der Gunst des Prinzen Eugen erfreuen durfte. Der Feldherr war oft im Batthyánypalais zu Gast, in dem dann ab dem Jahre 1870 das »Familienhotel ersten Ranges« untergebracht war.

Alfred Redl

Alfred Redl, der Stammgast im *Klomser* war, mietete sich auch am 24. Mai 1913 wieder ein. Um vier Uhr Nachmittag hatte er in seinem Appartement mit der Zimmernummer 1 im ersten Stock eine Verabredung mit Stefan Horinka. Wie der junge Ulanenleutnant später vor Gericht zu Protokoll gab, kam es während dieser Begegnung »zu einer heftigen Auseinandersetzung, in deren Verlauf ich dem Oberst Redl erklärte, mich definitiv von ihm loszusagen und den Verkehr mit ihm unter allen Umständen abzubrechen«.

Der Grund: Stefan Horinka wollte heiraten.

Der 49-jährige Alfred Redl war verzweifelt darüber, seinen Liebhaber – noch dazu an eine Frau – zu verlieren. Seit zwölf Jahren hatte Redl der zaristischen *Ochrana* und anderen Geheimdiensten alle ihm zugänglichen Informationen über die k. u. k. Armee verkauft – ursprünglich, weil er infolge seiner homosexuellen Neigung dazu erpresst wurde, später, weil der Verrat sein und Stefans Luxusleben finanzierte.

Redl hatte noch einen kleinen Hoffnungsschimmer, den Freund auch in Zukunft an sich binden zu können: Er wollte ihm einen *Daimler Tourenwagen* schenken. Deshalb ging Redl an diesem Nachmittag zur Hauptpost, an der seit längerem schon ein Brief für ihn lag. In dem am *Poste-Restante-Schalter* unter dem fingierten Namen »Nikon Nizetas« hinterlegten Kuvert befand sich ein großer, von seinen russischen Auftraggebern überwiesener Geldbetrag, mit dem der *Daimler* finanziert werden sollte.

Redl ahnte nicht, dass die Hauptpost seit sechs Wochen von Detektiven der Kriminalpolizei überwacht wurde. Als die Experten der Spionageabwehr des Kriegsministeriums das verdächtige Kuvert an »Nikon Nizetas« geöffnet und die darin befindlichen Geldscheine gesehen hatten, stand fest, dass ein so hoher Betrag auf diese Weise nur als Spionageentgelt verschickt würde.

Der über diese Vorgänge uninformierte Redl nimmt nun den Brief in Empfang und wird auf dem Weg zum *Hotel Klomser* von drei Polizeibeamten verfolgt, die das Kundschaftsbüro im Kriegsministerium telefonisch von ihrem »Fang« benachrichtigen. Wenige Minuten später weiß Franz Conrad von Hötzendorf, der Leiter des österreichisch-ungarischen Generalstabs, dass der langjährige Chef der Spionageabwehr selbst ein Spion ist.

Dass mit Oberst Redl einer der angesehensten Offiziere der Armee ein Verräter ist, schien unvorstellbar und durfte daher nicht bekannt werden – selbst der Kaiser sollte es nicht erfahren. Deshalb gab General Conrad sofort Befehl, dass Redl durch Selbstmord aus dem Leben zu scheiden hätte.

Hotel Klomser, Schlag Mitternacht. Vier Offiziere klopfen an der Zimmertür Alfred Redls, der sie mit den Worten empfängt: »Ich weiß schon, weshalb die Herren kommen. Ich bin das Opfer meiner unseligen Leidenschaft; ich weiß, dass ich mein Leben verwirkt habe und bitte um eine Waffe, um mein Dasein beschließen zu können.«

Redl wird ein *Browning*-Revolver überreicht. Die Offiziere verlassen das Hotel und nehmen schräg vis-à-vis vor dem *Café Central* Aufstellung. Um fünf Uhr früh betritt ein Kriminalbeamter das *Klomser*, läuft über die Treppe in den ersten Stock und öffnet die Tür des Zimmers Nr. 1. »Neben dem Kanapee liegt der Herr Oberst – tot!«, meldet er wenige Minuten später seinen Vorgesetzten. Der »Fall Redl« scheint abgeschlossen.

Das Hotel Klomser in der Wiener Herrengasse

Doch ein Jahr später bricht der Erste Weltkrieg aus. Und damit werden die Auswirkungen des Verrats für die Monarchie spürbar, denn die gegnerischen Armeen kennen jeden Schritt, den Österreich-Ungarn plant. Redl hatte auch die Aufmarschpläne verraten, der Krieg war vom ersten Tag an verloren.

Auch für das *Klomser* führte der Spionagefall zum Anfang vom Ende. Kaum ein Aristokrat oder Offizier war bereit, hier nach der Aufsehen erregenden Affäre abzusteigen. Und so schloss das einst renommierte Hotel wenige Monate nach Redls Selbstmord für immer seine Pforten.

Der Tod des Mittelstürmers

Matthias Sindelar
Wien 1., Annagasse 3

Im Lexikon ist nachzulesen, dass Österreichs größter Fußballstar »unter ungeklärten Umständen« ums Leben gekommen sei. Tatsächlich wurde der legendäre *Wunderteam*-Spieler Matthias Sindelar am 23. Jänner 1939 in einer Wohnung in der Wiener Annagasse tot aufgefunden. Neben ihm lag die bewusstlose Wohnungsinhaberin Camilla Castagnola, die kurz danach im Krankenhaus starb.

Den Nachrufen zufolge waren vom Ableben des populären Mittelstürmers und seiner aus Italien stammenden Freundin drei Versionen in Umlauf: Die beiden starben

- durch Gift,
- durch einen geöffneten Gashahn oder
- durch einen schadhaften Kamin.

Das Rätselraten um den Tod des 36-jährigen *Austrianers* ließ dem Pathologen und Medizinhistoriker Hans Bankl so lange keine Ruhe, bis er sich Einblick in Sindelars Totenbeschauprotokoll verschaffte. Und danach zu folgendem Schluss gelangte: »Aus dem Obduktionsbefund des Jahres 1939 geht hervor, dass eine Kognakflasche, die neben Sindelar lag, kein Gift enthielt. Dadurch kann eine Vergiftung als Todesursache ausgeschlossen werden.«

Doch auch Selbstmord durch einen geöffneten Gashahn scheidet aus: »Das Backrohr war zum Zeitpunkt des Todes in Betrieb, wäre dabei Gas ausgeströmt, hätte es zu einer Explosion kommen müssen. Eine solche fand jedoch nicht statt.«

Matthias Sindelar

Bleibt nur Version drei, der schadhafte Kamin: »Die Kriminalpolizei ließ damals einen Rauchfangkehrer kommen, der einen defekten Schornstein feststellte.«

Der »Papierene«, wie der schmächtige Fußballer von seinen Fans genannt wurde, war also nicht durch Selbstmord oder Mord, sondern an den Folgen eines Unfalls gestorben. Die Selbstmordversion konnte wohl auch deshalb lange nicht aus der Welt geschafft werden, weil Camilla Castagnola als Jüdin vom damaligen Regime verfolgt wurde und man daher annehmen konnte, dass das Paar in seiner Verzweiflung aus dem Leben scheiden wollte. Das widerspricht jedoch den Fakten, da Camilla eine Zufallsbekanntschaft des Fußballers war. Seine große Liebe hieß Mizzi Skala und hatte einen anderen Mann geheiratet.

Noch eine Ungereimtheit in der Biografie des Fußballers – der mit 27 erzielten Toren einen wichtigen Anteil am Erfolg des *Wunderteams* hatte – konnte im Jahre 2003 geklärt werden: Sindelar war kein Opfer des Nationalsozialismus gewesen, zu dem er nach dem Krieg – vor allem durch Friedrich Torbergs Gedicht *Auf den Tod eines Fußballspielers* – hochstilisiert wurde. Sindelar war vielmehr 1938 der NSDAP beigetreten, hatte danach das *Café Annahof* in Wien-Favoriten »arisiert« und war so zum Profiteur des »Anschlusses« geworden.

Das Haus, in dem Sindelar starb

Die schönste Frau der Welt

Elisabeth Goldarbeiter
Wien 2., Freilagergasse 5

Ein bisschen Glück war auch dabei, als Elisabeth »Liesl« Goldarbeiter 1929 zur schönsten Frau der Welt gewählt wurde.

Die bezaubernde Wienerin war im Jahre 1909 als Tochter eines Galanteriewarenbesitzers, dessen Geschäft in der Habsburgergasse lag, zur Welt gekommen. Sie nahm nach der Matura an einer der ersten Schönheitskonkurrenzen in ihrer Heimat teil – und siegte. Mit dem Titel *Miss Österreich* versehen, reiste sie nach Paris, wo die schönste Europäerin gekürt werden sollte.

Liesl Goldarbeiter

Dort freilich erlitt sie einen herben Rückschlag. Denn nicht sie erlangte den begehrten Titel, sondern die *Miss Ungarn*. Liesl Goldarbeiter war nur Zweite geworden und rechnete nun damit, dass ihre Karriere als Schönheitskönigin beendet wäre. Bis in ihrer Wohnung in der Leopoldstadt ein Brief aus Amerika einlangte, in dem ihr mitgeteilt wurde, dass nicht nur Ungarns *Miss Europa*, sondern alle »Missen« des Kontinents zur Wahl der schönsten Frau der Welt geladen würden.

Jetzt lachte der schönen Liesl Goldarbeiter das Glück. Die Konkurrenz sollte in Galveston/Texas stattfinden, wogegen sich der Bischof des Städtchens zur Wehr setzte. Er schrieb allen »Missen«, die zu dem Bewerb gebeten wurden, einen Brief: »Ich höre, Sie sind ein Mädchen aus gutem Hause und ich rate Ihnen daher, der Einladung der Veranstalter nicht Folge zu leisten. Denn dieser Wettkampf der körperlichen Vorzüge erscheint mir weder sittsam noch moralisch, und keine junge Dame von guter Erziehung sollte an ihm teilnehmen.«

Liesl Goldarbeiter ließ sich durch diese Zeilen keineswegs davon abhalten, nach Amerika zu fahren. Immerhin war die Schiffskarte erster Klasse bereits eingelangt, und für den Fall des Sieges winkte der 20-Jährigen ein hoher Dollarbetrag.

Dieser Fall schien mehr als unwahrscheinlich, denn erstens nahm man an, dass eine Amerikanerin gewählt würde und zweitens war da noch die *Miss Ungarn*, die unsere Liesl schon in Paris vom Stockerl gedrängt hatte. Doch das Schicksal meinte es gut mit der Wienerin: Die *Miss Ungarn* war tief religiös und nahm sich den Brief des Bischofs dermaßen zu Herzen, dass sie die Reise nach Amerika nicht antrat. Dadurch war Liesls schärfste Rivalin ausgeschieden. Und die anderen »Missen« aus diversen europäischen Ländern und aus den amerikanischen Bundesstaaten konnte sie glatt an die Wand spielen.

Österreich hatte seine erste *Miss Universum*.

Quellenverzeichnis

Gusti Adler, ... *aber vergessen Sie nicht die chinesischen Nachtigallen, Erinnerungen an Max Reinhardt*, München-Wien 1980.

Jutta Ahlemann, *Ich bleibe die große Adele, Die Sandrock*, Düsseldorf 1988.

Rudolf von Alt, 1812–1905, Die schönsten Aquarelle aus den acht Jahrzehnten seines Schaffens, hrsg. von der Graphischen Sammlung Albertina, Wien 1984.

Andreas Augustin, *Hotel Imperial Wien*, London 2003.

Andreas Augustin, *Hotel Bristol Wien*, London 2000.

Eva Bakos, *Geniale Paare, Künstler zwischen Werk und Leidenschaft*, Wien 2002.

Hans Bankl, *Woran sie wirklich starben, Krankheiten und Tod historischer Persönlichkeiten*, Wien-München-Bern 1989.

Hans Bankl, *Viele Wege führen in die Ewigkeit. Schicksal und Ende außergewöhnlicher Menschen*, Wien-München-Bern 1992.

Josef Bergauer, *Auf den Spuren berühmter Menschen in Wien*, Wien 1949.

Kurt Blaukopf, *Gustav Mahler oder Der Zeitgenosse der Zukunft*, München 1973.

Peter Broucek (Hrsg.), *Edmund Glaise-Horstenau, Ein General im Zwielicht*, Wien 1980.

Hellmut Butterweck, *Österreichs Kardinäle, Von Anton Gruscha bis Christoph Schönborn*, Wien 2000.

Egon Caesar Conte Corti, *Elisabeth, die seltsame Frau*, Salzburg 1934.

Felix Czeike, *Historisches Lexikon Wien*, Wien 1992–1997.

Robert Dachs, *Willi Forst, Eine Biographie*, Wien 1986.

Ulrike Dembski, *Skizzen eines Lebens*, in: *Oskar Werner, Welch einen sonderbaren Traum träumt ich*, Wien o. J.

Otto Erich Deutsch, *Admiral Nelson und Joseph Haydn, Ein britisch-österreichisches Gipfeltreffen*, Wien 1982.

Peter Diem, Michael Göbl, Eva Saibel, *Die Wiener Bezirke, Ihre Geschichte, ihre Persönlichkeiten, ihre Wappen*, Wien-Frankfurt/Main 2002.

Erich und Christl Dorffner, *Das Buch von Alland*, o. J.

Peter Dusek, *Freunde, das Leben ist lebenswert, Anmerkungen zur tragischen Lebensgeschichte von Fritz Löhner-Beda*, in: *Das Jüdische Echo*, 2004.

Gerhard Eberstaller, *Ronacher, Ein Theater in seiner Zeit*, Wien 1993.

Marijke van Ebbenhorst Tengbergen, *Das Richard Strauss-Schlössl in Wien, 50 Jahre niederländische Residenz*, Wien 1999.
Fritz Eckhardt, *Mit einem Lächeln durchs Leben*, Erinnerungen aufgezeichnet von Hademar Bankhofer, Wien 1981.
Max Edelbacher/Harald Seyrl, *Wiener Kriminalchronik*, Wien 1993.
Anna Ehrlich, *Auf den Spuren der Josefine Mutzenbacher*, Wien 2005.
Günther Eisenhuber (Hrsg.), *Privat, Aus dem Alltag der Dichter und Denker*, Salzburg 2004.
Amos Elon, *Theodor Herzl, eine Biographie*, Wien-München 1974.
Lotte Eskelund, *... sah ich zum erstenmal die Donau, Hans Christian Andersen in Österreich*, Wien 1979.
Elfriede M. Faber, *300 Jahre Kunst, Kultur & Architektur in der Josefstadt*, Wien 2000.
Susanne Feigl, Christian Lunzer, *Das Mädchenballett des Fürsten Kaunitz, Kriminalfälle des Biedermeier*, Wien 1988.
Annemarie Fenzl, Heinz Nußbaumer, *Kardinal Franz König, Gedanken für ein erfülltes Leben*, Wien 2004.
O. W. Fischer, *Engelsknabe war ich keiner*, Wien-München 1995.
Flüchtige Lust, Joseph Lanner, 1801–1843, Wien 2001.
Otto Forst de Battaglia, *Johann Nestroy, Abschätzer der Menschen, Magier des Wortes*, Leipzig 1932.
Inge Friedl, Karl Friedl, *Der erste Tourist, Mit Erzherzog Johann durch die alte Steiermark*, Graz, 2003.
Edda Fuhrich und Gisela Prossnitz (Hrsg.) *Max Reinhardt, ein Theater, das den Menschen wieder Freude gibt*, München-Wien 1987.
Edith Futter, *Die bedeutendsten Schauspielerinnen des Leopoldstädter Theaters in der Zeit von 1800 bis 1830*, Dissertation der Universität Wien, 1965.
Françoise Giraud, *Alma Mahler oder Die Kunst, geliebt zu werden*, Wien-Darmstadt 1989.
Sigrid-Marie Größing, *Amor im Hause Habsburg*, Wien 1990.
Edgard Haider, *Verlorenes Wien, Adelspaläste vergangener Tage*, Wien-Köln-Graz 1984.
Ernst Haeusserman, *Das Wiener Burgtheater*, Wien-München-Zürich 1975.
Johannes Hawlik, *Der Bürgerkaiser, Karl Lueger und seine Zeit*, Wien 1985.
Fred Hennings, *Die Ringstraße, Symbol einer Epoche*, Wien 1977.
Peter Herz, *Gestern war ein schöner Tag, Liebeserklärung eines Librettisten an die Vergangenheit*, Wien 1985.
Rudolf Holzer, *Die Wiener Vorstadtbühnen, Alexander Girardi und das Theater an der Wien*, Wien 1951.

Michael Horowitz, *Begegnung mit Heimito von Doderer*, Wien-München 1983.
Hertha Hurnaus, Bernhard Kerbl, Peter Pantucek, Wolfgang Paterno (Hrsg.), *Haus Meldemannstraße*, mit einem Vorwort von Brigitte Hamann, Wien 2003.
Peter Stephan Jungk, *Franz Werfel, Eine Lebensgeschichte*, Frankfurt am Main 1987.
Michael Kehlmann, *Mein Freund, der Quasi* in: *Der Qualtinger, Ein Porträt*, Wien 1987.
Egon Erwin Kisch, *Mein Leben für die Zeitung*, Berlin und Weimar 1983.
Wolfgang Kos, *Panhans, Aus dem Leben eines großen Hotels*, Wien 1988.
Wolfgang Kos, Elke Krasny (Hrsg.) *Schreibtisch mit Aussicht, Österreichische Schriftsteller auf Sommerfrische*, Wien 1995.
Alexander Kluy, *Berühmt in Wien*, München-Berlin-London-New York 2004.
Annemarie Kotab, *Egon Friedell*, unveröffentlichtes Manuskript, Kufstein 1975.
Karl Kraus, *Die Fackel*, München 1968–76.
Künstler helfen Künstlern (Hrsg.) *Künstler erzählen*, Wien o. J.
Johannes Kunz, *Der Brückenbauer, Kardinal Franz König, 1905–2004, Sein Vermächtnis*, Wien 2004.
Gerhard Kunze, *Mödling, Eine Stadt zum Verlieben*, St. Pölten-Wien 2001.
Peter Kunze, *Dorothea Neff, Mut zum Leben*, Wien 1983.
Margareta Lehrbaumer, *Womit kann ich dienen? Julius Meinl, auf den Spuren einer großen Marke*, Wien 2000.
Armin Loacker (Hrsg.) *Willi Forst, Ein Filmstil aus Wien*, Wien 2003.
Karl Löbl, *Vierzig Jahre Wiener Musikgeschichte* in: *Karajan oder die kontrollierte Ekstase*, hrsg. von Peter Csobádi, Wien 1988.
Edward Lucie-Smith, *Die großen Künstler des 20. Jahrhunderts*, Wien 1999.
Heinz Lunzer, Victoria Lunzer-Talos, Elisabeth Tworek, *Ödön von Horváth, einem Schriftsteller auf der Spur*, Salzburg-Wien-Frankfurt am Main 2001.
Gerhard Magenheim, *Adolf Bäuerle*, unveröffentlichtes Manuskript, Wien 1994.
Gerhard Magenheim, *Edmund Eysler*, unveröffentlichtes Manuskript, Wien 2004.
Henriette Mandl, *Wiener Altstadt-Spaziergänge*, Wien 1993.
Franz Marischka, *Immer nur lächeln, Geschichten und Anekdoten von Theater und Film*, Wien-München 2001.
Georg Markus, *Katharina Schratt, die heimliche Frau des Kaisers*, Wien-München 1982.
Georg Markus, *Der Fall Redl*, Wien-München 1984.
Georg Markus, *Der Kaiser. Franz Joseph I. in Bildern und Dokumenten*, Wien-München 1985.

Georg Markus, *Sigmund Freud und das Geheimnis der Seele*, München 1989.
Georg Markus, *Das große Karl Farkas Buch*, Wien-München 1993.
Leo Mazakarini, *Das Hotel Sacher zu Wien*, Wien 1983.
Josef Meinrad, *Da streiten sich die Leut herum*, aufgezeichnet von Gerd Holler, Wien-München-Berlin 1995.
Peter Menasse, *Parteigenosse Matthias Sindelar*, in der Zeitschrift *Nu*, Wien 2003.
Gottfried Mraz, *Franz Grillparzer, Finanzbeamter und Archivdirektor*, Wien 1991.
Helene Odilon, *Das Buch einer Schwachsinnigen*, Lebenserinnerungen, Berlin 1909.
Adolf Opel (Hrsg.), Elsie Altmann-Loos, Lina Loos, Claire Loos, *Adolf Loos – der Mensch*, Wien 2002.
Elisabeth Orth, *Märchen ihres Lebens*, *Meine Eltern Paula Wessely, Attila Hörbiger*, Wien-München-Zürich 1975.
Marcus G. Patka, Alfred Stalzer (Hrsg.) *Die Welt des Karl Farkas*, Wien 2001.
Josef Perfahl (Hrsg.) *Wien Chronik*, Wien 1985.
Hugo Portisch, *Österreich II*, *Die Wiedergeburt unseres Staates*, Wien 1985.
Liselotte Popelka, *Der Bauherr*, in: *Das Winterpalais des Prinzen Eugen*, Wien 1979.
Marcel Prawy, *Die Wiener Oper, Geschichte und Geschichten*, Wien-München-Zürich 1969.
Marcel Prawy erzählt aus seinem Leben, Wien 1996.
Maria Rennhofer, *Egon Schiele, Leben und Werk, 1890–1918*, Wien-München 1999.
Walther Reyer, *Es fügte sich so*, Erinnerungen aufgezeichnet von Hanne Egghardt, Wien 2000.
Karl Heinz Ritschel, *Eine Stadt erzählt, Salzburg, Anmut und Macht*, Wien-Hamburg 1970.
Jens Rosteck, *Zwei auf einer Insel, Lotte Lenya und Kurt Weill*, Berlin 1999.
Friedrich Saathen (Hrsg.), *Anna Nahowski und Kaiser Franz Joseph*, Wien-Köln-Graz 1986.
Paul Schick, *Karl Kraus*, Reinbek bei Hamburg, 1965.
Günther Schneider-Siemssen, *Hinter seinem Rücken*, in: *Karajan oder die kontrollierte Ekstase*, hrsg. von Peter Csobádi, Wien 1988.
Georg Schreiber, *Die Hofburg und ihre Bewohner*, Wien 1993.
Lutz Eberhard Seelig, *Ronacher, Die Geschichte eines Hauses*, Wien-Köln-Graz 1986.
Renate Seydel (Hrsg.), *Ich Romy, Tagebuch eines Lebens*, München 1988.

Harald Seyrl (Hrsg.) *Die Erinnerungen des österreichischen Scharfrichters*, Wien-Scharnstein 1996.
Anna Maria Sigmund, *Das Haus Habsburg, Habsburgs Häuser*, Wien 1995
Bartel F. Sinhuber, *Zu Gast im alten Wien*, München 1989.
Leo Slezak, *Rückfall*, Reinbek bei Hamburg 1976.
Ferdinand G. Smekal, *Österreichs Nobelpreisträger*, Wien 1968.
Joachim Sonderhoff, Peter Weck, *Musical, Geschichte, Produktionen, Erfolge*, Augsburg 1995.
Christian Springer, *Caruso, Tenor der Moderne*, Wien 2002.
Kurt Stimmer, *Unsere Gerti, Wiens Ehrenbürgerin Gertrude Fröhlich-Sandner*, Wien 1996.
Helene Thimig, *Wie Max Reinhardt lebte*, Percha 1973.
Maria Augusta Trapp, *Die Trapp-Familie*, Wien-München 1981.
Ernst Trost, *Figl von Österreich, Der Weg zum Staatsvertrag*, Wien 1985.
Renate Wagner, *Nestroy zum Nachschlagen, Sein Leben, Sein Werk, Seine Zeit*, Wien 2001.
Hans Weiss und Ronald Leopoldi, *Hermann Leopoldi und Helly Möslein, In einem kleinen Café in Hernals*, Wien o. J:
Friedrich Weissensteiner, *Die rote Erzherzogin, Das ungewöhnliche Leben der Tochter des Kronprinzen Rudolf*, München 1993.
Friedrich Weissensteiner, *Ein Aussteiger aus dem Kaiserhaus: Johann Orth*, Wien 1985.
Friedrich Weissensteiner, *Reformer, Republikaner und Rebellen, das andere Haus Habsburg-Lothringen*, Wien 1987.
Siegfried Weyr, *Wiener Leut' Wiener Leid, Bei Hof und auf der Gassen*, Wien-Hamburg 1973.
Ghislaine Windisch-Graetz, *Kaiseradler und rote Nelke, Das Leben der Tochter des Kronprinzen Rudolf*, Wien-München 1988.
Alexander Witeschnik, *Musik aus Wien*, Wien-München-Basel 1955.
Carl Zuckmayer, *Als wär's ein Stück von mir, Erinnerungen*, Frankfurt am Main 1966.
Stefan Zweig, *Die Welt von Gestern, Erinnerungen eines Europäers*, Frankfurt am Main 1970.
Stefan Zweig, Bilder, Texte, Dokumente, hrsg. von Klemens Renoldner, Hildemar Holl, Peter Karlhuber, Salzburg-Wien 1993.

Personenregister

Fett gedruckte Seitenzahlen weisen auf ein eigenes Kapitel hin

Danksagung

Der Autor dankt den folgenden Persönlichkeiten für Auskünfte zu Personen und Adressen in diesem Buch: Barbara Langbein *(Willi Forst)*, Maresa Hörbiger *(Paula Wessely)*, Wolfgang Beck/Stadtgemeinde Klosterneuburg *(O. W. Fischer)*, Peter Schratt † *(Katharina Schratt)*, Claudia-Maria und Wolfgang Reyer *(Walther Reyer)*, Monica Tramitz *(Paul Hörbiger)*, Sigmund Bergmann *(Robert Lindner)*, Margie Jürgens † *(Curd Jürgens)*, Wolfgang Glück *(Billy Wilder)*, Elisabeth Gürtler *(Anna Sacher)*, Nikolaus Haenel (*Delikatessen Top/Der Herr Karl*), Friedrich Meran *(Erzherzog Johann)*, Herfried Thaler/Stadtmuseum Linz *(Richard Tauber)*, Marcel Prawy † *(Giuseppe Verdi, Maria Jeritza)*, Pater Ferdinand Zech *(Maria von Trapp)*, Einzi Stolz † *(Robert Stolz)*, Herbert Löwy *(Edmund Eysler)*, Günther Weiß/Mittersill *(Anton von Webern)*, Karl Schmalvogel *(Ljuba Welitsch)*, Peter Marboe *(Erich Wolfgang Korngold)*, Karlheinz Böhm *(Karl Böhm)*, Lotte Ingrisch *(Gottfried von Einem)*, Senta Wengraf und Heidi Artmüller *(Marcel Prawy)*, Inge Scholz-Strasser *(Sigmund Freud)*, Hans Poigenfürst *(Lorenz Böhler)*, Rudolf Maurer/Rollett-Museum Baden *(Elias Canetti)*, Johann Robert Pap/Payerbach *(Theodor Herzl)*, Annemarie Fenzl *(Franz Kardinal König)*, Leopold Figl jun. *(Leopold Figl)*, Renate Pommerening-Schober *(Bruno Kreisky)*, Gerhard Tötschinger (*Klimt-Verein*), Christian Resch/Stadtgemeinde Tulln *(Egon Schiele)*, Andrea Fürst *(Friedensreich Hundertwasser)*, Erich Glawischnig *(Bertha von Suttner)*, Ronald Leopoldi *(Hermann Leopoldi)*, Christian Qualtinger *(Helmut Qualtinger)*, Cissy Kraner *(Hugo Wiener)*, Gerhard Magenheim *(Adolf Bäuerle)*, Annemarie Kotab *(Egon Friedell)*, Peter Dusek *(Fritz Löhner-Beda)*, Christian Weinheber-Janota/Kirchstetten *(Josef Weinheber)*, Peter Pfarl/St. Wolfgang *(Alexander Lernet-Holenia)*, David Axmann *(Friedrich Torberg)*, Wolfgang Ploy/Gemeinde Alland *(Philipp Schlucker)*, Hans Bankl † *(Matthias Sindelar)*.

Weiters: Günther Selinger/Statistik Austria sowie Angelika Feigl und Andrea Stricker.

Bei der Recherche der historischen Adressen waren u. a. behilflich: Erich Denk/Stadt- und Landesarchiv Wien, Gerhard Blasche/Burgtheater, Johannes Greifeneder/Informationszentrum der Stadt Salzburg, Maria Sams/Stadtamt Bad Ischl.

Bei der Bildbeschaffung halfen Susanne Schoberberger, Tanja Richter/»Kurier«, Monika Jagos/Bildarchiv der Österreichischen Nationalbibliothek, Gabriele Roithner/Bundesdenkmalamt Wien.